DE L'ÉCRIT À L'ÉCRAN

LES RÉÉCRITURES FILMIQUES DU ROMAN AFRICAIN FRANCOPHONE

Collection « Transferts culturels »

La collection « Transferts culturels » se veut un observatoire de la culture contemporaine. Collection ouverte à la multidisciplinarité, elle explore la mobilité et les mutations des différents courants culturels de plus en plus interpellés par les processus de mondialisation. Sous le choc des nouvelles économies du savoir, cette collection se propose d'étudier l'impact des nouvelles technologies de l'information et des rationalités marchandes sur le phénomène culturel tout en mettant en perspective la logique du transfert. Cette collection accueille des manuscrits de langues française ou anglaise.

A mon frère Sp'lom
Afin que demain soit
plus productif et plus
rayonnant qu'aujourd'hui

ALEXIE TCHEUYAP

DE L'ÉCRIT À L'ÉCRAN

LES RÉÉCRITURES FILMIQUES DU ROMAN AFRICAIN FRANCOPHONE

Les Presses de l'Université d'Ottawa

Cet ouvrage a été publié grâce à une subvention de la Fédération canadienne des sciences humaines de concert avec le Programme d'aide à l'édition savante, dont les fonds proviennent du Conseil de recherches en sciences humaines du Canada.

Les Presses de l'Université d'Ottawa remercient le Conseil des Arts du Canada et l'Université d'Ottawa de l'aide qu'ils apportent à leur programme de publication.

Nous reconnaissons l'aide financière du gouvernement du Canada par l'entremise du Programme d'aide au développement de l'industrie de l'édition (PADIÉ) pour nos activités d'édition.

Catalogage avant publication de Bibliothèque et Archives Canada

Tcheuyap, Alexie
De l'écrit à l'écran : les réécritures filmiques du roman africain francophone / Alexie Tcheuyap.

(Collection Transferts culturels, ISSN 1709-6219 ; 2)
Comprend des réf. bibliogr.
ISBN 2-7603-0580-5

1. Littérature africaine (française) — Adaptations cinématographiques et télévisées. 2. Cinéma — Afrique francophone. 3. Adaptations cinématographiques. 4. Cinéma et littérature — Afrique francophone. 5. Récit filmique. I. Titre. II. Collection.

PN1997.85.T33 2005 791.43'6 C2005-900379-0

Révision linguistique : François Roberge
Correction d'épreuves : Yvan Dupuis

Maquette de la couverture : Pierre Bertrand
Photographies de la couverture : *Guelwaar* (1992) et *Xala* (1974) de Sembène Ousmane, © New Yorker Films.

ISBN 2-7603-0580-5
ISSN 1709-6219

542, avenue King Edward, Ottawa (Ont.), Canada K1N 6N5
press@uottawa.ca http://www.uopress.uottawa.ca

Imprimé au Canada

À Émilienne, pour la patience, l'affection et l'attention
À Elsa-Chloé et Yves-Michel, pour demain

DU MÊME AUTEUR

Cinema and Social Discourse in Cameroon, Bayreuth, Bayreuth African Studies, 2005

«Afrique en guerre », *Études littéraires,* 35, n° 1, 2003.

« Brain Drain and National (De)Construction in Africa / Fuite des cerveaux et (dé)construction nationale en Afrique », *Mots pluriels,* 20, février 2002

Avec Sada Niang, « Pouvoir, regard, identité. Littérature et cinéma en Afrique noire francophone », *Présence Francophone,* 57, 2001

Esthétique et folie dans l'œuvre romanesque de Pius Ngandu Nkashama, Paris, L'Harmattan, 1998

SOMMAIRE

LISTE DES PHOTOGRAPHIES

Préface

RELEVER LES DÉFIS DU SINGULIER PLURIEL

C'est un livre indispensable que nous donne ici Alexie Tcheuyap. Une fois entraînés dans la dynamique de sa démarche, nous ne saurions plus nous passer de ce qui constitue un viatique pour les passages les moins explorés, les plus audacieux, entre des domaines différents. Car différents, ils le sont, et à plus d'un titre, les mondes que prospecte le chercheur : l'Occident, l'Afrique ; le livre, le film ; le texte, l'image ; le lu, le vu ; les théories, les pratiques ; et, récurrente, la multiplicité des langues, des voix, des timbres, des intonations. La tâche se trouve ainsi considérablement complexifiée pour celui qui s'efforce de tenir la pensée à l'œuvre *dans* la différence, d'exercer la pensée *de* la différence en toutes conséquences.

Le plus grand défi que relève Alexie Tcheuyap consiste à s'efforcer de cerner *une singularité africaine* des productions filmiques *au moyen de la pluralité des théories tout aussi africaines, mais aussi occidentales* et de leurs différends internes, ce qui permet une efficace mise en jeu de la distanciation et des déplacements conceptuels. Et une mise à feu par étapes successives de la navette textuelle exploratrice d'espaces théoriques et socioculturels intercontinentaux par lesquels l'auteur montre les limites de la sémiologie du récit puis les richesses du discours conceptuel et critique africain. Autrement dit, l'auteur de l'ouvrage fait l'hypothèse que la création constitue *un événement singulier pluriel* où tout se tient, tout se transforme, où il n'y a pas incidence de l'un sans incidence d'autres en retour ; où répéter c'est différer, et différer c'est procéder à des dérivations formalisables. En somme, où il y va de l'*entre* comme lieu de genèses sans précédents.

L'auteur, autre défi, fait de la réécriture – forcément plurielle car la réécriture, il le dit, c'est sans fin, c'est « indéfini » – le moteur de la création. Le parti pris a l'avantage d'émanciper sa démarche du principe de *mimèsis* et d'imitation; de la détourner du face-à-face comme des antécédences au profit de la multidirectionnalité, de l'hétérogène, de l'hospitalité envers l'étrange et l'étranger. À l'origine, pas d'origine. Au commencement : des re-commencements, des reprises, toujours déjà.

C'est donc à penser la singulière pluralité, à chaque fois *unique*, de l'œuvre, que s'emploie la recherche qu'on va lire. Elle convoque, à l'enseigne des réécritures, divers processus de création ancrés dans la matière de l'Afrique subsaharienne francophone. Certains sont cinéastes, comme Med Hondo qui reprend le roman d'Abdoulaye Mamani : *Sarraounia*; certains sont cinéastes *et* romanciers, comme Sembène Ousmane et Bassek Ba Kobhio; d'autres, cinéastes étrangers, reprennent la même matière romanesque africaine, tels Jacques Champreux puis Benjamin Jules-Rosette qui, à dix ans d'intervalle, portent à l'écran *L'Aventure ambiguë* de Cheikh Hamidou Kane. Il y a encore, dans le corpus retenu, l'expérience de Laurent Chevalier qui tourne *L'Enfant noir* d'après le roman de Camara Laye.

Œuvrer-sans-fin : tel est le postulat qui est mis à l'épreuve des théories narratives et filmiques « classiques » aussi bien qu'à l'épreuve des hypothèses et pratiques cinématographiques puis romanesques d'Afrique. Il en résulte deux ouvertures majeures. L'une fait du champ pluridisciplinaire, désigné d'emblée comme le domaine privilégié de l'étude, un espace qui réfléchit, se réfléchit aux miroitements des altérités, dispose des fléchissements, des réflexions, des effets de déflecteurs. La seconde ouverture concerne la signature. Car en choisissant des créateurs qui, tels Bassek Ba Kobhio et Sembène Ousmane, signent le roman puis le film homonyme, et, vice versa, ce qui est rare, le film puis le roman, Alexie Tcheuyap fait brèche de façon décisive dans la *doxa* de l'origine et de la mainmise auctoriale. La notion de « double signature » qu'il avance induit l'inscription d'un auteur *doublé*, un auteur doublure de « soi » (et qui dira double de qui?), un auteur redoublé et donc traversé de partages et de dislocations.

Tels sont donc les partis pris d'Alexie Tcheuyap, dont on lui sait gré, car ils lui permettent de faire surgir dans l'entre, des seuils, des frontières qu'il sonde sans complaisance. Qu'il nomme. Il y a le différentiel entre « écrit » et « écran », c'est-à-dire entre deux systèmes sémiotiques, la littérature et le cinéma, qui constituent deux codes, deux ensembles de contraintes, deux économies, deux langages distincts. Il y a les enjeux du différentiel entre les positions théoriques de l'Occident et de l'Afrique francophone subsaharienne qui est également le lieu de pratiques esthétiques singulières. Il y a l'impact du différentiel entre une culture d'expansionnisme colonial et des cultures de libération et d'autonomisation locales. L'auteur n'oublie pas non plus le poids du différentiel qui intervient dans les conceptions du politique, c'est-à-dire dans les perspectives inventives d'un être-en-commun. Et pas davantage il n'oublie le différentiel qui travaille une écriture avec ses autres possibles; une forme avec ses variantes qui sont ses absentes constitutives; une interprétation avec toutes les autres qui la hantent, spectrales.

En forgeant des outils méthodologiques neufs grâce à une analyse critique des théories existantes qu'il considère « en mutation » – ce qui n'est ni la déconstruction à quoi par ailleurs il emprunte, ni le processus d'interprétation herméneutique, ni la démarche dialectique –, Alexie Tcheuyap se donne les moyens d'ouvrir un troisième espace, celui qui donne à penser les enjeux d'une création différentielle et d'une poétique des réécritures. Le terme même d'« écran » ne se résout pas en une appellation univoque : il désigne – et le signataire en donne maints exemples tirés du corpus choisi –, à la fois l'*obstacle* à tout passage et l'*accueil* de toute projection-inscription. Avec le principe de mutation, le théoricien n'est plus dans une logique polaire appliquée : il se tient en alerte, prêt à toute éventualité, attentif aux dispositifs paradoxaux de la relativité, du *double bind*, du ruban Möbius. Les événements déclencheurs d'analyse sont désormais de l'ordre de la versatilité, de l'interruption, du glissement, de l'arraisonnement. De l'ordre d'un certain non-ordre. Et il est conséquent qu'Alexie Tcheuyap, récusant un déterminisme des codifications sémiotiques et esthétiques, renvoie dos à dos « adaptation », « transécriture », « transsémiotisation » et substitue à la terminologie catégorielle une langue de l'*inter* : « texte dérivé », « texte parent », « métamorphoses et métatextes », « déplacements », « sémiotisations modulables » sont quelques-uns des phénomènes repérables, et l'interprétation proposée ici tire sa force de ce qu'elle est menée sur pièce, dans le détail des techniques du montage, du discours, des mouvements de caméra. Des *manœuvres* de l'art. L'ouvrage d'Alexie Tcheuyap donne des lectures particulières de *Sango Malo*, de *Xala*, de *L'Aventure ambiguë* ou de *L'Enfant noir*, pour ne citer que ces œuvres.

L'écriture fait en somme apparaître tout un *appareillage* de l'écriture filmique et romanesque : elle confère à la répétition une puissance d'engendrement qui fait acte poétique. Notamment, elle désigne les procédures d'« hétéroréécriture » et d'« autoréécriture » dans l'élaboration des formes d'hybridation et exhausse, avec le pluriel ainsi à l'œuvre, un travail de marge qui ne va pas sans la déconstruction des scènes du pouvoir (politique, phallique, capitaliste). L'écriture est également appareillée non moins par les pratiques de l'oralité narrative, ce qui la dote de plus de sens et de plus de capacité perceptive. À cet égard, les analyses sont convaincantes qui prennent en considération les « visages du griot », du *lekbat* et de l'exercice du conte. La figure du griot devient en fait une sorte de figure emblématique des processus de l'art-au-pluriel, car c'est toujours dans la question des styles, des formes et des langues qu'Alexie Tcheuyap fait fond.

Il puise là, et c'est le grand mérite de son travail, les forces intellectuelles pour définir le « cinéma africain » *et plus que* le « cinéma africain ». Ses lectures des œuvres – dans-le-passage désignent, certes, la spécificité africaine du corpus considéré; mais Tcheuyap ne tombe pas dans le piège d'un africanisme qui serait réducteur. Il a cette exigence de considérer le « cinéma africain » comme *œuvre* à part entière – ce qu'il appelle le « cinéma tout court ». Exigence essentielle, tant il est vrai qu'il importe de se garder des sous-catégories – le « cinéma africain » ou la « littérature francophone » ou la « littérature féminine » – lesquelles ne vont pas sans dépréciation.

C'est là, on l'aura compris, le point névralgique de toute la construction d'Alexie Tcheuyap : prendre en compte les racines – langagières, poétiques politiques – de la création, tout en ne perdant pas de vue la souveraineté de l'œuvre dont le seul pays est le « Pays-Langue », comme le dit si fortement Assia Djebar, où fructifient les formes du devenir hors toute limite nationaliste ou/et historique.

Les enjeux sont immenses. L'auteur, en choisissant d'articuler rigoureusement *géo-politique* et *géo-esthétique* dans la perspective d'une poétique différentielle, se donne les moyens d'interroger à nouveaux frais la question du colonialisme et des post-colonialismes. Il entreprend, aujourd'hui, dans les pages qui suivent, à la faveur de l'étude des œuvres, une déconstruction du concept de « francophonie » et de ses implicites politiques. On le sait, on le voit qui vient à l'horizon de ce livre : Alexie Tcheuyap demain a la capacité d'entreprendre une véritable *analytique de la globalisation* : car c'est bien dans ce terrain de la mondialisation qui alimente désormais nos controverses qu'il ancre sa recherche. Lui-même porteur de la multiculture et de la multilangue qui le constituent, il tente, par une démarche à la fois rigoureuse et souple, de construire des modèles de réflexion avec le souci de les faire réhabiter, chaque fois différemment et singulièrement, par des pratiques dûment contextualisées. Là réside la qualité exceptionnelle de ce livre : Alexie Tcheuyap, en toutes conséquences, sait être *et* dans la résistance *et* dans la composition. Il construit des modèles théoriques exportables en ce qu'ils font la part des composantes aléatoires, c'est-à-dire créatives de l'humain considéré selon ses généalogies propres.

Pour suspendre cette préface, la tenir au seuil du livre et de ses venirs, je voudrais convoquer un film, la très belle leçon qu'il donne quant au regard porté sur les gestes de l'art (*theorein*, ne l'oublions pas, signifie observer, voir). Ce film ne ressort pas du cinéma africain, ni de la production francophone, ni des réécritures. Il s'agit de *El Sol des Membrillo* (*Le Songe de la lumière* : littéralement, le soleil du Cognassier/ou du Coing) de Victor Erice, primé au festival de Cannes en 1992. le film « suit » le travail du peintre Antonio Garcia Lopez sur plusieurs semaines au cours desquelles l'artiste tente de saisir la splendeur d'un éphémère arbre : un petit cognassier chargé de fruits qui pousse dans la cour entre les immeubles. Bien sûr, il n'y arrivera pas. La toile reste inachevée.

Mais ce qui importe est un peu autre chose. Antonio Garcia Lopez se veut un architecte de la lumière. Il prend ses marques – et ses distances – par rapport à l'arbre, au chevalet, au cadre, au soleil. Cependant, si lui est immobile, à la « même » place assignée, ce n'est jamais la « même » place en vérité car tout se déplace imperceptiblement autour de lui – l'arbre surtout. Le peintre va donc tracer, à la peinture blanche, jour après jour, à même les feuilles et les fruits de l'arbre, des traits parallèles et des croix. Ces marques, qu'il ne cesse de re-marquer, indiquent le déplacement des branches que la maturité des fruits rend de plus en plus lourdes. C'est la pesée du temps qui mesure ainsi le pinceau sur les surfaces vivantes, pesée qui induit sur la toile du peintre les approximations sans fin du tracé.

Il y a davantage : Antonio finit par prendre plus de soin de l'arbre, qu'il voit avec le regard du peintre, que de la peinture. Il lui construit un auvent en plastique, amovible, afin que les intempéries de novembre ne hâtent pas trop sa déchéance, et qu'il puisse essayer de peindre l'impossible splendeur au bord de l'abîme. À ceux qui s'inquiètent de son échec, de l'inachèvement de son œuvre, Antonio répond avec sérénité : je ne peins pas l'arbre, *je l'accompagne*. Et le cinéaste, pareillement, ne « prend » pas le peintre dans la construction préétablie d'un scénario, mais il l'accompagne au jour le jour. Sans doute faut-il entendre ici « accompagner » comme une manière d'être-au-monde, de capter au passage les formes mêmes du passage du temps. Ce processus d'accompagnement est à mes yeux la vérité de l'art, vérité indissociable de son rapport au vivant éphémère.

Il me semble que c'est un *geste d'accompagnement* de cet ordre qu'esquisse la démarche d'Alexie Tcheuyap. Ni catégorique ni système préétabli, et cependant rigoureuse et mesurée, elle observe, en travail dans les œuvres étudiées, les formes que prennent les rapports de l'art au vivant monde. S'élabore ainsi, dans l'ouvrage qu'on va lire, *une théorie critique qui prend soin des formes variables du vivant au regard de la création* : qui les accompagne et se laisse par elles accompagner. Et qui sait s'oublier. Une théorie différentielle. La théorie en partages.

Mireille CALLE-GRUBER

INTRODUCTION

Les récentes productions de Cheick Oumar Sissoko (*La Genèse*, 1999; *Battu*, 2000), de Mansour Sora Wade (*Le Prix du pardon*, 2001) et de Joseph Gaye Ramaka (*Karmen Geï*, 2002), inspirées respectivement de la Bible, des œuvres d'Aminata Sow Fall, de Mbissane Ngom et de Prosper Mérimée, confirment la nature intertextuelle des cinémas d'Afrique qui continuent d'emprunter leur matière à la littérature écrite. Le constat évident à établir dès lors est que, comme ceux des autres continents, les cinémas d'Afrique entretiennent des liens étroits avec la production littéraire : rapports thématiques, idéologiques, culturels et esthétiques qu'il est important d'interroger en se servant d'instruments d'analyse pouvant permettre de mieux appréhender des productions nées de contextes sociopolitiques singuliers.

Il se développe par ailleurs avec Sembène Ousmane, Bassek Ba Kobhio et, dans une moindre mesure, Abdoulaye Mamani, un fait un peu rare dans l'histoire culturelle universelle. C'est l'édition et la réalisation du même « titre » par le même signataire, comme ce fut déjà le cas avec André Malraux et Gabriel García Márquez. Davantage : des réalisateurs étrangers s'emparent de textes africains pour les porter à l'écran. C'est le cas de Laurent Chevalier (1995) pour *L'Enfant noir*, de Camara Laye (1956), puis de Jacques Champreux (1984) et de Benjamin Jules-Rosette (1991) pour *L'Aventure ambiguë*, de Cheikh Hamidou Kane (1961). On pourrait également relever ici, dans un intéressant rapport intertextuel, la similarité entre l'itinéraire du protagoniste de *L'Afrance* (Alain Gomis, 2001), où est par ailleurs expressément mentionné le roman de Kane, et la trajectoire de l'acteur principal de chacun des deux films précédents. Ces derniers réalisateurs étant tous français, leur implication dans le champ africain permet également de mettre en œuvre un transfert culturel fécond dont les modalités sémiologiques et discursives, riches en enseignements, seront explorées.

Du point de vue théorique, les recherches sur ce qui est habituellement désigné par « adaptation » semblent, jusqu'ici, dominées par l'idéologie du code sémiotique et une espèce de déterminisme. D'où la méfiance perceptible, dans ce travail, à l'égard des lexiques décrivant ce processus de (re)création. De l'appellation la plus ancienne, « adaptation », à la plus récente, la « transécriture », on note en effet que, plus ou moins implicitement, un postulat est à l'œuvre selon lequel la prééminence de la littérature cède à celle de la machinerie audiovisuelle dont les spécificités transformatrices sont érigées en pouvoirs créateurs. Du pouvoir des mots au déterminisme technologique, la création poétique semble prise dans une espèce de *double bind* qu'il est possible d'explorer, pour ensuite dégager quelques propositions. Il s'agira donc, en partant de textes africains, d'émettre des hypothèses sur les paramètres poétiques, théoriques et surtout idéologiques impliqués dans tout acte créateur, si l'on admet par ailleurs que porter un texte littéraire à l'écran constitue un tel acte. Quels sont donc les enjeux pour l'Afrique? En quoi pourraient-ils différer de ceux du cinéma occidental? Comment les textes littéraires africains se sont-ils retrouvés à l'écran? Et quels types de rapports réciproques se mettent en place, dans ce cas spécifique, entre le texte parent et celui qu'il inspire? Ainsi définies, les questions centrales expliquent ce titre : *De l'écrit à l'écran. Les réécritures filmiques du roman africain francophone.*

Les cinémas d'Afrique sont plus jeunes que ses littératures. On peut donc légitimement postuler qu'en tant que devancière, l'institution littéraire a légué un héritage, des avatars et des discours possibles. Dans un article pionnier, au titre révélateur, « Le cinéma et la révolution africaine », Paulin Soumanou Vierya écrit notamment :

> Il existe maintenant une abondante littérature africaine écrite. Mais elle ne touche qu'un petit nombre de personnes en Afrique, celles qui savent lire et qui lisent. Le film peut permettre à ces romans, à ces nouvelles et même aux poèmes une audience très vaste, un rayonnement plus grand parce que le film peut parler toutes les langues qu'on veut lui faire parler et donc être parfaitement compris des populations. La puissance des images rencontrant le verbe en contrepoint, il sortira de ce mariage un élément-choc qui permettra une meilleure éducation des masses africaines. De par son mode particulier d'expression, le cinéma réintroduira l'œuvre littéraire à fond africain mais à forme occidentale dans l'univers spirituel africain. (1961 : 101.)

Est ainsi très tôt formulé l'un des enjeux majeurs du cinéma et de la littérature en Afrique, principalement en ce qui concerne l'importance du public et la fonctionnalité de toute création dans le contexte africain. Devant un public mondial dopé par les images effrayantes et multipliées à l'infini d'enfants osseux, de sidéens ou de rescapés de quelque catastrophe, la littérature et le cinéma s'articulent autour d'un seul objectif : le combat pour la transformation sociale. C'est le même projet qui place Sembène Ousmane derrière la caméra :

> Quand je me suis rendu compte qu'en raison de l'analphabétisme qui sévit dans mon pays, je ne pourrais jamais atteindre les masses par mes livres, j'ai décidé de traiter dans mes films les problèmes qui se posent à mon peuple. Ce que je veux, c'est me servir du cinéma comme moyen d'action politique, sans pourtant verser dans « le cinéma de pancartes ». Il faut que tout en ayant des vertus didactiques, le cinéma reste un spectacle populaire. Deux directions s'ébauchent dans le cinéma africain; contrairement à ceux qui lorgnent vers le cinéma commercial, moi, je ferai toujours un cinéma partisan et militant. (Dans José Paré et Anny Dominique Curtius, 1996 : 143.)

Se profile ainsi, en conformité avec la Charte d'Alger en 1975, qui se prononçait contre le cinéma essentiellement commercial[1], une spécificité africaine de la réalisation filmique. On situe dès lors une des différences idéologiques fondamentales avec le cinéma hollywoodien et européen[2]. Ce dernier, vu les entreprises géantes de production dont Hollywood est le symbole et le syndrome, est basé sur le profit. C'est ce même appât du gain qui légitime les emprunts faits à la littérature. Il convient en général de reprendre à l'écran le best-seller, de miser sur la fortune engendrée par un titre pour espérer de fortes recettes. Dans cette tradition du lucre, le principe consiste en général à vulgariser un « chef-d'œuvre », tel que l'entrevoyait André Bazin (1959). Cette pratique, écrit Christian Zimmer, en parlant du cinéma soviétique dans *Cinéma et politique* (1974 : 153), est un enlisement, une dégénérescence et une soumission aux exigences culturelles du capitalisme triomphant. Qu'en est-il alors de l'Afrique?

Il est possible d'affirmer, au moins pour les cas de Sembène Ousmane et de Bassek Ba Kobhio, que les réalisateurs africains qui portent des œuvres à l'écran échappent à cette emprise du capital. Certes, Momar Thiam a mis très tôt en scène *Sarzan* (1961) à partir de la nouvelle de Birago Diop qui avait certainement eu le temps de se faire une réputation. Mais la reprise filmique de leurs propres œuvres par Sembène Ousmane et Bassek Ba Kobhio semble obéir à d'autres déterminations qu'on s'emploiera à explorer.

Dans un tel contexte de dédoublements de divers titres, que devient donc le texte littéraire à l'écran? En appelant le cinéma au « secours » de la littérature, quels moyens sont mis en jeu pour y arriver? Quel est le résultat? Les réalisateurs européens considérés ici, à savoir Laurent Chevalier, Benjamin Jules-Rosette et Jacques Champreux, sont-ils mobilisés par les mêmes ambitions que leurs homologues africains? Comment lire, dans leur cas, le transfert culturel ainsi entrepris? Au vu de ce qui précède, quels sont les rapports réels de la littérature et du cinéma en Afrique? Pourquoi est-il important de les analyser?

La recherche ne semble pas s'être suffisamment penchée sur ces questions[3]. Avant que je ne m'y consacre il y a quelques années (Tcheuyap 1999, 2000, 2001/2002), on relevait exactement quatre articles : Lise Gauvin et Michel Larouche (1995) à propos de *L'Aventure ambiguë*; Florence Paravy (1999) au sujet de la pièce de F. Dürrenmatt que reprend Djibril Diop Mambety dans *Hyènes* (1992); Joseph Gugler et Oumar Sherif Diop (1998) à propos de *Xala* et enfin Joseph Gugler (1999), qui étudie un ensemble de textes anglophones et francophones portés à l'écran. En outre, deux thèses ont été consacrées à cette problématique. La première, intitulée *Littérature et cinéma. Contribution à l'étude de l'adaptation dans la culture négro-africaine*, a été rédigée par Tshishi Bavula Matanda en 1988 à l'Université catholique de Louvain, puis publiée la même année. Soutenue à la Florida State University (1991), celle d'Yvonne E. McIntosh a pour titre « African Literature Through The Camera's Eye ». L'ouvrage dirigé par Sada Niang tente « d'esquisser les rapports entre cinéma et littérature écrite en Afrique francophone » (1996 : 5). Même l'excellente étude récente de David Murphy (2000) sur Sembène Ousmane, si elle aborde la cohérence des discours dans les œuvres littéraires et cinématographiques, n'interroge pas de manière spécifique les rapports entre les œuvres et les films qui en sont dérivés. Mais mon analyse se démarque des précédentes d'un point de vue méthodologique et théorique.

En effet, les travaux de McIntosh et de Sada Niang ressemblent à des monographies distinctes dans la mesure où les analyses ne définissent pas les rapports possibles entre les auteurs étudiés ni ne construisent de manière cohérente les rapports entre écritures filmique et littéraire. McIntosh étudie un réalisateur par partie. Dans chacune d'elles, le film est abordé après le roman, selon les mêmes angles : narration, point de vue; mais, surtout, c'est l'analyse des traditions orales dans la réalisation filmique et l'écriture littéraire qui domine. Les textes rassemblés par Sada Niang, quant à eux, sont des articles dont la plupart interrogent peu les rapports possibles entre le texte littéraire et le film. La question spécifique, de plus en plus importante, de l'adaptation en Afrique n'est pas abordée de manière frontale. De plus, se limitant à Sembène Ousmane et à Assia Djebar, probablement à cause de leur rôle de « pionniers », ces études ne considèrent pas de nombreux autres réalisateurs qui se sont inspirés de la littérature écrite d'Afrique ou d'ailleurs, et dont la démarche esthétique n'est pas fondamentalement différente de celle de leurs devanciers. C'est le cas de Med Hondo et de Clarence Thomas Delgado[4], ainsi que des exemples déjà relevés de Laurent Chevalier, Jacques Champreux et Benjamin Jules-Rosette.

L'ouvrage de Tshishi Bavula Matanda a le mérite de poser la question, quoique très rapidement, de la spécificité du récit, des adaptations et des systèmes de communication orale en Afrique traditionnelle. Cependant, le rapprochement qu'il opère entre adaptation et traduction me semble problématique. Enfin, son étude isole des textes littéraires et filmiques qu'il considère isolément, comme s'il était impossible de trouver un lien entre ces titres. Je voudrais dépasser ces « études de cas » pour aborder la question en termes de « problématiques », de manière à pouvoir dégager des propositions cohérentes.

Dans le cas spécifique de McIntosh, par exemple, la démarche critique s'accommode parfois d'un jugement facile, celui de la fidélité au texte littéraire, fidélité que Matanda considère comme une nécessité et même une fatalité. En outre, la plupart des auteurs précédents opèrent un parcours analytique unidirectionnel : de la littérature vers le cinéma. Je considère que les rapports sont nécessairement bi/multidirectionnels. Autrement dit, le roman et le(s) film(s) dérivé(s) se « réfléchissent ». Il s'agit d'aller de l'un vers l'autre/les autres, puis inversement. Autrement dit, comme le souligne Marie-Claire Ropars-Wuillemier, ce processus est le suivant :

> Sous le masque d'une duplication [je dis « multiplication »], la réécriture cinématographique exerce sur l'œuvre une intervention à la fois agressive, puisque le passage filmique projette le texte vers l'avenir d'un changement, et régressive, puisqu'elle conduit à inverser le cours du change pour déchiffrer, dans l'œuvre défigurée, la possibilité même d'une telle défiguration. (1990 : 218.)

Le dernier aspect à propos duquel le présent ouvrage marque sa différence est le cadre théorique sur l'adaptation évoqué plus haut. Si l'étude de Sada Niang ne s'attarde pas du tout sur cette question et si celui de Tshishi Bavula Matanda oscille entre acceptation et rejet du tribut au texte tuteur, l'article de Michel Larouche et de Lise Gauvin, comme ceux de Joseph Gugler et d'Oumar Sherif Diop, rejoignent les normes d'Yvonne E. McIntosh, principalement en ce qui concerne la « fidélité ». Pour celle-ci, « *the director's aesthetic task is to convey to the screen the literary text in such a way that* the essence *of the text is maintained, while he* manages to create *an image which artistically coincides with the* intent *of the novelist*[5] » (1991 : 26; je souligne). L'œuvre du réalisateur, création autonome, se trouve ainsi codifiée, objectivée par des jugements en fonction d'une ressemblance possible ou impossible avec l'œuvre littéraire qui l'a inspirée. En plus de la réduction d'un texte nécessairement « ouvert » à une « essence » et à une intention improbable du romancier, le film devient captif d'une « origine » à laquelle l'analyste attend qu'elle reste fidèle. Si, pour McIntosh, les différences affichées par le film sont justifiées parfois par des transformations attribuables à la réalisation, elle insiste surtout sur ce déterminisme technologique qui culmine avec la transécriture. Autrement dit, c'est le code sémiotique, le cinéma comme média et langage spécifique, qui légitime la différence textuelle. Pour récapituler la théorie développée dans le livre qu'il codirige avec André Gaudreault, Thierry Groensteen écrit à ce sujet :

> L'adaptation est, au sens strict, la réincarnation d'une œuvre OE1 dans un média différent de celui qui lui servait originellement de support. Cette « transmédiatisation » [...] ne peut toutefois s'effectuer sans que les autres déterminés de OE1en soient plus ou moins altérés. D'abord, parce que changer de média équivaut, par définition, à changer de signifiants, donc de texte. C'est à ce niveau particulier que la notion de « transécriture » prend toute sa valeur. (1998 : 275.)

Il ne s'agira pas, dans le cadre de cet ouvrage, de minimiser la puissance du média cinéma. Bien au contraire. Mais toute la polémique conceptuelle, aussi bien pour les textes africains qu'européens, semble lier la légitimation de la différence du film aux pouvoirs respectifs de la littérature et du cinéma. La problématique se situe pourtant ailleurs et a été amorcée par quelques études. C'est pourquoi :

> [Il conviendra de] se proposer moins d'interroger une « adaptation » à l'écran que d'explorer l'invention d'une écriture et d'une diégèse proprement cinématographiques, quoique provenant des textes. Considérer, en somme, moins la fidélité à un objet [ou à un média] que l'instauration d'une écriture de la différence. (Mireille Calle-Gruber et Jean-Jacques Hamm, 1993 : 7.)

Est ici formulé, à la suite de Marie-Claire Ropars-Wuillemier, le parti pris théorique qui conduit cet essai : celui de l'écriture, concept dont je donne une nouvelle intelligence et une certaine systématisation dans diverses productions artistiques. J'admets donc que le film, même inspiré d'une œuvre littéraire, relève d'une écriture à part entière. Les réflexions de Calle-Gruber et de Hamm ne sont pas explicites à ce sujet, mais impliquent que les films dérivés de romans sont le lieu de déploiement d'une écriture seconde, du point de vue de la « chronologie », c'est-à-dire de l'ordre d'apparition dans le champ culturel. Autrement dit, le mouvement créateur est celui d'une « répétition », d'une « réécriture », terme que Ropars-Wuillemier limite à ce qui est en fait simplement un des types possibles de réécriture : la « réécriture filmique ». Qu'est-ce à dire ?

L'argument principal développé dans cet ouvrage est que, de la littérature vers le cinéma, du cinéma vers la littérature, du roman vers le théâtre, du théâtre vers le cinéma, de la nouvelle vers le cinéma, d'un film à un autre, d'une pièce de théâtre à une autre, ce qui est mis en œuvre, ce sont diverses modalités dans la répétition, dans la variation créative. Autrement dit, mieux que le média, le genre ou le code, ce qui semble primordial, c'est l'« acte poétique » dans sa « fréquence » et sa chronologie, lesquelles impriment à chaque « texte reproduit » sa différence. C'est pourquoi le même titre peut recouvrir plusieurs « textes », dans un processus de « multiplication » infinie qui pourrait varier avec les signataires. N'est-ce pas le cas de *Guelwaar* (film, 1992 ; roman, 1996), l'un des titres du corpus ?

Ce titre est important à plus d'un égard : il est en effet le premier roman de Sembène Ousmane à être écrit à partir d'un scénario de film. Le roman reprend, en l'élargissant, la thématique principale du film. Il s'agit du récit de la mort d'un patriarche assassiné pour avoir ouvertement dénoncé, lors d'une assemblée réunissant des dignitaires locaux et étrangers, l'aide alimentaire comme étant un mode de gouvernement et d'asservissement. Le roman ajoute des personnages et s'attarde sur de nombreuses descriptions, tout en apportant des nuances qui ne sont pas très visibles dans le film l'ayant inspiré. Si l'argument narratif semble être le même, de nombreux non-dits textuels permettent d'apporter des variations à divers degrés sémantiques dans la « réécriture romanesque » du film.

Écrit et ensuite réalisé par le même Sembène Ousmane, *Xala*[6] (roman, 1973; film, 1974) est, contrairement à ce qu'on pourrait penser, un film comique sur la sexualité en Afrique. Mais la sexualité comme métaphore d'une impuissance temporelle (c'est ce que signifie *xala* en ouolof) : celle des indépendances. Le jour de l'indépendance et de son actualisation par la prise symbolique du pouvoir économique, un « nouveau riche » devient subitement victime d'un sort, le *xala.* Il éprouve de terribles problèmes de performance lors de la nuit de noces, laquelle est la même que celle des indépendances. L'impuissance sexuelle conduit à l'impuissance économique et à la déchéance politique[7]. La même métaphore est rendue dans les deux textes, mais la réalisation procède surtout par hypertrophie et invention. En d'autres termes, la répétition filmique se révèle peu innocente au vu des prérogatives déployées par les images. Avec quelques nuances, le même procédé est mis en œuvre par Bassek Ba Kobhio.

En effet, *Sango Malo* (roman et film, 1991) est surtout le récit d'un instituteur dont l'itinéraire initiatique met en œuvre la dialectique savoir-pouvoir. Son arrivée dans un village de brousse révolutionne les esprits ruraux en s'illustrant par des transgressions multiples. Il change les programmes scolaires, crée une coopérative qui met en faillite l'unique commerçant du coin, prêche contre Dieu, décommande la culture du cacao mal vendu, mais qui enrichit quelques bureaucrates. Le film ajoute aussi de nombreuses scènes comiques et, comme dans le cas des œuvres de Sembène Ousmane, introduit d'autres personnages, puis transforme certains éléments de la diégèse.

Le cas de ces deux réalisateurs est intéressant à plus d'un titre. D'abord, ils sont aussi auteurs du texte littéraire, ce qui confère à cette « double signature » une dimension intéressante dans la démarche théorique engagée ici. Ne faut-il pas, dans ces cas plus qu'ailleurs, parler proprement d'auteur? La responsabilité éditoriale, les dérivés sémantiques nés de ce double exercice ne peuvent-ils pas inspirer une réflexion pertinente sur la question générale de la réécriture telle que nous tenterons de la définir ici? Les enjeux théoriques et idéologiques semblent importants et complexes. Mais les autres textes du corpus relèvent d'une autre logique.

Abordant les questions de développement économique déjà présentes chez les autres réalisateurs, *L'Aventure ambiguë*, de Jacques

Champreux, et celle de Benjamin Jules-Rosette s'inspirent du roman de Cheikh Hamidou Kane. L'objet est simple : la décision, sous l'impulsion de la Grande Royale, d'aller à l'« école des Blancs ». Le film de Champreux opère un véritable « rapatriement diégétique » : tous les personnages se retrouvent en Afrique, et Samba Diallo a vieilli de 20 ans. Le film commence en effet quand, fait inexistant dans le roman, il est devenu professeur de philosophie. Il retourne en Afrique où le réalisateur met en œuvre les désastres écologiques, sociologiques et humanitaires du « développement » vers lequel a été poussé le village. La Grande Royale est repentante, vaincue par ses illusions. Le film de Rosette, quant à lui, se limite aux 58 premières pages du roman, principalement à la décision d'aller à l'école nouvelle. Ici, contrairement à Champreux, la Grande Royale est triomphante.

Ces deux exemples constituent une illustration supplémentaire de la réécriture comme possibilité infinie, proposition centrale du présent livre. Cette réécriture varie avec les sujets créateurs qui déterminent souvent seuls, en fonction des paramètres descriptibles et analysables, les éléments à puiser et à développer d'un texte littéraire lorsqu'il est porté à l'écran. Ici, comme dans les deux cas suivants, le réalisateur est différent du romancier. Ces cas de figure, plus courants dans la production cinématographique, n'en sont pas moins le lieu d'un déploiement, d'un investissement et d'une plus-value sémantique à explorer.

Dans *L'Enfant noir*, Laurent Chevalier procède, dans une perspective un peu plus poussée que les réalisateurs précédents, au déploiement d'une autre dimension importante dans la mise en œuvre de toute réécriture : l'idéologie. Plus que les ajouts, les suppressions et les transformations, les techniques de la caméra, remarquablement avide de plongées et de gros plans sur les objets repoussants, permettent de voir comment est mis en scène le roman de Camara Laye. La réécriture filmique, se fondant sur un processus créateur autonome, dévoile davantage, ainsi que l'indiquent Jean-Louis Comolli (1971) et Jürgen Habermas (1973), la technique comme idéologie. Comme dans les cas précédents, l'enjeu est ici moins celui du déterminisme codique ou technologique, de la fidélité, que celui des discours que suggèrent les mutations du texte dérivé : l'objectivisation de l'Afrique, la perpétuation de certains schémas réducteurs. Mais ces images faciles contrastent avec le discours anticolonialiste de Med Hondo.

En effet, dans *Sarraounia* (1987), Med Hondo reprend la thèse principale du roman d'Abdoulaye Mamani : la déroute des troupes françaises dans l'ancien Soudan et, principalement, dans le royaume que dirige la reine Sarraounia. Non seulement le réalisateur, dont le militantisme est connu, insiste sur les meurtres massifs des troupes coloniales, mais il annexe des éléments narratifs nouveaux, comme ces panoptiques « voix *over* » qui accompagnent certaines images. Placée en début de film, la plus saisissante est certainement celle qui met en œuvre la fissuration sanglante de l'Afrique lorsqu'est évoquée la conférence de Berlin en 1884. Le narrateur romanesque devient presque effacé par le griot du film, lequel intervient comme une véritable « surfonction ». Plus que le roman, le réalisateur opère des ruptures à plusieurs niveaux, puis relance le processus interprétatif sur le colonialisme français en Afrique. Ou alors, sur un tout autre plan, l'interprétation du rôle social du griot métamorphosé d'un texte à l'autre.

Ces exemples permettent de formuler des arguments sur le devenir de certains textes africains, du texte en général, lorsqu'il est réfléchi « entre films et romans ». Que devient en effet le roman porté à l'écran? Quels discours additionnels convoient ces réécritures? En admettant que le cinéma africain[8] se veuille essentiellement militant et, vu l'origine étrangère, principalement française, de certains réalisateurs, quels critères de recevabilité devrait-on établir pour maintenir les films retenus dans ce qui est généralement admis dans le registre du « cinéma africain[9] »? Quels sont les résultats, les discours issus de ces appropriations et de ces transferts à la fois sémiotiques et culturels? Telles sont, brièvement présentées, les principales articulations qui conduisent cette étude. Elle s'organise principalement en trois parties.

Intitulée « Écrit/écran », la première partie aborde, dans une perspective structurale, un ensemble d'arguments théoriques relatifs à la réécriture filmique. Le premier chapitre parcourt la problématique et les déterminismes implicites de l'adaptation pour mieux recentrer le débat sur la poétique et la réécriture. Le second part d'une certaine confusion : l'équation implicite entre titre et texte, ainsi que l'ambiguïté quant au statut textuel du film. Ce chapitre tente de clarifier ces questions avant d'envisager le film écrit à partir d'un roman comme « texte dérivé » et d'essayer d'en déterminer les règles. Le troisième chapitre s'interroge sur les spécificités du récit africain, aussi bien au cinéma qu'en littérature. La question de l'oralité y est en jeu. Le quatrième aborde les métamorphoses du récit et, notamment, les variations qui interviennent dans l'ordre et le contenu du récit lors du passage d'un média à l'autre. « Voix et savoir », le dernier chapitre de cette partie, étudiera les différentes voix narratives dans chaque média, ainsi que l'importance du savoir dans l'évolution du récit. On poursuivra plus systématiquement la déconstruction des théories narratologiques de Genette déjà entreprises par André Gaudreault et François Jost.

La deuxième partie s'articule autour de la réinvention d'une narration filmique. Il y est question des différents mécanismes de déconstruction et de reconstruction du texte parent, dans plusieurs de ses dimensions. L'enjeu ici est beaucoup plus politique et idéologique que dans la partie précédente. On verra d'abord comment le montage et la technique sont des signifiants mis au service d'un discours qu'il est possible d'évaluer. Articulée dans le texte littéraire et remise en scène par les langages gestuels, corporels et spatiaux, ainsi que par l'ensemble des éléments de la dramaturgie, la question du pouvoir est ensuite analysée. On déterminera quelle économie esthétique et politique est par suite en travail.

Suit un chapitre consacré au statut du féminin, dans certains de ses paradoxes discursifs. Une idée reçue est assez répandue dans divers cénacles académiques, celle de la femme africaine dominée. Ce mythe, curieusement, est démonté avec plus de netteté dans les films où l'homme fait l'objet d'une féroce dérision. Il conviendra de rendre compte des paradoxes esthétiques de ce qui pourrait devenir prise de conscience sociopolitique et renversement de clichés idéologiques qui permettent de relativiser avec rigueur la notion de « marginalité » telle qu'appliquée aux femmes africaines. Ce qui permet d'aborder la problématique, non moins controversée depuis au moins Michel Foucault, du statut des exclus dans les sociétés humaines. Leur « surfonctionnalité » et leur valorisation dans les réécritures filmiques mettent davantage en lumière la fragilité de la notion de norme.

Le dernier chapitre s'attachera à explorer et à définir la dimension ludique du cinéma africain. Il conviendra de faire quelques précisions sur ce point. En effet, si ce cinéma se défend d'être gratuit et réclame d'être pris au sérieux, on se rend compte que, là où le texte littéraire tourne en dérision par l'ironie et le cocasse, le film, lui, annexe simplement des scènes ou situations ludiques. Autrement dit, le rire n'y est jamais gratuit. Fictionnel, il n'oublie pas d'être fonctionnel, au même titre que les scènes sérieuses.

Les propositions théoriques formulées dans cet ouvrage sont basées sur des romans et des films choisis surtout en fonction de leur disponibilité. Certes, il convient de maintenir tout corpus à des dimensions raisonnables, mais les recherches sur les cinémas d'Afrique sont parfois un véritable chemin de croix, et obtenir une vidéo peut être un réel exploit. Cela est plus valable encore pour les films d'un Sembène Ousmane qui a longtemps résisté à faire circuler ses produits en format VHS, ou pour un Med Hondo dont le *Sarraounia* est une véritable rareté. La multiplication des réécritures filmiques se confirmant de plus en plus comme activité artistique, et vu les avancées de la technologie, on peut espérer que d'autres études seront rendues plus faciles. Toutefois, ces propositions ne se limitent pas uniquement au cinéma africain, mais tentent de s'inscrire dans le « cinéma tout court ». Certaines d'entre elles sont contenues dans des articles remaniés et publiés dans quelques revues autorisées d'Amérique du Nord : *Protée*, *CiNéMAS* et *Présence francophone*[10]. Je remercie celles-ci de m'avoir permis de reprendre ces publications ici. Le Service de la recherche de l'Université de Calgary m'a fait bénéficier d'un soutien financier m'ayant permis de financer des voyages de recherches grâce auxquels j'ai pu reconsidérer les films étudiés, en regarder d'autres dans la même perspective et, en conséquence, revisiter et reformuler certaines de mes hypothèses. Une bourse précieuse du Calgary Institute for the Humanities a également été utile dans la mise en forme finale de cet ouvrage.

Les échanges avec Olivier Barlet, la relecture attentive et la formidable disponibilité d'Armelle Cressent, ainsi que l'hospitalité de Jeanick Le Naour de la Cinémathèque Afrique (Paris) auront aussi facilité la réalisation de cet ouvrage. François Rouget, Josias Semujanga et Fernando Lambert ont toujours été présents à chaque itinéraire de mon parcours et je ne leur témoignerai jamais assez ma gratitude. Je remercie aussi California Newsreel, New Yorker Films, l'Association Écrans Noirs et Jacques Champreux pour les photos mises à ma disposition. Mais ce livre doit beaucoup aux enseignements puis à l'encadrement d'Ambroise Kom et de Mireille Calle-Gruber, chercheurs comme il y en a peu, dont la rigueur et la discipline m'ont évité de devenir chercheur comme il y en a beaucoup. Leurs réflexions et leurs enseignements m'ont permis non seulement de reconsidérer les littératures et les cinémas francophones dans leurs problématiques actuelles ou leurs rapports réciproques, mais aussi de déterminer les défis, les approches puis les limites théoriques liées au changement de code. C'est grâce à eux que je suis arrivé à revisiter les rapports écrit/écran, dont le moins qu'on puisse dire est qu'ils permettent de définir des théories et des structures en mutation.

Notes

1 Pour prendre connaissance de la Charte d'Alger, lire Patrick G. Ilboudo, *Le Fespaco 1969-1989. Les cinéastes africains et leurs œuvres*, Ouagadougou, Éditions La Mante, 1988, p. 153-155.

2 C'est vrai, par exemple, que le cinéma français est très subventionné (comme beaucoup d'autres cinémas européens d'ailleurs). Le but ici est de limiter l'invasion des écrans (grands et petits) par l'audiovisuel américain (CNN, films et séries diverses). Mais en ce qui concerne l'Afrique, les mêmes causes produisent les mêmes effets, et ces images dominantes se rejoignent dans l'aliénation systématique des populations. Dans l'ensemble de cet ouvrage, la référence à Hollywood n'exclut nullement que les cinémas dominants ont aussi leurs « marges ». Je fais simplement allusion aux grands courants commerciaux qui contrôlent la production et la distribution de l'image.

3 Selon la banque de données de la Modern Language Association et de la Dissertation Abstracts International.

4 Il reprend *Niwaam*, nouvelle de Sembène Ousmane (1987), à l'écran (1991). Pour une bibliographie sommaire des rapports entre littérature et cinéma en Afrique, voir Sada Niang et Alexie Tcheuyap, « Littérature d'Afrique noire francophone et cinéma. Bibliographie indicative », Worcester (Mass.) *Présence francophone*, 57, 2001, p. 107-114.

5 « la tâche artistique du réalisateur consiste à porter à l'écran l'œuvre littéraire de telle manière que l'"essence" du texte soit maintenue, pendant qu'il "essaie de créer" une image qui coïncide artistiquement avec "l'intention" du romancier. »

6 En ouolof, se prononce *hala*.

7 Cette thématique du rapport entre impuissance sexuelle et déchéance sociopolitique est au centre du premier long métrage du Gabonais Henri Joseph Koumba Bididi, *Les Couilles de l'éléphant* (2000), où une sorte d'équation est établie entre la perte des élections et… de l'érection.

8 Par « cinéma africain », le lecteur est prié d'entendre essentiellement « cinéma africain francophone », même si les mêmes options esthétiques et idéologiques, à l'image de la Charte d'Alger par exemple, sont repérables dans toutes les parties du continent.

9 Pour Teshome H. Gabriel, le problème est moins celui de l'origine des réalisateurs que du discours et de l'idéologie véhiculée dans divers films. D'où sa définition du « tiers cinéma » : « *The principal characteristic of Third*

Cinema is really not so much where it is made, or even who makes it, but, rather, the ideology it espouses and the consciousness it displays. *The Third Cinema is that cinema of the Third World which stands opposed to imperialism and class oppression in all their ramifications and manifestations* » (1982 : 3 ; je souligne).

10 Les textes repris seront signalés au début du chapitre.

PREMIÈRE PARTIE

ÉCRIT/ÉCRAN : THÉORIES ET STRUCTURES EN MUTATION

Chapitre 1

LA LITTÉRATURE À L'ÉCRAN : APPROCHES ET LIMITES THÉORIQUES[1]

La reprise filmique des textes littéraires soulève un certain nombre de questions qui demeurent sans réponses. Il s'agit principalement de la capacité des images industrielles à soutenir une création qui, tout en partant d'un rapport de duplication, parvienne, une fois la réalisation terminée, à évacuer quelques doutes. Le principal porte sur la prééminence qui demeure, plus ou moins implicite, de la source littéraire sur la version filmique. L'avant-garde française a d'abord considéré le phénomène comme un pis-aller honteux, avant qu'André Bazin ne tente de remettre les choses à leur place : la plupart des chefs-d'œuvre du cinéma contemporain sont dérivés de textes littéraires. Son plaidoyer formulé « [p]our un cinéma impur » constitue à cet égard un point théorique décisif sur la nature des rapports entre le cinéma et le septième art condamné à l'« impureté ». Il écrit notamment :

> Sachons donc d'abord voir ce que les meilleurs films contemporains doivent aux romanciers modernes [...] Alors loin de nous scandaliser des adaptations, nous y verrons, sinon hélas un gage certain, du moins un facteur possible de progrès du cinéma. Tel qu'en lui-même, le romancier le change ! (1959 : 18.)

Largement exposées dans son essai, les hypothèses de Bazin n'ont pas seulement enrichi le débat sur la reprise filmique des textes littéraires, elles l'ont aussi miné. La prééminence du texte littéraire impose en effet un certain tribut et même une servitude au réalisateur dont l'œuvre n'est pas considérée dans son intégrité ou son indépendance, mais se trouve réduite à sa capacité de mémoire et de reflet. En d'autres termes, « l'un » devient le lieu, le centre de gravité, la norme à partir de laquelle est évalué « l'autre ». En dépit de l'antériorité d'une démarche largement critiquée, je m'attache à retraverser la démarche de Bazin pour montrer que son point focal subsiste et vient de resurgir sous une forme voilée.

En effet, formulant une critique assez récente des paradigmes baziniens, même les théoriciens de la transécriture (André Gaudreault et Thierry Groensteen, 1998) inversent simplement le procès épistémologique et retirent à la littérature un pouvoir aussitôt conféré au cinéma : on demeure, dans la lignée bazinienne, figé dans l'idéologie du code sémiotique, du média. Le problème demeure ainsi irrésolu par ce renversement du schéma évaluateur. Il légitime en effet la différence du texte filmique par la nature du nouveau média qui imposerait ainsi une nouvelle fidélité. Dans un tel contexte, fondant la « différence » sur la répétition, l'hypothèse de la réécriture dont le procès théorique est mis en œuvre ici, déplace le champ de la réflexion par l'élaboration d'une poétique qui libère définitivement de l'héritage bazinien.

1. L'HÉRITAGE BAZINIEN

André Bazin a très utilement jeté les bases d'une étude comparative entre le cinéma et la littérature. Il a principalement démontré qu'il ne saurait exister un quelconque cloisonnement entre les arts, lesquels s'impliquent fatalement les uns les autres. Mais il a aussi, à la lettre, sabordé cette démarche comparative en léguant à la critique deux termes qui semblent avoir la peau dure : fidélité et « trahison ». Le réalisateur qui, au lieu de construire un scénario « original », le fonde sur un texte littéraire, ne voit plus, de ce fait, son œuvre considérée dans son identité. Un certain fétichisme impose le fantôme du texte source dont on se sert pour justifier une improbable recherche des diverses structures dans le texte dit d'arrivée. Bazin est ferme : le cinéaste ne saurait s'affranchir du paramètre de la fidélité. Elle est d'abord une « servitude » (André Bazin, 1959 : 21). Et même :

> On peut poser que, dans le domaine du langage et du style, la création cinématographique est directement proportionnelle à la fidélité. Pour les mêmes raisons qui font que la traduction mot à mot ne vaut rien, que la traduction trop libre nous paraît condamnable, la bonne adaptation doit parvenir à restituer l'essentiel de la lettre et de l'esprit. (*Ibid.*)

Ces deux termes, fidélité et trahison, constituent les autres versants de l'héritage bazinien, repris par maints critiques. Bien que flous et, à la limite, intuitifs, ces critères sont pris en compte par Alain Garcia dont le livre n'est pas sans contradictions ni ambiguïtés. Selon lui, l'œuvre originale demeure le texte de référence auquel le cinéaste doit allégeance :

> Tout est question de degré. Le réalisateur ne peut se donner de liberté par rapport au texte source, car le scénariste adaptateur n'a pas le « droit » de faire ce que bon lui semble du chef-d'œuvre qu'il transpose à l'écran [...] Respect à la lettre ou à l'esprit, l'une de ces deux situations est suffisante ; et si la trahison des deux ne nous intéresse pas du tout, c'est bien entendu le respect des deux, le respect de l'auteur et de son sujet qui forcent notre admiration et font du film, pour nous, un chef-d'œuvre d'adaptation. (1990 : 15.)

Cette quête de la fidélité, de l'esprit ou de la lettre, est aussi le fait de Gene D. Philips. Dans son livre, *Hemingway and Film*, il pose que le film doit restituer les thèmes et les intentions originelles de l'auteur. Il est formel :

> *The faithful film adaptation* must *preserve the spirit and thrust of the original work, regardless of superficial liberties taken with the plot and dialogue of the parent work in retooling it for the screen.* (1980 : 158 ; je souligne[2].)

Dans un article pourtant destiné à montrer les limites d'une critique fondée sur le critère de la fidélité, Christopher Orr écrit dès le premier paragraphe, sur un mode tout aussi prescriptif, voire radical : « *A good adaptation* must *be faithful to the spirit of its literary source*[3]. » (1984 : 72 ; je souligne). Qu'est-ce donc que la lettre ? Et l'esprit ? Ne s'agit-il pas de critères purement subjectifs, surtout textuels, basés sur la capacité du spectateur à se souvenir du texte littéraire d'où a été tiré le film ?

Il est fondamental de le relever : celui qui prend l'initiative de porter un texte littéraire à l'écran a moins en vue de rendre justice à une œuvre fantôme que de faire un bon film à partir d'une lecture personnelle ou des goûts et nécessités du public. De plus, il est rigoureusement impossible de restituer à l'écran la lettre ou même l'esprit d'un texte littéraire, ce qui impliquerait un concept de « totalité » incompatible avec tout texte. Celui-ci se trouve simplement engagé, du fait de la reprise, dans un processus herméneutique. Pareille entreprise est utopique et vouée à l'échec. En outre, elle est matériellement impossible.

La fidélité à l'« esprit » du texte littéraire constitue un autre versant de ce mythe, car il suppose, ainsi que le suggère Phillips, qu'il existe « un sens et un projet » de l'auteur, ce qui est évidemment absurde, sans pertinence. Le film, texte dérivé et autonome, devient ainsi captif d'un autre, littéraire et dit « original », que l'utopie critique soustrait à jamais à l'appréhension ou, du moins, au concret travail des significations, en le reléguant à la sphère indéterminée de l'abstraction qui trouve ainsi un terme commode par son imprécision et son ambiguïté : l'« esprit ». Devant cette situation sans issue, des théoriciens ont procédé par étapes. L'absolu de la fidélité étant trop incertain, ils ont élaboré d'autres paradigmes tout aussi problématiques, car il demeure délicat de les délimiter avec rigueur.

On retrouve encore Alain Garcia, lequel structure son livre en trois parties : l'adaptation qui « trahit le cinéma en étant trop près de la littérature », l'adaptation libre qui « trahit le roman en prenant trop de distance vis-à-vis du roman », puis la transposition qui, elle, « ne trahit ni l'un ni l'autre en se situant aux confins de ces deux formes d'expressions artistiques » (1990 : 202-203).

Dans le même registre théorique, François Baby considère que « l'adaptation stricte est caractérisée par un haut niveau de fidélité par rapport à l'œuvre originale. On ne retrouvera dans le produit final que les modifications imposées par le changement de médium et par l'observance des contraintes que ce changement entraîne » (1980 : 12). Vient ensuite l'adaptation libre, caractérisée par « un degré moindre de fidélité à l'œuvre originale » et qui ne doit pas « modifier fondamentalement [son] sens et [sa] portée » (*ibid.*). L'adaptation dite « d'après » est la moins « fidèle ». Donc :

> [Elle est] caractérisée par un faible niveau de fidélité par rapport à l'œuvre originale. En effet, l'auteur s'inspire plus ou moins directement de l'œuvre d'origine, la plupart du temps d'ailleurs, surtout au niveau de l'armature. Elle entraîne donc généralement un travail important de création de la part de son auteur. (*Ibid.*)

Baby se situe donc dans le même réseau théorique que Garcia, où la liberté du créateur est paradoxalement rivée à ses degrés de fidélité au texte littéraire. Une incertitude encombre les frontières variables entre les divers degrés d'évaluation du film dérivé de la littérature. À ces catégories, il faut ajouter celles de Geoffrey Wagner. Il y a, d'abord, ce qu'il nomme « transposition », « *in which a novel is given directly to the screen with a minimum of apparent interference*[4] » (1975 : 222). Par le commentaire, « *an original is taken and either purposely or inadvertly altered in some respect* [...] *when there has been a different intention on the part of the filmmaker, rather than infidelity or outright violation*[5] » (*Ibid.* : 224). Enfin, l'analogie, « *which* must *represent a fairly considerable departure for the sake of making another work of art*[6] » (*Ibid.* : 226; je souligne).

On le voit à partir des exemples précédents, les emprunts cinématographiques aux textes littéraires ont d'abord largement été abordés par la critique en matière de pouvoir : celui du mot sur les images. Ainsi, la littérature fait écran au cinéma. D'autre part, il se révèle un brouillage, car même ceux qui adoptent des concepts semblables n'y mettent pas forcément le même contenu. C'est le cas notamment avec la transposition et l'« adaptation libre » qui ne véhiculent pas les mêmes opérations chez Garcia, Baby ou Wagner. Tout cela témoigne d'un certain malaise épistémologique. Certes, le consensus n'est guère fréquent dans le domaine de la science et ce n'est pas forcément un critère de validité. Mais il n'en demeure pas moins vrai que les bases théoriques des analyses précédentes vacillent. Elles sont trop arbitraires, bien floues : qui dira exactement en quoi consiste l'esprit ou la « lettre » d'une œuvre littéraire ou filmique? Comment trancher quant au degré supérieur ou moindre de fidélité? Cette incertitude théorique, identifiable dès Bazin, voudrait ramener à l'altérité de la version filmique l'identité improbable du texte littéraire. Pour Marie Claire Ropars-Wuillemier :

> [Une telle approche] est en réalité une hiérarchie, entièrement réglée par le principe d'identité : c'est en fonction de l'œuvre originelle qu'on évalue l'intervention du cinéma; et c'est la fidélité ou la force de la transposition, l'aptitude à traduire ou à relancer un chef-d'œuvre supposé rester intact qui vont déterminer la qualité d'un film issu d'un texte. Se dévoile alors une contradiction implicite entre un plaidoyer pour l'impureté cinématographique, qui ferait du cinéma un opérateur critique de la question de spécificité, et la reconduction d'une échelle de valeurs référée à la littérature, qui pourrait seule opérer la purification nécessaire du septième art. (1990 : 167.)

Dans *Novels into Films*, George Bluestone soutient que les jugements de fidélité supposent que les personnages et l'intrigue romanesques sont automatiquement transférables et substituables à ceux du roman, que ce dernier est la norme dont le film s'éloigne à ses risques et périls, que les « déviations » ne sont permises que pour des raisons certes imprécises, mais réglées par la distance prise vis-à-vis de l'original. Il est important, redisons-le, de désacraliser le texte source et de prendre enfin le texte dit d'arrivée pour ce qu'il est et ce qu'il est seulement : un « autre » texte, c'est-à-dire un texte nécessairement « autre ». En effet, en passant du littéraire au filmique, les changements sont inévitables : « [...] *mutations are probable the moment one goes from a given set of fluid, but relatively homogeneous, conventions to another;* [...] *changes are* inevitable *the moment one abandons the linguistic for the visual medium*[7] » (1966 : 5; souligné par l'auteur). Il s'agit dès lors de prospecter un autre versant de la théorie : Bluestone pose le changement comme inévitable et même comme une nécessité intrinsèque, constitutive de l'œuvre. La création procède, dans ce cas, par mutation de code et par déplacement sémiotique.

2. LE DÉPLACEMENT SÉMIOTIQUE

Ce que j'appelle « déplacement sémiotique » se fonde sur le changement de code. La littérature et le cinéma constituant deux langages différents, l'emprunt impose inévitablement des transformations. Les tenants du déplacement sémiotique désignent presque tous l'opération de duplication par un terme ayant un préfixe seyant : « trans- ». La logique est donc celle du mouvement, c'est-à-dire de l'instabilité, de la mobilité. Dans une telle perspective, la version filmique du texte littéraire est une dérivée qu'il est difficile de figer par une formule ou quelque règle. L'un des fondements implicites du déplacement sémiotique, c'est, tout paradoxalement, l'étanchéité des deux systèmes de signification, la littérature et le cinéma. Pour Linda Coreman, le cinéma se charge de mettre en place ses propres réseaux sémantiques et peut, éventuellement, actualiser des sèmes dispersés dans le roman. La différence avec le texte de départ n'est ni un accident ni une tare, car l'œuvre littéraire portée à l'écran est forcément différente, « transformée » :

> La transformation filmique présentera donc des différences par rapport au texte littéraire, liées à la matérialité spécifique de chaque médium, mais récupérables à travers une analyse de leur fonction-

nement à l'intérieur du système textuel ou de leur récurrence thématique dans un texte particulier. (1990 : 33.)

Tout en insistant sur les influences tant du contexte sociohistorique que de celle du marché, Jeanne Marie Clerc note que limiter le débat à celui de la prééminence du texte source constitue une démarche restrictive. Lorsqu'un réalisateur s'empare d'une œuvre littéraire, il ne se sent pas nécessairement lié de quelque manière que ce soit à elle. Il ne s'agit que d'une banque de données dont il dispose à sa guise. Pour elle :

> [L]a transposition s'apparente à une création autonome dans la mesure où, même si elle emprunte certaines idées directrices à une œuvre antérieure, elle conserve la liberté de les exprimer sous la forme qu'elle choisit. Resterait à déterminer si les contraintes propres à l'instrument d'expression ne pèsent pas sur ces choix, dans le cas de la caméra surtout. (1985 : 31.)

Décrite dans son livre *Pour une théorie de l'adaptation filmique*, l'approche de Patrick Cattrysse (1992), dite « polysystémique », se base sur l'analogie avec les sciences de la traduction. Telle que menée, la démarche théorique semble problématique. Car si Cattrysse s'émancipe de la recherche de la fidélité, l'analogie qu'il établit avec la traduction est peu pertinente. En effet, même s'il ne semble pas l'admettre, il existe une nécessité théorique en traduction : l'interdiction de retrancher du texte, ce qui implique un type singulier de fidélité. Cette démarche est proche de celle de Tshishi Bavula Matanda, qui pose cette même analogie entre reprise filmique et traduction, en parlant plutôt de « traduction-interprétation », de « transmutation » ou de « traduction intersémiotique[8] ».

Mais vu l'étymologie même du terme, la traduction, tout comme l'adaptation d'ailleurs, est proprement impossible, « infidèle », constitue un leurre et soulève de nombreux doutes. C'est pourquoi certains auteurs (Milan Kundera, par exemple) surveillent et approuvent les traductions de leurs ouvrages. La recherche d'équivalences, telle que suggérée à certains moments par l'auteur pour l'adaptation, ne constitue, pour le cas des traductions ou des mises en scène, que des recours ultimes. Bien plus : le traducteur ne s'attribue pas le loisir de « tailler » ou de « taillader » une œuvre, pour emprunter cette métaphore à Garcia. Contrairement à une théorie de la réécriture, basée sur le principe de l'« économie textuelle ». C'est pourquoi le montage et l'ellipse sont essentiels tant dans les réécritures filmiques que dans les films faits à partir de scénarios « originaux ». En établissant une analogie avec la traduction, Cattrysse postule une équation entre film et langue, ce qui est pour le moins improbable, comme l'a montré Christian Metz (1971). Il serait à cet égard intéressant de voir une traduction polysystémique par laquelle on retrancherait ou ajouterait des passages, ou qui donnerait de *L'Aventure ambiguë* la problématique telle que perçue par Benjamin Jules-Rosette : du fait des manœuvres de la Grande Royale qui pousse tout un peuple à l'école étrangère, il résume le film aux 58 premières pages du roman de Cheikh Hamidou Kane. Il est possible d'aborder la question sous un angle purement structural.

Se basant sur l'« Introduction à l'analyse structurale des récits » de Roland Barthes, Brian McFarlane distingue deux types d'opérations dans le déplacement : le transfert (*transfer*) et l'adaptation proprement dite (*adaptation proper*). La première concerne la narrativité et la capacité à raconter. On le sait depuis *Logique du récit* de Claude Bremond (1973), il s'agit du fait poétique le plus facilement exportable. Selon McFarlane, le transfert est le plus aisé et ne nécessite pas de mutation majeure. Il porte sur l'histoire, l'intrigue, les différents personnages, les diverses fonctions et les sphères d'action barthésiennes. L'adaptation proprement dite, quant à elle, concerne, par contre, l'énonciation qui, selon lui, ne serait pas exportable et nécessiterait un ajustement médiatique. En effet, la pluralité des codes au cinéma (verbal, visuel, auditif, gestuel) et la spatialité qui diffèrent fondamentalement de la linéarité du roman conventionnel, l'émergence des sons ainsi que les codes culturels sont des paramètres réglant la production des images industrielles, paramètres qui permettent de « resituer » autrement à l'écran les films d'origine littéraire. La primauté n'est plus au mot, mais à l'image et à ses codes. Cette étanchéité des codes est plus marquée, voire consacrée, avec la récente théorie de la transécriture.

En effet, la séparation définitive des moyens d'expression pour justifier la différence textuelle est énoncée de façon rigoureuse, voire radicale, par André Gardies (1998 : 80). Opérant un important virage dans sa pensée, il estime que l'évaluation esthétique ne peut être considérée dans une relation comparative avec le texte source. La raison invoquée est la différence du média[9]. Après Bluestone, Baby, Coreman, Clerc et McFarlane, la transécriture fait définitivement voler en éclats le mythe de la fidélité, quel qu'en soit le degré. La différence du texte d'arrivée est assurée par celle du véhicule sémiotique qui le porte. Mais, pour emprunter à Bazin, une servitude succède en fait à une autre, une fidélité succède à une autre, presque innocemment. La transécriture accomplit ainsi une coupure épistémologique pour réinstaller, par une discrète inversion, la problématique à la case de départ. André Gaudreault et Philippe Marion le montrent dans la position suivante :

> *Trouver les formes de fidélité à l'esprit du* média… Une telle fidélité serait probablement plus productive que la fameuse fidélité à l'auteur, ou encore, celle envers « le sujet » comme on dit. Toute adaptation qui se respecte se devrait alors d'organiser la violence faite à la *fabula* et au *syuzet* de l'œuvre de départ, parce que, d'une certaine manière, la nouvelle mise en *syuzet* […] relève non seulement de la « mise en sujet » d'une idée, mais aussi et surtout de *sa mise en « sujétion ». De son assujettissement au* […] *média.* (1998 : 52 ; je souligne.)

On le voit, comme toutes les théories précédentes, celle de la transécriture généralisée « parie sur la différence », pour emprunter l'expression à Jeanne Marie Clerc. Mais un problème resurgit, car cette différence consubstantielle à tout déplacement semble uniquement légitimée par la nature du média cinématographique, lequel est investi du pouvoir autrefois attribué à la littérature : ici triomphe encore l'idéologie du média, l'essentialisme codique. Le déplacement sémiotique rejoint là le déterminisme technologique qui a triomphé dans les années 1960 avec la formule légendaire de Marshall McLuhan : « En réalité et dans la pratique, *le message, c'est le médium lui-même* » (1968 : 25 ; je souligne). Les formules nous semblent là comporter quelques mines que la théorie des médias doit s'employer à déceler. Car si les changements ne se justifiaient que par le système sémiotique, que dirait-on des répétitions se déployant dans le même genre ou dans le même média ? Autrement dit, où mettrait-on, dans le cas du cinéma, les nouvelles versions (*remakes*), ainsi que les innombrables versions théâtrales, romanesques, poétiques et même chorégraphiques du même titre ?

Il semble important, à cet égard, de reconsidérer la question de la reprise qui tient moins de la nature des codes expressifs que d'une poétique, celle de la répétition, et principalement de la reprise. Car il s'agit en fait d'une question de reprise, d'un dédoublement qui peut être infini. Sous le « même » se cache désormais un ou plusieurs « autres ». Le titre devient ainsi un signe doublé, triplé, en tout cas pluriel, quels que soient les registres[10]. La problématique semble donc moins celle des moyens sémiotiques que de la répétition. Dans *La Transécriture*, Bertrand Gervais le relève rapidement :

> Car il y est question de double, de dédoublement, et même de doublure. Or, qu'est-ce que l'adaptation sinon justement la création d'un double, la *reprise* d'un original [...]? Cette *répétition* repose sur l'argument qu'au-delà des mots et des images, *qu'au-delà de leurs différences sémiotiques* [...] un même travail d'imagination est accompli. (1998 : 108-109; je souligne.)

On cerne dès lors toute l'importance de la réécriture. Non seulement elle implique, comme toutes les autres approches, une mutation liée à la reprise, mais aussi elle se préserve de toute extériorité, en ne fondant pas son régime de vérité sur un seul code ou un seul genre.

3. AU-DELÀ DES CODES ET DES GENRES : RÉÉCRITURE ET POÉTIQUE DE LA RÉPÉTITION

La fidélité, quel qu'en soit le degré relevé par certains critiques, tient donc définitivement lieu de projet fictif. Elle fonde sa légitimité sur une conception restreinte de l'œuvre artistique, puis sur une capacité de transformation conférée par la puissance du code. Il importe pourtant de situer toute mutation non pas par rapport à ce dernier, mais dans l'« acte » qui le fonde, sa fréquence, la chronologie de sa parution. Celle-ci fait intervenir dans le procès poétique une autre signature, un autre sujet, une autre sensibilité qui approche le texte source en se définissant comme altérité, par laquelle s'esquisse un processus à part entière.

En effet, à des degrés divers, les théoriciens du déplacement sémiotique admettent que la réalisation filmique d'une œuvre littéraire est un acte de subjectivité, un fait de signature, justement parce qu'il implique toujours, disent Jacques Derrida et Jean François Lyotard, un « autre ». La déception consécutive à la quête de la fidélité et des correspondances est le fait du lecteur ou du public qui, pour emprunter les termes à Christian Metz, voit ses fantasmes violentés et inaccomplis, dans la mesure où « il ne retrouve pas toujours *son* film, car ce qu'il a devant lui, avec le film véritable, c'est à présent le fantasme d'autrui, chose rarement sympathique » (1977 : 137; souligné par l'auteur). Ainsi, le véritable enjeu du déplacement sémiotique, comme celui de la réécriture est aussi celui d'une substitution de fantasmes. Pour Jeanne Marie Clerc (1985 : 22), il s'agit tout simplement de rien de moins que d'une « aventure intérieure », dans la mesure où la réalisation d'un film est un cheminement que l'on porte en soi et qui permet aussi au réalisateur de se « projeter » en cours de tournage. La fidélité est même ici déplacée vers ce dernier qui prend sur lui, en se substituant à l'auteur transposé, de reporter sur son ego les motivations de la nouvelle aventure artistique. François Baby, Brian McFarlane, Alain Garcia, Geoffrey Wagner et André Gaudreault, à divers degrés, concèdent au réalisateur la liberté de façonner l'œuvre originale. Alain Garcia utilise à cet effet une métaphore heureuse, quoique prescriptive : il s'agit de tailler une œuvre comme un jardinier taille son buisson, et non de... « taillader » (1990 : 91). Il est donc question de rendre esthétique une économie interne et non de subir le diktat d'un modèle ou d'un code.

Toutes ces considérations déstabilisent complètement le mythe de la fidélité en ce sens où l'œuvre littéraire n'est plus une donnée immuable. Elle ne comporte pas « un » sens ni un discours pour lequel le cinéaste devrait se mettre en quête. Elle est simplement une banque de données, comme le dit André Gardies : des données qui, même si elles ne sont pas en vrac, car elles constituent un « ordre » littéraire, sont réordonnées suivant une perspective nouvelle et descriptible. Le réalisateur choisit des éléments qu'il organise à sa convenance, en fonction de ses objectifs et, surtout, en fonction du public cible et de la loi du marché, donnée cruciale dans le cinéma occidental. Lyotard écrit à ce propos : « [F]aire droit au différend, c'est instituer de nouveaux destinataires, de nouveaux destinateurs, de nouvelles significations, de nouveaux référents [...] » (1983 : 29). Le réalisateur peut, pour ces raisons, insister sur des éléments qui semblent secondaires dans le texte source, ou consacrer entièrement son film à un seul aspect de l'œuvre romanesque, comme le fait Benjamin Jules-Rosette dans sa version de *L'Aventure ambiguë*. Dès lors, quel fondement sémiotique pourrait se justifier de charcutage ou de réduction?

Une telle option n'est jamais gratuite, tout comme ne l'est jamais un acte créateur. Luce Irigaray l'indiquait à propos de la sexuation de la langue, « parler n'est jamais neutre » : réécrire l'est encore moins. En insistant sur tel ou tel aspect de l'œuvre originale, en renonçant à tel ou tel autre, le film se constitue, dans la perspective idéologique ainsi que la décrit C. Kenneth Pellow (1994), en critique du roman[11]. Loin de toute uniformité sémantique ou interprétative, le roman est une source infinie de significations. La réécriture est ainsi déterminée par une œuvre nécessairement ouverte, comme le dit Umberto Eco :

> *Toute* œuvre d'art, alors même qu'elle est forme achevée et « close » dans sa perfection d'organisme exactement calibré, est « ouverte » au moins en ce qu'elle peut être interprétée de différentes façons sans que son irréductible singularité en soit altérée. Jouir d'une œuvre d'art revient à en donner une exécution, à la faire revivre dans une perspective originale. (1965 : 17; souligné par l'auteur.)

On l'a perçu, la reprise filmique des œuvres littéraires relève d'une esthétique de la réception. À la suite de Hans Robert Jauss (1978), Jean-Pierre Esquenazi (1996) soutient, en parlant de l'adaptation, qu'elle est d'abord lecture, accueil d'une œuvre initiatrice, interaction entre un texte et un lecteur. Il ne s'agit nullement de vénérer la source comme un absolu, car le réalisateur produit une œuvre nouvelle, fût-ce dans des conditions sémiotiques différentes. Un tel travail de « recréation » s'effectue selon les mêmes principes poétiques, car il s'agit de doubler un texte d'un autre. La doublure ou le double serait-il, de ce fait, moins texte ou un texte moindre?

Certainement pas. Tout comme le texte tuteur, il est, au sens de Jacques Derrida, un « système de signification » (1967 : 135). L'enjeu est celui des modifications attribuables à la chronologie et, donc, à la fréquence. En effet, en passant de la littérature au cinéma, on va d'une écriture à une autre. Une écriture seconde suit une écriture première. Une écriture se greffe sur une autre, instaurant un écart différentiel entre l'antériorité et la postériorité. La doublure instaure une gémellité qui génère le paradoxe apparent de la déconstruction de l'un pour la construction de l'autre. Marie Claire Ropars-Wuillemier affirme :

> Le cinéma aux lieu et place de la littérature : mais en cela précisément le film appartient à l'écriture, qui devra se constituer sur la destitution de l'écriture originale. Le paradoxe du rapport s'offre ici avec vigueur : à la fois écriture et lecture, répétition du même et invention de l'autre, l'œuvre filmique procède du désœuvrement, puisqu'elle ne peut que se développer dans l'altération du texte devenu double – identique à soi et pourtant différent. Cette aptitude à la différence spécifie l'intervention du cinéma dans l'espace lit-

> téraire : soumettre tant l'œuvre à l'exigence d'un autre langage, qui l'affecte à son tour. La réécriture cinématographique détient ce pouvoir contraire de lire en écrivant, commenter en modifiant, dévoiler en masquant – et détruire sa propre originalité en réfutant l'unicité de l'origine. (1990 : 170.)

Il apparaît à partir de ce qui précède que le concept de réécriture n'a été pensé jusqu'ici que dans le cadre des « transmédiatisations », c'est-à-dire dans les cas impliquant un changement de mode d'expression. Si Ropars-Wuillemier admet le principe de la répétition comme fondement épistémologique de la différence et de l'altérité du texte d'arrivée, elle cède aussi, comme les tenants du déplacement sémiotique, à la tyrannie du code sémiotique. Or, ainsi que relevé plus haut, l'argument est moins celui du moyen que celui de la fréquence et même de la chronologie. À la prééminence de la littérature qui fait de la fidélité un opérateur critique succède celle du cinéma. Après cette primauté mythique des origines dont parle Mircea Eliade, l'absolu et l'essentialisme du code tels que l'établissait McLuhan resurgissent. Ce qui est contraire à une poétique de la réécriture :

> La perspective critique de la réécriture refuse tout dogmatisme [y compris, donc, celui du code], et par avance réfute celui qui naîtrait de lui, puisque aussi bien elle montre que le texte littéraire, depuis l'identique, invente l'autre, depuis la répétition, la variation, et *dans les deux sens*. (Maurice Domino, 1987 : 37; je souligne.)

On marque là une étape importante dans la réflexion théorique : la réversibilité supplante l'unicité de l'origine. Dans un court article, « L'autre du même », Gérard Genette (1985) indiquait déjà qu'on ne peut répéter sans varier ni varier sans répéter. Ces prémisses n'orientent pas, n'ordonnent pas l'acte sémiotique, ne lui donnent pas de direction fixe. Le geste de sémiotisation pourrait aussi bien aller de la littérature vers le cinéma, la bande dessinée ou le ballet, du roman vers le théâtre, de la nouvelle vers le film. Bref, plusieurs parcours sont possibles et réalisables. En dehors de Marie Claire Ropars-Wuillemier, seule Jeanne Marie Clerc parle, mais assez rapidement, de l'idée de réécriture (1985 : 7). Pour elle, le phénomène concerne les auteurs qui portent eux-mêmes leurs œuvres à l'écran. Dans tous les cas de figure, d'un genre à un autre, d'un mode d'expression à un autre, d'une époque à une autre, une œuvre tutrice subit un démembrement qui permet d'assurer le remembrement d'une œuvre seconde qui la double, la dédouble, la redouble, la dépasse par sa différence. Une telle approche libère définitivement du mythe de la fidélité, lequel est l'un des concepts les plus incertains et les moins défendables, mais le plus tenace, ayant émaillé la poétique des différents mouvements textuels. Elle affranchit aussi la théorie d'un fétichisme récemment remanié par les théoriciens de la transécriture, celui du code sémiotique et de l'idéologie du média qui, seul, justifierait toute innovation esthétique. N'était-il pas temps ?

On oublie en effet facilement que le patrimoine littéraire universel regorge de versions multiples du même titre. Des *Fables* d'Ésope à celles de La Fontaine, les nombreux textes titrés *Don Quichotte*, les multiples aventures d'Œdipe, de Chaka, de Robinson Crusoé ou d'Antigone, les parcours initiatiques d'Ulysse (dans *L'Odyssée* d'Homère, *Ulysse* de James Joyce, *Molloy* de Samuel Beckett), tous ces exemples permettent de mesurer l'ampleur des perspectives de la réécriture. Pourtant, aucun de ces ouvrages ne semble générer de débat ou de remise en question esthétique, bien que tous détruisent une origine pour en constituer une autre. Prenant sans doute la mesure de la suspicion qui afflige le terme « adaptation », trop réducteur pour lui, Milan Kundera (1981) a appelé sa version de *Jacques le fataliste* une « variation[12] ». Ainsi, il ne se cache pas derrière le roman de Diderot pour en reconstituer un sens improbable. On ne parle donc pas, dans ces cas, de « trahison » ou de « fidélité ». Pourquoi n'est-ce pas le cas ? La raison implicite est le partage du code et éventuellement du genre. On digère et soutient la différence des formes et des contenus pour la simple raison qu'elles sont convoyées par le même langage.

Il faut pourtant admettre que, de l'avis de plusieurs théoriciens (Gaudreault et Ropars-Wuillemier après Kundera), le terme « adaptation » pose également problème. Le fantôme du texte fondateur vient piper toute perspective critique, car il implique une esthétique de la « représentation ». « Réécriture », je le pense, sauve d'un tel embarras, car le concept institue un acte œdipien émancipateur par l'instauration effective de l'autonomie, de l'altérité, laquelle se fonde sur « la répétition d'un acte de création ». Le meurtre du texte parent est une « nécessité poétique », car il permet au sujet de se constituer « sur lui », par un effacement régénérateur et transparent (Maurice Blanchot), contre lui. Même les dictionnaires concèdent à la réécriture le geste (et la geste) d'une écriture nécessairement différentielle : réécrire, c'est écrire ou rédiger à nouveau ce qui est déjà écrit, en modifiant au lieu de copier à l'identique. Or, cela est connu, la copie n'est jamais conforme. C'est pourquoi il faut la certifier. La certification tenant lieu d'aveu d'impuissance vis-à-vis l'altérité fondamentale du même qui n'est jamais tout à fait même. Toujours altéré, affecté par le mouvement, l'espace et le temps. Le préfixe dans « réécriture » est à ce titre le signe fondateur qui opère la rupture de l'identique en suscitant, par le retour (éternel) du même, un écart différentiel lié à la répétition. C'est du reste l'une des thèses de Gilles Deleuze :

> Ce sont toujours les différences qui se ressemblent, qui sont analogues, opposées ou identiques : la différence est derrière toute chose, mais derrière la différence, il n'y a rien. [...] C'est pourquoi l'éternel retour ne surgit pas en second, ou ne vient pas après, mais est déjà présent dans toute métamorphose, contemporain de ce qu'il fait revenir [...]. La *ré*pétition s'oppose à la *re*présentation, le préfixe a changé de sens, car dans un cas, la différence se dit seulement par rapport à l'identique, mais dans l'autre cas, c'est l'univoque qui se dit par rapport au différent. La répétition, c'est l'être informel de toutes les différences, la puissance informelle du fond qui porte chaque chose à cette « forme » où sa représentation se défait. (1968 : 80; souligné par l'auteur)

D'un point de vue théorique, Maurice Blanchot aborde très rapidement la question dans *Le Pas au-delà.* Dans une perspective proche de l'intertextualité généralisée telle que la développera plus tard Roland Barthes, il fait de la question de la réécriture l'acte sémiotique lié à toute création[13]. L'écriture est pour lui forcément réécriture :

> Écrire, c'est peut-être non-écrire en écrivant – effacer (en écrivant par-dessus) ce qui n'est pas encore écrit et que la réécriture non seulement recouvre, mais restaure obliquement en la recouvrant, en obligeant à penser qu'il y avait quelque chose d'antérieur, une première version (détour) ou, pis, un texte d'origine et par là nous engageant dans le processus de l'illusion du déchiffrement infini. (1971 : 67.)

Le Grelis a consacré un numéro spécial à la question, du point de vue littéraire : *Semen 3. La réécriture du texte littéraire* (1987). La problématique y est abordée de manière fondamentale, à partir de divers exemples littéraires. *Littérature 30* (1978) est aussi partiellement consacrée à cette problématique. Au cinéma, du fait des nouvelles versions et d'autres réécritures, il existe de nombreuses variations sur un même titre. L'origine est rigoureusement destituée dans ces cas par des textes qui jouent le jeu de leur « auto-origination » : ils « s'originent » sur l'effacement d'une autre origine. Telle se présente la problématique de la réécriture, laquelle n'a pas uniquement l'avantage de consolider la différence comme nécessité. Elle décloisonne les genres littéraires et les médias en faisant de la répétition le lieu d'une nouvelle élaboration textuelle et d'une altérité fondée sur la reprise, la destitution/constitution d'une identité. Dans un tel contexte, la signature et le sens du mouvement poétique permettent de la qualifier. On pourrait ainsi éviter quelques barbarismes ou de simples aménagements terminologiques, et déterminer en quelque sorte le sens de l'opération sémiotique opérée par un signataire. On parlera alors de réécriture filmique, littéraire, romanesque ou théâtrale.

Car il faut dire que la théorie ne considérait jusqu'ici la poétique de la réécriture qu'à sens unique : le sens de la littérature vers le cinéma ou, dans le cadre du numéro 3 de la revue *Semen*, d'un texte littéraire vers un autre. Or, si l'on admet avec Christian Metz (1971 : 200) que toute écriture est une activité de composition, comme toute activité artistique en général, on comprend dès lors, ainsi que l'avait déjà indiqué Derrida depuis longtemps, que l'écriture en tant que phénomène esthétique est extensible à tout système de communication. De ce fait, elle survit aux médias et aux genres. Cette caractéristique s'applique dès lors à sa répétition, la réécriture. Sembène Ousmane a bien tiré du scénario de *Guelwaar* un roman. Pour son cas comme pour celui de Bassek Ba Kobhio, de Jean Giono, d'André Malraux et, dans une certaine mesure, celui d'Abdoulaye Mamani, lequel a participé avec Med Hondo à la réalisation de *Sarraounia*, on parlera non pas de réécriture au sens que suggère Jeanne Marie Clerc, mais d'« auto-réécriture ». Cela veut dire que le réalisateur du film est aussi l'auteur du roman, qu'il s'origine, qu'il a deux origines, qu'il est dans l'« entre-deux-origines ». Il n'y en a pas une plus vraie que l'autre. Ces exemples de double identité, par laquelle le même titre désigne ou appelle plusieurs textes, disqualifient encore davantage toute problématique de fidélité ou de trahison. Il faudra dès lors trouver d'autres critères, nécessairement esthétiques et idéologiques, pour justifier des variations entre les versions littéraires et filmiques de *Sango Malo*, de *Sarraounia*, de *Xala* et de *Guelwaar*. Ces exemples de double identité règlent en outre certaines interrogations quant à la question de la signature et de l'auteur : ce qu'un texte devient d'un code à un autre n'est certainement pas le fruit du hasard. Dans les autres cas, les plus nombreux, où l'auteur de l'œuvre cinématographique s'approprie le texte d'autrui, moyennant des droits, on parlera, s'il importe d'être plus précis, d'« hétéro-réécriture ». Ainsi, de Jacques Champreux, Benjamin Jules-Rosette et Laurent Chevalier reprennent *L'Aventure ambiguë* et *L'Enfant noir* de Cheikh Hamidou Kane et de Camara Laye, respectivement. On dira la même chose des réécritures de Zola, de Shakespeare ou de Buñuel. Telle nous apparaît, dans ses grandes lignes, la problématique fondamentale de toute reprise.

Il fallait situer la réécriture dans les divers registres théoriques existants. On l'a vu, les derniers développements consolident une simple permutation quant aux pôles du pouvoir : de celui de la littérature toute-puissante, on arrive à celui du cinéma, non moins puissant. La poétique se trouve ainsi prise dans une espèce de *double bind* dont il serait temps de se déprendre. En effet, qu'il s'agisse du passage de la littérature vers le cinéma ou, au contraire, du roman vers le théâtre ou la bande dessinée, ce qui est mis en œuvre est un ensemble de modalités dans les reprises. En ce sens, la réécriture marque sa distance avec les tenants du déplacement sémiotique. Ce qui engage la différence est peut-être aussi le code expressif, mais c'est d'abord la fréquence de l'acte poétique. L'écriture est à l'œuvre dans tous les systèmes de communication. Et toute répétition implique altération, laquelle est toujours déjà effective par l'usure du temps et de l'espace. Il n'existe pas d'essence. Le même n'est jamais tout à fait le même ni l'autre tout à fait autre. C'est pourquoi la gémellité qu'introduit la réécriture impose de réfléchir sur le statut du texte dérivé.

Notes

1 Une version remaniée de ce chapitre a été publiée sous le titre « Le texte littéraire à l'écran. Approches et limites théoriques », *Protée*, vol. 29, 3, 2001/2002, p. 87-96.

2 « L'adaptation fidèle *doit* préserver l'esprit et la force de l'œuvre originale, quelles que soient les libertés superficielles prises par rapport à l'intrigue et aux dialogues de l'œuvre parente en la retravaillant pour l'écran. »

3 « Une bonne adaptation *doit* être fidèle à l'esprit de sa source littéraire. »

4 « par laquelle un roman est directement restitué à l'écran, avec un minimum d'interférences. » Est-ce matériellement possible?

5 « où une œuvre originale est prise et, intentionnellement ou par inadvertance, altérée dans une certaine mesure [...] où il y a eu une intention différente de la part du cinéaste, plutôt qu'une infidélité ou une violation délibérée. »

6 « qui *doit* présenter une distance considérable dans le but de produire une autre œuvre d'art. »

7 [...] des mutations sont probables à partir du moment où on part d'un ensemble de conventions fluides, mais relativement homogènes, à un autre [...] des changements sont *inévitables* dès qu'on abandonne le médium linguistique pour le médium visuel. »

8 Se référer notamment au chapitre « Essai de définition de l'adaptation ».

9 Il écrit à peu près le contraire ailleurs en admettant qu'il est possible de discuter de la question esthétique, « à la condition de procéder à une comparaison non plus sur la base des équivalences, mais en procédant par *différence et contraste* » (1993 : 7). Je souligne.

10 Un exemple : il existe, à ce jour, exactement 36 versions filmiques des *Misérables* de Victor Hugo. Avec *Karmen Geï*, Joseph Gaye Ramaka en rajoute aux 52 versions filmiques et chorégraphiques du *Carmen* de Prosper Mérimée. Surtout, il situe l'œuvre de l'écrivain français dans un cadre strictement africain, avec les transgressions que suppose cette mise en contexte. Dans *L'Enfant noir* de Laurent Chevalier, *Le Prix du pardon* de Mansour Sora Wade, *L'Aventure ambiguë* de Jacques Champreux, les réalisateurs incluent des griots qui n'existent pas dans le roman dont ils s'inspirent. La question de la fidélité a-t-elle quelque pertinence dans ces cas ?

11 *Films as Critiques of Novels. Transformational Criticism.* Lewinston et New York, The Edwin Mellen Press, 1994.

12 Lire « Introduction à une variation », *Jacques et son maître. Hommage à Denis Diderot en trois actes.* Paris, Gallimard, 1981, p. 7-20.

13 Ne faudrait-il pas, à cet effet, comme les marxistes, parler de *production* plutôt que de *création* dans le cas de la réécriture ?

Chapitre 2

LE TEXTE DÉRIVÉ

Les analyses précédentes indiquent qu'il est difficile de séparer une poétique de l'écriture ou de la réécriture, procès toujours prospectif, de celle du texte. En effet, le texte est aussi le résultat d'une activité poétique. Mais les conceptions de la notion de texte ne sont pas des plus univoques. Appliquées à la réécriture filmique des textes littéraires, elles le sont encore moins. Comment en serait-il autrement ? Le film lui-même, considéré comme production sémiotique, ne semble pas pour autant intégré dans le champ de la théorie textuelle. Au point que Michel Sorlin écrit, de manière sentencieuse, posant l'affirmation en principe : « Un film n'est pas un texte » (1977 : 292). Dans des études récentes, Marie Claire Ropars-Wuillemier (1990, 1993) laisse échapper à plusieurs reprises cette phrase : « Le passage du texte au film… » Cela arrive trop fréquemment pour qu'on ne se demande pas si, de nombreuses années après que Derrida a établi la nécessité de l'antiphonétisme dans la détermination de l'écriture qui est source de tout engendrement, la sémiotique textuelle ne gère pas toujours certains retours du refoulé. Davantage : Ropars-Wuillemier parle assez souvent de « la coexistence de deux états d'un texte » (1993 : 13), inférant ainsi un rapport d'identité, voire d'égalité entre ce qui semble plutôt relever de variations « titulaires ». Un « titre » serait-il donc un « texte » ?

D'où la problématique développée ici : en quoi un film est-il un texte ? Et lorsque celui-ci est dérivé d'un texte premier, lui-même constitué par le code linguistique, quelles sont alors les formes de sa « textualité » ? Louis Hjelmslev affirme que toute théorie

> a pour but d'élaborer un procédé au moyen duquel on puisse décrire non contradictoirement et exhaustivement des objets donnés d'une nature supposée […] Une théorie doit être générale, en ce sens qu'elle doit mettre à notre disposition un outillage nous permettant de recon-

> naître non seulement un objet donné ou des objets déjà soumis à notre expérience, mais tous les objets possibles de nature supposée. Nous nous armons de la théorie pour rencontrer non seulement toutes les éventualités déjà connues, mais chaque éventualité. (1968 : 26.)

Si on accepte la thèse de Hjelmslev, on est en droit de se demander dans quelle mesure les théories textuelles modernes admettent le « texte filmique », même dérivé, comme étant du « texte ». La réécriture constituant un meurtre inachevé, le gommage partiel et transparent d'un texte antérieur, on examinera par suite le texte filmique comme partie intégrante de toute relation intertextuelle toujours virtuelle dans les créations artistiques. On abordera enfin les modes possibles de dérivation textuelle et leur possibilité d'application à la réécriture filmique.

1. THÉORIES TEXTUELLES ET FILM

L'introduction du film dans le champ de la théorie textuelle pose le problème de la transférabilité des théories linguistiques dans le domaine de l'audiovisuel. Les hypothèses quant à la textualité du film impliquent donc que soit évaluée la validité des héritages dont bénéficie la théorie du film. Et en ce sens, la linguistique de la phrase permet d'émettre un certain nombre de propositions sur l'interprétabilité du film comme texte, notamment en ce qui a trait à l'ampleur souvent donnée comme principe opératoire. Cela surtout permet de détacher la notion de « texte » de celle de « phrase » sur laquelle il est trop souvent ramené. Tzvetan Todorov affirme ceci :

> *Le texte peut coïncider avec une phrase comme avec un livre entier;* il se définit par son *autonomie* et par sa *clôture* [...]; il constitue un système qu'il ne faut pas identifier avec le système linguistique, mais mettre en relation avec lui : relation à la fois de contiguïté et de ressemblance. (Ducrot et Todorov, 1972 : 375; souligné par l'auteur.)

Une telle approche tient non seulement du phonocentrisme démonté par Derrida, mais aussi de la linguistique de la phrase. En dépit des remarques élaborées dans les autres parties de la définition, le texte est d'abord considéré comme matière physiquement mesurable. Dans cette même optique, Todorov détermine aussi une trilogie de la théorie textuelle qui pose un certain nombre de problèmes. Le texte admet ainsi un aspect verbal, un aspect syntaxique et un aspect sémantique. Le premier concerne « *tous les éléments proprement linguistiques » (ibid.* Souligné par l'auteur) impliqués dans sa chaîne, le second est lié à l'ordonnancement des éléments phrastiques ainsi qu'aux relations entre diverses unités, alors que le dernier se réfère au contenu sémantique des unités linguistiques. On retrouve presque la même approche théorique chez Louis Hjelmslev qui, en fait, évolue entre plusieurs gloses. Pour lui, le texte est une « chaîne », un « objet donné » dont les parties sont faites de propositions, de mots, de syllabes, etc. Le concept est pour lui « illimité », toujours comparé à une « langue vivante » qu'on peut segmenter à l'infini et à laquelle on peut à tout moment ajouter « un nombre illimité de phrases, de propositions et de mots » (1971 : 59).

On peut le constater, l'objet textuel est construit sur le mot et la phrase. Et l'aspect syntaxique comporte ici une dimension implicitement normative qu'on ne saurait appliquer au film. Dans le cas du film, c'est l'organisation séquentielle et ponctuelle qui l'emporte quant aux objectifs du réalisateur. C'est pourquoi Christian Metz parle plutôt de « syntagmatique » et non de syntaxe. Même si on a pu autrefois parler de grammaire, l'organisation textuelle des éléments du film relève d'un projet sémiotique et idéologique. En outre, le cinéma mobilise tous les éléments impliqués dans les descriptions précédentes et les dépasse, car il est non moins visuel. N'étant pas une langue, mais un langage comme l'a montré Christian Metz[1], il déploie ses propres formes d'expression et d'organisation. Il admet bien des formes syntaxiques (ou syntagmatiques, pour parler comme Metz), sémantiques et verbales, mais celles-ci doivent être définitivement affranchies d'une approche purement linguistique handicapant toute théorie généralisable au sens de Louis Hjelmslev. Le film est pourtant un texte en ce sens qu'il se constitue en « système » jouissant de sa propre autonomie et de clôtures précises au sens de Todorov. Ses constituants sont beaucoup plus logiques et temporels que physiques. Ses unités, Metz l'a montré, sont assez fluctuantes et dépendent de l'analyste qui ramènera l'unité minimale au plan ou au syntagme selon les objectifs de son étude[2]. Il est, dans ce cas, un « système de signes » au sens de Louis Hjelmslev, ou encore « une entité unitaire capable de coordonner ses divers fragments en un ensemble cohérent, et d'assigner à chacun d'eux un cadre inaliénable » (Francesco Casetti, 1980 : 51).

On le remarque, l'incapacité d'une linguistique phrastique à rendre compte de la textualité d'un film oblige à déterminer d'autres paramètres. En effet, la défaillance principale de cette approche définitionnelle est de considérer le texte comme un objet momifié, un résultat, une matière. Il serait ainsi porteur d'un message certain qu'il importerait de décoder. On demeure là dans le registre du même et de l'unidimensionnel. Or, comme l'écriture et la réécriture, le texte se constitue et se définit, se redéfinit sans cesse au-delà des codes. Autrement dit, la théorie devrait déterminer une approche textuelle qui puisse cadrer avec tout système de signification et de représentation, toute forme de discours. C'est pourquoi il importe de le considérer non pas comme une œuvre, un objet stable, mais en ce qu'il est « une activité, un travail ». Autrement dit, la théorie textuelle devrait penser beaucoup plus du côté de la signifiance telle que la définit Roland Barthes :

> La signifiance appelle l'idée d'un travail infini (du signifiant sur lui-même) : le texte ne peut donc plus coïncider exactement (ou de droit) avec les unités linguistiques ou rhétoriques reconnues jusqu'ici par les sciences du langage et dont le découpage impliquait toujours l'idée d'une structure finie; le texte est un concept massif (et non numératif), on peut trouver un texte d'un bout à l'autre de *l'échelle discursive.* (1985 : 999; je souligne.)

Par ce travail sur le signifiant, Barthes a permis de construire un modèle textuel qui pourrait bien s'appliquer au film. Il s'agit principalement de la théorie des cinq codes tels qu'ils se trouvent déterminés dans *S/Z* (1970) : ce sont les codes proaïrétique, sémique, culturel, herméneutique et symbolique. La mise en œuvre des éléments culturels, la détermination des paramètres comportementaux, le repérage des sèmes dispersés dans le texte ainsi que la reconstruction de divers symboles ramènent, dans cette optique barthésienne, à l'un des aspects que développe Todorov : la syntaxe textuelle en tant qu'elle est un ensemble dont on peut effectuer une analyse propositionnelle. Les rapports entre ces propositions sont principalement de trois types : logique, temporel et spatial. La textualité n'échappe donc pas à la tentation du récit. L'ordre logique régit les relations de causalité entre différents fragments, qu'elles soient d'exclusion, d'inclusion, de conjonction ou de disjonction. L'ordre temporel, quant à lui, concerne plutôt la successivité, alors que l'ordre spatial embrasse l'organisation du texte comme *topos*. Une telle perspective est phénoménologique et concerne le film en tant que récit, puisqu'il a une capacité de narration. C'est pourquoi, parlant des films de fiction, Metz utilise toujours l'expression « film narratif représentatif ». Dans cette optique, il apparaît clairement que le film est un texte, puisqu'il mobilise les mêmes formes d'expression que les autres formes narratives. Pourtant, une différence fondamentale persiste : le texte littéraire se lit, alors que le film se regarde et s'écoute. Il convient donc d'envisager les conditions pragmatiques de ces activités.

L'une des défaillances rapidement comblées des théories textuelles est d'avoir intégré dans les procès analytiques les conditions pragmatiques de toute réalisation. En effet, un texte est fait pour être lu et, de ce fait, ne se lit pas tout seul. Au niveau du cinéma, Christian Metz a consacré à la problématique les premiers articles qui constituent *Le Signifiant imaginaire*. La perspective dès lors se déplace vers celle de l'« énonciation ». Après l'approche barthésienne qui, comme la réécriture, abolit la séparation des genres pour ne considérer que l'acte sémiotique « dans son intériorité », « l'entrée du spectateur [et du lecteur] dans la fiction » (Roger Odin, 1990 : 198-213) permet de mieux cerner une pesanteur décisive dans la poétique textuelle : celle du sujet du discours et de son interlocuteur virtuel. Comme le suggère Barthes, les œuvres ne sont plus considérées comme des « messages » prêts à être servis, ou même comme de simples énoncés. Le texte étant un travail relevant de la signifiance, il est donc une production en perpétuel devenir et relève désormais de l'énonciation. Davantage : il promeut un autre opérateur critique, celui que constituent la lecture et le lecteur, ce qui permet d'étendre sa « scriptibilité » à l'infini. Le texte écrit ou réécrit n'est donc plus du tout immuable. Il est variation :

> Non seulement la théorie du texte élargit à l'infini les libertés de lecture [...], mais encore elle insiste beaucoup plus sur l'équivalence (productive) de l'écriture et de la lecture. Sans doute, il y a des lectures qui ne sont que des simples consommations : celles justement tout au long desquelles la signifiance est censurée; la pleine lecture, au contraire, est celle où le lecteur n'est rien moins que *celui qui veut écrire*, s'adonner à une pratique érotique du langage. La théorie du texte peut trouver des spécifications historiques dans la théorie du langage. (1985 : 999; souligné par l'auteur.)

Cette approche barthésienne semble parfaitement extensible au cinéma : le texte en tant que productivité, activité, et non pas produit ou état. On se situe plutôt dans le domaine de la succession, de l'activité avec un lecteur. En effet, ne lit-on pas un film dans le sens de

Paul Ricœur, au même titre qu'un livre imprimé? Le spectateur qui se rend au cinéma, du moment qu'il regarde un film, même s'il ne contient ni carton ni générique, ne lit-il pas? La textualité comme possibilité de lectures autorise à répondre par l'affirmative. En effet, comme le texte littéraire, le texte filmique, dérivé ou non, est une « machine paresseuse » ainsi que la décrit Umberto Eco dans *Lector in fabula* (1985). Il requiert toujours une coopération permettant de remplir certains des blancs éparpillés dans l'espace textuel. Et l'écriture est presque toujours à l'œuvre, car après le démantèlement du phonocentrisme, Jacques Derrida montre que la structuration de l'écrit est déjà effective avec le rêve[3] ou l'imaginaire dont relève le spectacle cinématographique. Autrement dit, même le spectateur, dont la position de contemplation relève plus de la perception que de la motricité, est toujours en activité. Mobilisé par ses propres désirs et fantasmes, il aborde ceux d'autrui. C'est pourquoi il lit, il construit « son » film, lequel est forcément différent de celui de son voisin ainsi que de celui du cinéaste.

Donc, au total, la promotion de l'imaginaire et le voyeurisme tels qu'ils sont à l'œuvre dans les productions culturelles[4] sont toujours une activité de génération textuelle. La théorie du texte se situe dès lors dans le même registre que la réécriture : il n'est pas question de surdéterminer un mode d'expression ou un genre, ou de lui conférer un pouvoir excessif sur la détermination d'un sens possible. Si la réécriture est « transmédiatique », la textualité est « translinguistique ». C'est-à-dire que ce qui, ici encore, semble le plus important, c'est l'« acte poétique » d'engendrement. Julia Kristeva poursuit :

> [...] [N]ous définissons *le texte* comme un appareil translinguistique qui redistribue l'ordre de la langue, en mettant en relation une parole communicative visant l'information directe, avec différents types d'énoncés antérieurs ou synchroniques. Le texte est donc une *productivité*, ce qui veut dire : 1. [S]on rapport à la langue dans laquelle il se situe est redistributif (destructivo-constructif), par conséquent il est abordable à travers des catégories logiques plutôt que purement linguistiques; 2. [I]l est une permutation de textes, une intertextualité : dans l'espace d'un texte, plusieurs énoncés, pris à d'autres textes, se croisent et se neutralisent. (1969 : 52; souligné par l'auteur.)

On l'a compris, Julia Kristeva introduit un autre élément dans la théorie du texte : il s'agit du phénomène de l'intertextualité qui remet en cause toute hypothèse de génération spontanée dans la création/

production culturelle. Dans quelle mesure le texte filmique dérivé du texte littéraire est-il en relation intertextuelle avec son antécédent?

2. TEXTE DÉRIVÉ ET INTERTEXTUALITÉ

Approcher les réécritures selon une orientation intertextuelle offre au moins deux avantages : on se libère de la précarité du concept de fidélité, on admet l'infinité des significations textuelles. Comme le remarque Christopher Orr, la perspective est bénéfique dans la mesure où elle marque un déplacement depuis la quête de la fidélité vers une évaluation idéologique des choix opérés dans le texte source[5]. En effet, la réécriture filmique ou romanesque pose en fait un problème que suggère justement le titre de Marie Claire Ropars-Wuillemier (1981), *Le Texte divisé,* mais dans une tout autre perspective que celle qu'elle retient. La réalité du procès est celle de la partition, dans tous les sens du terme. En dépit du changement du système de représentation, un héritage certain, voire une dette, est admis vis-à-vis d'une source[6]. Or, dans le cas de la théorie intertextuelle, telle qu'elle a été mise en œuvre par Julia Kristeva, on se situe dans la pure virtualité :

> Tout texte se construit comme une mosaïque de citations, tout texte est absorption et transformation d'un autre texte. À la place de la notion d'intersubjectivité s'installe celle *d'intertextualité,* et le langage poétique se lit, au moins, comme *double.* (1969 : 85; souligné par l'auteur.)

Outre des cas évidents de réécriture comme ceux d'Ulysse, de Carmen, d'Œdipe, de Don Quichotte, de Robinson Crusoé, d'Iphigénie ou de Chaka, la citation, ainsi que le disent Kristeva et Antoine Compagnon (1979), est toujours présente. Mais lorsque le texte dérivé est filmique, cette problématique se pose autrement. Si on admet que la transformation est inaliénable du littéraire au film, comment, dans le sillage de Kristeva ou de Compagnon, déterminer rigoureusement la citation dans un film? Par les cartons, le photogramme ou les génériques? Et où est alors la place du signataire de l'œuvre seconde? Les réécritures et l'approche intertextuelle ainsi considérées laissent-elles une place au créateur du film? Le texte source n'est-il pas encore une fois « surévalué »?

Ces questions méritent au moins d'être posées, même si on ne peut pas y répondre d'un trait. Surtout quand la théorie de l'intertextualité prend, avec Roland Barthes, une extension utopique :

> L'intertextualité, condition de tout texte, quel qu'il soit, ne se réduit pas à une question de source ou d'influences; l'intertexte est un champ général de formules anonymes, dont l'origine est généralement repérable, de citations conscientes ou automatiques, données sans guillemets. Épistémologiquement, le concept d'intertexte est ce qui apporte à la théorie du texte son volume de socialité : c'est tout le langage, antérieur et contemporain, qui vient du texte, non selon la voie d'une filiation repérable, d'une imitation volontaire, mais selon celle d'une dissémination – une image qui assure au texte le statut non d'une *reproduction*, mais d'une *productivité*. (1985 : 998; souligné par l'auteur.)

À la suite de Kristeva, Barthes réduit le potentiel créateur régissant toute production artistique. Cette approche enlève à chaque œuvre d'art toute possibilité de discrétion, car la trace sera toujours repérable. Barthes induit également sa généralisation comme une formule, une théorisation au sens de Hjelmslev. Mais en tout état de cause, ce qui est admis, c'est l'impossibilité d'une création *ex nihilo*. Le romancier ou le cinéaste est toujours un lecteur, orienté et conditionné plus ou moins inconsciemment par les mobiles de l'« encyclopédie personnelle » dont parle Umberto Eco dans *Lector in fabula*. La réécriture, plus que l'écriture, est *mimesis*. C'est-à-dire la tentative d'une imitation forcément différentielle par la répétition. L'enjeu est celui de la gestion poétique d'un héritage reconnu comme générateur de la création seconde. L'intégration de ce paramètre social ne se réduit pas toutefois aux autres textes poétiques. La dette peut être liée aux exigences du marché, donnée première, voire fondamentale dans l'écriture filmique, ou même aux écoles de création.

Mais la problématique la plus importante semble moins la reconnaissance d'une filiation que la possibilité pour le texte dérivé de coexister avec le texte fondateur. Autrement dit, quelle est la capacité de la réécriture à produire une œuvre qui, en dépit de la parenté poétique, d'ailleurs évidente du simple fait de l'appartenance au patrimoine culturel universel, sache gérer sa propre existence, générer son propre sens? C'est à ce niveau que la distinction qu'établit Michael Riffaterre s'impose, même si elle contient quelques paradoxes.

Riffaterre postule en effet une distinction entre « intertexte » et « intertextualité ». Le premier est « l'ensemble des textes que l'on peut rapprocher de celui qu'on a sous les yeux, l'ensemble des textes que l'on retrouve dans sa mémoire à la lecture d'un passage donné » (1981 : 5). Quant à la seconde :

> [I]l s'agit d'un phénomène qui oriente la lecture d'un texte, qui en gouverne éventuellement l'interprétation, et qui est le contraire de la lecture linéaire. C'est le mode de perception du texte qui gouverne la signifiance, alors que la lecture linéaire ne gouverne que la production du sens. (*Ibid.* : 5-6.)

Toutefois, s'il admet avec Kristeva et Barthes que « la textualité a pour fondement l'intertextualité », il faut dire que les modalités des relations intertextuelles posent certains problèmes, du moins quant à une interprétabilité dans la perspective d'une poétique de la réécriture. D'abord, on retrouve chez Riffaterre, comme chez Barthes et Kristeva, une extension et une généralisation qui ne sauraient s'appliquer exactement à la réécriture filmique d'un texte littéraire : c'est ce qu'il appelle l'« intertextualité aléatoire » (1980 : 5), ce monstre théorique que Charles Grivel désigne par « Texte Général ». En effet, il n'existe pas toujours au cinéma une infinité de textes directement lisibles à travers le texte dérivé, mais « un » seul texte, dont le cinéaste reconnaît d'ailleurs l'existence, la signalant généralement au générique. La mémoire intertextuelle n'est pas nécessairement le lieu de confrontation entre une infinité de textes antérieurs. On pourrait, à la rigueur, envisager une espèce d'« intertextualité obligatoire » dans un sens différent de celui que Riffaterre prête au concept : une intertextualité non située dans un réseau lexical et sémantique imposant un retour au texte antérieur pour sa compréhension, mais simplement reconnue explicitement selon l'indication du générique : « d'après le roman de », « librement adapté de », etc. Le problème est celui de la capacité du texte second à gérer et à générer sa propre existence poétique. Certes, il est vrai que la réécriture, qu'elle soit filmique ou non, impose au texte généré le fantôme du texte originel. Dans la tradition hollywoodienne où la duplication filmique a pour fondement primordial le lucre, le film tiré d'une œuvre littéraire est en fait en quête d'une « fortune » établie. Autrement dit, par le cinéma, on cherche à capitaliser sur une gloire passée afin de constituer une gloire future, ce qui n'est pas un pari toujours réussi.

La définition que donne Riffaterre du phénomène intertextuel fait donc de l'héritage un fardeau, voire une fatalité. En effet, dans quelle mesure un texte dérivé, filmique ou littéraire, a-t-il besoin, pour son intelligibilité, de se doubler de son géniteur ? Dans quelle mesure sa lecture est-elle orientée ? Par quels mécanismes son interprétation est-elle conditionnée ? Un malaise conceptuel et théorique est évident, car le procès de la réécriture engage le texte dérivé sur son propre sentier sémantique. Si le pari est celui de l'autonomie, il permet au cinéaste, au dessinateur ou au romancier de construire une cohérence faisant du texte dérivé un texte autonome au sens des paradigmes de Todorov, c'est-à-dire « un système à soi ». La véritable réécriture, même si elle confesse une dette, place le texte réécrit non seulement sur la trajectoire de la différence, mais surtout de l'autonomie. C'est pourquoi il n'est pas impératif, par exemple, de lire les romans géniteurs pour comprendre les films *Sango Malo*, *Guelwaar*, *Xala*, *L'Aventure ambiguë*, *L'Enfant noir* ou *Sarraounia*, pour ne citer que les textes du corpus retenu. On le voit, si Kristeva, Barthes, puis Riffaterre approchent tous la poétique sous l'angle de la gestion d'un patrimoine culturel antérieur, et incorporent à la textualité une dimension pragmatique certaine, il n'en reste pas moins que les modalités de sa réalisation divergent et posent quelques problèmes. Ceux-ci sont en partie résolus par Gérard Genette.

Palimpsestes apporte en effet un certain nombre d'éclairages quant aux mécanismes de dérivation textuelle applicables à la réécriture telle qu'elle est abordée dans cette étude. La terminologie nouvelle, la « transtextualité », développe un concept qui inclut l'intertextualité au sens où l'entend Kristeva. Gérard Genette définit le procès comme « une relation de coprésence entre deux ou plusieurs textes, c'est-à-dire, eidétiquement et le plus souvent, par la présence *effective* d'un texte dans un autre » (1982 : 8; je souligne). Comme la réécriture, le concept genettien sauve la théorie de l'infini utopique. La relation ne relève pas de la virtualité, mais de l'« actualité ». Dans cette perspective, il distingue l'hypertexte, texte dérivé, de l'hypotexte, texte fondateur. Dans le procès de sa réécriture, l'hypertexte est considéré comme « tout texte dérivé d'un texte antérieur par transformation simple (nous dirons désormais *transformation* tout court) ou par transformation indirecte : nous dirons *imitation* » (*ibid.* : 16; souligné par l'auteur). Le texte littéraire réécrit dans une ou plusieurs versions filmiques tient donc lieu d'hypotexte tel que le décrit Yannick Mouren[7]. Le texte étant essentiellement « scriptible » comme l'indique Barthes, une infinité d'écritures, c'est-à-dire de lectures, est possible. C'est pourquoi il peut exister de nombreuses versions filmiques du même texte littéraire. Dans chaque version, il se développe une transformation, et ce, dans la mesure où, au-delà du système sémiotique impliqué, l'acte poétique de répétition entraîne toujours une mutation.

On le voit, parmi les différentes théories textuelles et intertextuelles dont relève la réécriture, c'est l'approche de Gérard Genette qui semble le mieux décrire le passage d'un texte à un autre, et même d'un système de signification à un autre. Elle comporte non seulement une dimension poétique, mais aussi pragmatique, c'est-à-dire sociale. Enfin, elle formule implicitement la nécessité de l'autonomie et de la différence. Mais si une théorie doit être globalisante au sens où le suggère Louis Hjelmslev, peut-on établir une théorie de la réécriture qui rende compte de chacun de ses actes ?

3. VERS UNE THÉORIE DE LA DÉRIVATION TEXTUELLE

La réécriture filmique des textes littéraires pose à la théorie un problème pour le moins épineux. Dans sa conception textuelle, Julia Kristeva énonce un principe partiellement opératoire :

> Analyser une production signifiante comme textuelle reviendrait à démontrer comment le processus de génération du système signifiant est manifesté dans le phénotexte. Serait considérée comme textuelle toute pratique signifiante qui réalise à tous les niveaux du phénotexte (dans son signifiant et dans son signifié) le *processus de génération du système signifiant* qu'elle affirme. (1969 : 220; souligné par l'auteur.)

Une telle approche permet de situer le procès de production ou génotexte par rapport à l'ensemble des énoncés constitués en discours produit, le phénotexte. Il s'agit là d'une perspective proche des règles de grammaire générative énoncées par Noam Chomsky en ce qui concerne la production des énoncés : la possibilité, à partir d'un nombre fini de règles, de produire un nombre infini d'énoncés. Du point de vue strictement sémantique, un rapprochement est en effet envisageable entre les considérations de Kristeva et la description générativiste des structures profondes et des structures de surface. Mais cette conception ne peut s'appliquer *mutatis mutandis* à la réécriture filmique du texte littéraire, le cinéma n'étant pas une langue. De plus, les mécanismes dérivatifs sont principalement « augmentatifs » dans le cadre des théories génératives, alors que la réécriture filmique d'un texte littéraire est activée d'abord par le principe de l'économie. Celle-ci peut être financière du fait de la nécessité de tourner un film ayant une durée précise, ou narrative par l'impossibilité matérielle de tout restituer à l'écran. La réécriture est avant tout réduction, partition, coupe.

Dans une perspective sémantique, Michael Riffaterre aborde le problème de la dérivation textuelle dans *La Production du texte* (1979) et surtout dans *Sémiotique de la poésie* (1982). Les principes généraux qu'il énonce sont l'expansion et la conversion d'une phrase matrice. Non seulement ces propositions se fondent sur une approche phrastique comme la précédente, mais aussi elles entrent dans le cadre d'un récit téléologique. Encore une fois, ces principes généraux de production textuelle ne peuvent s'appliquer à une réécriture filmique. Celle-ci est déjà assez problématique pour les films réalisés à partir de scénarios originaux[8]. Comment approcher dès lors le phénomène ?

Il faut relever que la théorie générative standard et les formules de Riffaterre, conçues dans la logique d'une linguistique et d'une sémantique de la phrase, auraient du mal à s'appliquer dans le cadre d'une théorie du texte. Cela devient rédhibitoire dans le cas des réécritures en question, ici. Pourtant, on pourrait tout au moins, par un rapport analogique, considérer quelques concepts générativistes et en examiner l'applicabilité dans la réécriture. Il s'agit principalement des règles de transformation élémentaires. En effet, s'il est un rapport que l'on peut établir entre l'édifice générativiste et la réécriture, c'est bien celui de la transformation.

Si en effet, ainsi que le relevait Christian Metz, on ne peut proprement parler de grammaticalité au cinéma, les transformations qu'impliquent les réécritures textuelles sont aussi, comme les transformations élémentaires dans la théorie générative, de trois ordres : la permutation, l'effacement, l'addition. On le verra, la réécriture peut impliquer une permutation. Elle est ici d'ordre horizontal, c'est-à-dire qu'elle relève de la syntagmatique, alors que, dans la phrase, elle est d'ordre vertical. Elle concerne en fait la liberté du cinéaste ou du romancier de procéder à un ordonnancement différent de celui à l'œuvre dans le texte source. En ce sens, par exemple, le film *Sango Malo* est différent du roman. Le passage d'un système sémiotique à un autre peut aussi impliquer un effacement et des suppressions. Tout dépend du projet discursif du cinéaste ou du romancier, ainsi que des exigences du public : Benjamin Jules-Rosette a centré sa version de *L'Aventure ambiguë* sur la décision de rejoindre l'école nouvelle, c'est-à-dire sur la défaite du Maître des Diallobé qu'on voit au plan final du film, complètement abattu et impuissant. Ce film correspond exactement aux 58 premières pages du roman de Cheikh Hamidou Kane. La réécriture offre aussi le paradoxe de l'addition dans la transformation. Presque tous les films étudiés intègrent des éléments nouveaux, absents du texte source : les scènes comiques de *Sango Malo*, la surfonctionnalité de certains objets et personnages du roman dans leur passage au film, par exemple. Toutes ces transformations sont motivées, et l'analyse va le prouver. On le voit, en déplaçant l'objet filmique du langage vers le discours, on peut se servir des propositions générativistes pour rendre compte, expliquer et décrire le procès de la réécriture. Mais ayant définitivement écarté toute hypothèse de grammaticalité au cinéma (elle pourrait tout au plus relever du style et reste à fonder, selon Metz), peut-on, comme dans le générativisme, déterminer des règles de réécriture textuelle ?

Un tel pari serait pour le moins improbable. S'agissant de son application à l'analyse du film, Michel Colin écrit :

> Appliquer la grammaire générative et transformationnelle ne signifie donc pas faire une grammaire générative et transformationnelle du film, mais montrer les rapports entre langage naturel et discours filmique, en quoi du fait qu'ils ont des fonctions similaires, ils ont des structures identiques, en quoi ils peuvent être décrits à l'aide de règles obéissant aux mêmes critères formels. (1985 : 97.)

Une « règle des réécritures », de nature déterminative, est-elle concevable ? Ce serait méconnaître deux des éléments fondamentaux de toute réécriture : la différence et la subjectivité. C'est pourquoi les réécritures, c'est-à-dire les lectures, sont forcément différentes. D'où la nécessité, une fois de plus, de procéder à des réajustements propositionnels. Dans cette perspective, on pourrait encore une fois partir de l'« ouverture textuelle » d'Umberto Eco et procéder avec la « scriptibilité » barthésienne. Si on admet donc qu'une œuvre est le lieu d'une signification multiple, que l'écriture est principalement un système de significations et que le texte littéraire est une banque de données dans laquelle puise le cinéaste pour actualiser des projets précis, alors on dira que la dérivation textuelle, dans le cadre de la réécriture, est essentiellement une lecture « transformative ». L'écriture postérieure est nécessairement inventive et subjective, car deux lecteurs ne lisent jamais le même livre ni deux spectateurs, le même film. C'est pourquoi il est délicat de prétendre déterminer une théorie (au sens de Hjelmslev) de la dérivation textuelle en ce qui concerne le passage de la littérature au cinéma ou vice versa. Je pense avec François Truffaut qu'il n'existe pas de règles arrêtées en la matière[9]. Ce qui est par contre certain, ce sont les innombrables lectures inventives et créatives par lesquelles le texte littéraire, devenu « chose publique » comme le définit Compagnon, se trouve « approprié » par telle ou telle subjectivité mettant en œuvre une liberté portant à une plus-value sémantique. En ce sens, la réécriture, qui permet de recréer l'œuvre, est infinie et permet non seulement de donner à celle-ci chaque fois une nouvelle résonance, mais aussi de la reconsacrer. On se situe dès lors dans une esthétique de la réception. Jean-Pierre Esquenazi soutient:

> En concevant l'adaptation comme une lecture réalisée, je ne veux donc pas dire que le travail d'adaptation n'est pas inventif : l'adaptateur, ici, n'est pas celui qui doit observer des normes, fussent-elles celles de l'œuvre elle-même. Je veux, au contraire, souligner le fait que toute lecture n'est pas sans impliquer une création de sens, que l'œuvre permet, et même qu'elle sollicite, mais qu'elle ne peut pas prévoir dans sa totalité. Réciproquement, l'œuvre n'est révélée qu'à partir des lectures dont elle est l'objet. Privée de lecteur, l'œuvre n'existe simplement pas (1996 : 39).

On le voit, la pratique de la réécriture nous ramène à un principe fondamental : celui de la variation inévitable dans toute répétition. Dans le texte dérivé, le texte source devient exactement ce qu'il est, et qu'il est impératif de déterminer : un phénix qui meurt et renaît sans cesse, dont la mort est nécessaire à la renaissance.

Il était question d'aborder trois problèmes principaux : redéfinir la textualité du film; situer celui-ci dans son réseau intertextuel qui n'est pas infini mais d'abord unique; enfin, marquer l'impossibilité d'une mathématisation, d'une systématisation des procédés de réécriture. Cette dernière s'avère être subjective, mais aussi réflexive. On l'a vu, le texte dérivé hérite des propositions abordées dans le chapitre précédent. Son pari est aussi celui de la différence. Comme le souligne Peter Dembowski (1981 : 25), le plus important dans la dérivation textuelle est moins le fait que le texte ait une origine que la place de celle-ci : la question est alors de savoir ce que devient le texte fondateur dans le texte dérivé. C'est la capacité de dissimulation et d'effacement qui permet ainsi de fonder une identité différentielle. En ce qui me concerne, dans la présente analyse, cette question d'identité différentielle passe d'abord par celle de la spécificité du cinéma africain par rapport au cinéma occidental, cinéma « conventionnel », cinéma dominant, cinéma « source ». Et par suite, elle en repasse par les problèmes de stratégies du récit. Il est temps, en particulier, après l'examen des théories filmiques, de considérer l'apport singulier que constitue l'art du récit africain au cinéma. C'est, incontestablement, l'étude des formes de l'oralité qui, dès lors, s'impose dans son inscription filmique.

Notes

1 Voir « Le cinéma : langue ou langage? », *Essais sur la signification au cinéma, I,* Paris, Klincksieck, 1968.

2 Voir à ce sujet Christian Metz. « Le problème des unités pertinentes », *Langage et cinéma.* Paris, Larousse, 1971, p. 139-154.

3 Lire « Freud et la scène de l'écriture », *L'Écriture et la Différence,* Paris, Seuil, p. 293-340.

4 Même la littérature, avec le roman moderne, notamment depuis James Joyce, semble avoir pris un trajet décisif vers l'exploration de l'imaginaire. On rappellera simplement, à titre indicatif, cette phrase du controversé Joseph Conrad : « *My task which I am trying to achieve, is by the powers of the written word, to make you hear, to make you feel it is, before all, to make you see* » (« La tâche que j'essaie d'accomplir par le pouvoir des mots est de vous faire entendre, vous faire sentir, mais avant tout, de vous faire voir »). Préface, *The Nigger of the Narcissus,* Londres, J. M. Dent and Sons, 1945, p. 5.

5 « *Within this critical context, the issue is not whether the adapted film is faithful to its source, but rather how the choice of a specific source and how the approach to that source serve the film's ideology* » (Orr, p. 73).

6 Charles Grivel parle simplement de « créance ». Lire « Les universaux de texte », *Littérature,* n° 30, mai 1978, p. 25-50.

7 « Le film comme hypertexte. Typologie des transpositions du livre au film », *Poétique,* 24, février 1993, p. 113-122.

8 On lira à ce sujet Michel Colin, *Langue, film, discours. Prolégomènes à une sémiologie générative du film,* Paris, Klincksieck, 1985.

9 Pour Truffaut, en effet, l'objectif de toute réécriture filmique (il la désigne par « adaptation », mais le terme est moins important que son contenu) est l'élaboration d'un projet artistique ne s'encombrant pas de la précarité du concept de fidélité. Lire à ce sujet Gilles Blain, « Truffaut, les problèmes de l'adaptation et les genres de traitement des livres », dans Michel Larouche (dir.), *Le Cinéma aujourd'hui. Films, théories, nouvelles approches,* Montréal, Guernica, 1988, p. 111-134.

Chapitre 3

FORMES DE L'ORALITÉ

Y a-t-il une spécificité du récit africain : littéraire et, par suite, filmique? Réponse : oui. Le récit africain est principalement travaillé par les formes de l'oralité[1]. Cela entraîne, évidemment, des aspects singuliers dans la problématique plus générale de l'inscription littéraire à l'écran. Il s'agira donc de repérer les paramètres principaux de cette oralité afin de déterminer les caractéristiques d'un apport africain, car il faut avant tout noter avec Manthia Diawara que

> [*t*]*o analyze African cinema, one must first understand that twenty-five years of film production has necessarily created an aesthetic tradition which African film-makers use as a point of reference which they follow or contest. An African aesthetic does not come merely from European cinema. To avoid making African cinema into an imperfect appendix to European cinema, one must question Africa itself, and African traditions, to discover the originality of its films.* (1996 : 209-210[2].)

Il s'agit là d'une question majeure héritée de la littérature. Déjà, dans une étude fondamentale sur les structures du roman africain, parlant de ses sources traditionnelles, Mohamadou Kane écrivait notamment :

> Presque toujours, c'est [la littérature orale] que le romancier a connue avant toute autre. Pendant toutes les veillées, il a fait ses délices de contes, de légendes, de légendes historiques ou cosmogoniques... Souvent, il a reçu une initiation à un degré variable. En outre, il a grandi dans un milieu qui a une mentalité spécifique, des formes propres de discours, une sensibilité qui s'exprime par des formes particulières. Il est partie intégrante de cette communauté. Il a puisé aux

> sources vives de la culture de ce groupe social. Pour aller vite, il faut dire que le romancier africain reste toute sa vie marqué de façon indélébile par cet environnement socioculturel. Quel que puisse être, par la suite, son degré d'adaptation à la culture française, il sera toujours impossible d'expliquer ses œuvres en faisant abstraction de son origine. C'est bien en cela d'ailleurs que réside la différence entre le romancier africain et le romancier étranger qui écrit sur l'Afrique. (1974 : 549.)

Si ces propositions peuvent s'appliquer à un certain nombre de romanciers, il reste vrai que leur généralisation, comme toute généralisation d'ailleurs, serait risquée. Non seulement elle installerait un cliché supplémentaire, mais appliquerait un autre essentialisme à l'élucidation de pratiques esthétiques qui peuvent se justifier selon d'autres paramètres. Appliquée au cinéma, cette question est portée à une dimension diachronique par Manthia Diawara, pour qui l'importation de l'oralité au cinéma relève simplement d'une recherche d'originalité. Ses conceptions constituent une étape supplémentaire dans la détermination du statut des traditions orales à l'endroit du cinéma africain. La perspective constitutionnelle de Kane est un peu dépassée et situe la question dans une perspective dynamique. Pourtant, on le verra, la question de l'oralité, aussi bien au cinéma que dans la littérature, relève d'un projet théorique et idéologique. Gaston Kaboré affirme : « *We have a perception of space, a certain notion of pacing and rythm and a narrative tradition* that we can invest in our films… We can't be Africans and make films like Americans » (in Sheila Petty, 1996 : 6; je souligne)[3].

La problématique prend ici une dimension supplémentaire. L'oralité devient non seulement le signe d'une originalité, mais aussi le lieu d'un investissement idéologique qui peut d'ailleurs permettre de déterminer un certain nombre d'enjeux thématiques. Que Jacques Champreux introduise dans son film un griot qui n'existe pas dans le roman de Cheikh Hamidou Kane, que Mansour Sora Wade le fasse pour sa version filmique du *Prix du pardon* (2001) et Laurent Chevalier pour son *Enfant noir* n'est pas un hasard. C'est que les réécritures filmiques « resituent », puis relancent les problématiques théoriques, idéologiques et socioculturelles fondamentales impliquées dans l'architecture romanesque. En outre, le politique repasse toujours par la/les langues. De même que dans *La Rime et la Vie*, Henri Meschonnic (1989) met en garde contre l'oubli d'une « écriture de l'oral » et dénonce une dichotomie facile entre oral et écrit littéraire, de même il faudra veiller à rendre compte dans l'espace filmique de cet intervalle métis où se conjuguent les paramètres des formes orales, des formes textuelles et des formes cinématographiques. Le sémioticien français avance à cet égard le terme « oraliture[4] ». Considérons comme exemplaire, en ce qui concerne notre corpus, l'inscription du griot dans les réécritures filmiques.

1. ENTRE VÉNÉRATION ET CRITIQUE : LES VISAGES DU GRIOT

L'évaluation du rôle du griot dans les textes étudiés ici implique un double aspect : narratologique et idéologique. Dans les traditions orales en Afrique occidentale, on distingue en effet deux types de griots, que la langue française rassemble, faute de terme, sous le même nom : le *guewel* et le *lekbat*[5]. Le premier peut être désigné par griot-musicien, alors que le second est conteur. Le rôle du *guewel* consiste surtout en l'art de la flatterie et de l'hyperbole pour la glorification des individus, alors que le second est très souvent au service d'une communauté et s'emploie, par son art de la parole, à rapporter des faits historiques. Il incarne la conscience et l'histoire collectives. La compétence du *lekbat* relève donc de la capacité à raconter, à transmettre des faits sociohistoriques de génération en génération par la force de la mémoire, alors que celle du *guewel* relève un peu de la catégorie du renard dans la fable de La Fontaine : une manipulation intéressée. Quelles sont donc, dans les romans et les films, les différentes formes de déploiement de ces instances ? Du roman au film, quelles mutations interviennent dans le traitement de leur statut ?

C'est dans *Sarraounia* que sont mis en œuvre les exploits et les talents du *guewel*. Selon le narrateur du roman d'Abdoulaye Mamani,

> Gogué avait l'art de faire délier les bourses aux hommes les plus cupides et les plus avares du pays. Fin psychologue et tenace dans la flatterie, il savait quand et où éveiller l'orgueil et la flatterie. [...] Son répertoire sur les belles et généreuses femmes était inépuisable. À chacune, il tenait le langage qu'il fallait. (P. 110-111.)

Mais le film le montre surtout à l'œuvre auprès de son amante Sarraounia. Dès la quatrième séquence, à la suite de la séance de lutte traditionnelle, le griot Gogué entonne une chanson à la gloire de son amante. Arrivant à la suite des cris de la foule qui scande le nom de la reine, le poème de l'amant apparaît comme un soutien à la femme qui exerce pleinement le pouvoir. Il continue à déclamer quand un changement presque innocent de plan situe la scène dans le palais royal. On peut alors se rendre compte, par un mouvement de la caméra qui la cadre, que Sarraounia, reine de son état, est ébranlée, voire séduite de nouveau par les flatteries du chanteur. Ce pouvoir de la parole trahit, une seule fois dans tout le film, les émotions de la reine. Reviennent alors à l'esprit les circonstances de la séduction telles qu'elles sont énoncées dans le roman :

> Les paroles étaient si tendres que ceux qui assistèrent à cette émouvante aubade prétendirent avoir vu les premières larmes de la Sarraounia. Car jamais de mémoire d'homme, on ne vit cette femme infernale se laisser aller aux faiblesses puériles d'autres mortels. [...] Gogué réussit à ébranler ce cœur de granit durci par l'épreuve et l'orgueil. (P. 113.)

Comme pour confirmer cet envoûtement du verbe, l'embarras mal contenu fait suite à une scène ouverte de jalousie de la part de Baka, l'autre homme qu'entretient Sarraounia : il se lève, enlève ses attributs guerriers, sort nerveusement, improvise une séance d'entraînement avec ses autres compagnons d'armes. Lorsque le suit son amante qui cherche à le calmer, il rompt sa flèche et sa lance, puis quitte le royaume : la parole du griot peut causer des dégâts. Mais l'honneur du royaume étant plus important, Baka revient au front dès qu'il apprend l'arrivée des mercenaires étrangers.

Gogué demeure auprès de Sarraounia, surtout lors des moments difficiles. Il la suit partout et, à la fin, lorsque Sarraounia et les fugitifs des royaumes voisins rentrent à Lougou à la suite de la déconfiture de l'expédition française, on entend Gogué entamer, en voix *off*, une autre chanson qui se termine par un chant de gloire à la reine. Ce poème terminal est en fait la réécriture d'un passage romanesque qui s'apparente à un traité d'oralité. La déclamation dans la réécriture de Med Hondo inverse l'ordre narratif du texte romanesque, puis supprime quelques passages. Sont ainsi attribués à Gogué, dans le film, des propos qui dans le roman tiennent du narrateur :

> Oui, qui se souviendrait des actions surhumaines, des grands faits d'armes, du courage et de la bravoure de Soundjata Keita, l'assembleur des peuples, sans le talent de Déli Diakouma son griot et son

> fidèle compagnon ? Qu'en resterait-il, de l'épopée héroïque du Sosso si les griots n'avaient suivi pas à pas le lion du mandingue au plus fort des luttes épiques qu'il livra dans tout le pays du Fleuve ? Et du sacrifice suprême de Balemba-le-Grand dans les ruines ensanglantées du Sikasso ? Rien ! Rien que de la cendre morte et froide après le passage du feu de brousse. Que resterait-il des gestes, des exploits et des faits s'il n'y avait des griots à la mémoire profonde et au verbe percutant pour les perpétuer dans le temps ? Oui, que restera-t-il des actions des hommes quand les acteurs seront anéantis et leurs corps réduits en poussière ? (Extrait du film. Ordre ici inversé par rapport au roman, p. 109-110.)

On perçoit mieux la personnalité textuelle du griot qui, dans le film, constitue un rôle et une fonction dans la société avant d'y être un amant. Le film sacrifie le côté humain et sentimental de ses prestations pour mettre surtout en œuvre son exercice professionnel : glorifier la reine et, éventuellement, l'amante. Et surtout, assurer la « continuité » du pouvoir « dans la tradition ». Le griot se sépare rarement de la reine, mais surtout il est évident que pouvoir et devoir ont préséance sur le sentiment. Mais les deux états concourent, écrit Mbye Cham, à complexifier son statut :

> *Such mastery over the word and knowledge makes the guewel a central figure in society, both for the powerful and the noble and for the masses of the people. And all this in spite of the low status assigned to him in the social hierarchy.* (1982 : 26[6].)

Alors que le déploiement de l'hyperbole dans *Sarraounia* vise la glorification d'un pouvoir, les louangeurs de *L'Enfant noir* manipulent plutôt une lignée et, éventuellement, une personne. Dans le roman de Laye, le père du jeune garçon éprouve du plaisir à se faire rappeler la noblesse de sa lignée qu'il connaît pourtant très bien. Les femmes qui sollicitent les services de son père et savent qu'elles pourraient rencontrer des résistances de la part du forgeron le plus habile et le plus fréquenté du coin ne cherchent pas loin : elles s'offrent les services d'un louangeur professionnel. Celui-ci précède l'exposition de la demande. Le forgeron fond sous l'effet de la magie du verbe et accède aux doléances. Cela suppose tout ensemble un savoir, un savoir-faire et un savoir dire qui intriguent littéralement le jeune garçon. La connaissance profonde de la généalogie de sa famille, ainsi que de toutes celles des autres membres de la communauté, est plus qu'un art : c'est une science, celle de la mémoire et de la transmission. Elle assure la pérennité d'une société sans cesse « rappelée » à elle-même :

> Le griot s'installait, préludait sur sa cora, qui est notre harpe, et commençait à chanter les louanges de mon père. Pour moi, ce chant était toujours un grand moment. J'entendais rappeler les hauts faits des ancêtres de mon père, et ces ancêtres eux-mêmes dans l'ordre du temps. [...] Où le griot puisait-il ce savoir ? Dans une mémoire particulièrement exercée assurément, particulièrement nourrie aussi par ses prédécesseurs et qui est le fondement de notre tradition orale. Y ajoutait-il ? C'est possible : c'est le métier de griot que de flatter. (P. 25-26.)

Mais la réécriture filmique du roman implique un *guewel* qui joue une tout autre fonction faisant contrepoint au *lekbat*. Il ne s'agit pas du troubadour romanesque, mais d'une griotte, en fait discrètement audacieuse. Non seulement elle n'encense pas la lignée Laye comme c'est le cas dans le roman, mais surtout elle est convoquée à une cérémonie qui n'existe pas non plus dans ce texte : le second mariage de l'oncle Moussa. La réécriture opère donc à ce niveau une double mutation : de nature contextuelle et sexuelle. La conséquence la plus importante est de nature idéologique. Car la griotte, qui fait semblant de louanger le couple de mariés, tient en fait une critique violente de la polygamie, sous couvert du divertissement. Que constate-t-on ?

La chanson de la griotte n'existe en aucun point dans le roman. Laurent Chevalier ajoute donc non seulement un personnage, mais aussi un dire et des séquences, donc du sens. Le contenu de cette chanson dévoile la perspective idéologique qui informe la réécriture et la portée discursive du transfert culturel opéré par le réalisateur français. Dans la logique d'une sorte de complot culturel et d'une idéologie coloniale, la chanson de la griotte fait de la polygamie un problème, pour ne pas dire une pratique à redouter, sinon à supprimer. Voici l'extrait d'une chanson destinée à entretenir un jeune polygame et sa seconde épouse :

> Madame Keita, ton homme est à toi, rien qu'à toi
> Mon fils, si tu veux vivre en paix, il te faut une femme
> Ta vie sera tranquille et tu seras respecté
> Avec une femme, tu seras tranquille

Mais si tu épouses deux femmes
Tu auras beaucoup de conflits et beaucoup de discussions
Si tu épouses trois femmes, ce sera pire
Si tu en épouses quatre, ce sera le féticheur chaque jour.
(Extrait de *L'Enfant noir.*)

Le paradoxe de cette scène vient de ce que, en dépit des critiques qu'elle contient, l'assistance et les mariés rient, applaudissent. De deux choses l'une : soit que Chevalier implique que cette assistance est complètement stupide et aliénée, c'est-à-dire rigoureusement incapable de saisir le sens d'un discours, soit qu'elle est complètement grisée par l'atmosphère de la fête. Il s'agit, dans tous les cas, de circonstances aggravantes. Ou alors faut-il lire dans ce paradoxe une manœuvre pédagogique stratégique : dénoncer et éduquer sans alarmer ni, surtout, rompre avec la tradition, ce qui risquerait de révulser les esprits? Amuser pour instruire en somme comme dans le conte traditionnel? Toujours est-il que la dénonciation de la polygamie y prend même une tournure pour le moins inattendue. Alors qu'il est connu qu'en Afrique le respect et la dignité restent liés au nombre de femmes et au nombre d'enfants qu'on aligne, la griotte dit clairement que c'est désormais la monogamie qui est source de respect. Que faut-il en conclure?

L'implicite de cette nouvelle représentation culturelle semble sans nuance : soyez désormais monogames[7]. Les difficultés et les crises que le film inflige au ménage de Keita le justifient davantage et on devrait en tirer les leçons dans ce que le générique nomme « la Guinée d'aujourd'hui ». La lutte occidentale contre la polygamie suit son cours selon la distribution fonctionnelle des rôles. Connaissant certainement l'Afrique, le réalisateur en retient des rôles sociaux qui servent clairement l'objectif de son ouvrage : former? éduquer? transformer les mentalités? dresser les Africains au rythme du discours culturel hégémonique de l'Occident? À chaque lecteur ses hypothèses. Mais il demeure vrai, que dans le transfert culturel qu'exécute Chevalier (exécuter au propre et au figuré), le griot reste investi du pouvoir de dire, d'autant plus qu'il est en général d'une classe sociale inférieure et, donc, inoffensif. La liberté et la fausse innocence du ton sont simplement des prérogatives qui lui sont concédées : en dépit de son statut, il est régulièrement mis au ban de la société avec laquelle il ne se mélange qu'à certaines occasions. Il a un privilège que bien des personnes non castées pourraient lui envier. Et c'est justement ce « non-statut », ce statut qui n'en est pas un, qui est mis en œuvre dans le film de Chevalier. Ainsi, la griotte, payée pour entretenir un couple, choisit simplement de le tourner en dérision sans en avoir l'air. Albert Gérard l'explique :

> Le griot africain a, du reste, une autre fonction : comme jadis le bouffon du roi, le prestige de son art lui vaut le privilège de faire impunément la critique satirique de ceux qui abusent de leur pouvoir. Entre l'art oral de la tradition et l'art écrit de la modernité africaine, il existe une continuité manifeste. (Dans Balufu Bakupa-Kanyinda, 1995 : 30.)

Cette fonction d'élucidation, la capacité et la liberté de dénoncer sont justement les fondements idéologiques du cinéma africain, qui, en ce sens, suivent le sentier culturel et idéologique de la littérature. La Charte d'Alger, qui prêchait essentiellement en 1975 pour un cinéma militant, est claire à ce sujet. Bien qu'il soit déjà pauvre, le cinéma africain doit se libérer de ce qui fonde le cinéma occidental, et qui finance la propagation de l'inculture : l'argent. On comprend donc que de nombreuses analyses sur l'oralité s'appesantissent sur cet aspect. Car en somme, le cinéaste africain serait pour beaucoup, et devrait rester, un griot au statut singulier. C'est ce rôle que réclame et prescrit Sembène Ousmane :

> *The African filmmaker is like a griot who is similar to the European medieval minstrel : a man of learning and common sense who is a historian, the raconteur, the living memory and the conscience of his people. The filmmaker must live within his society and say what goes wrong within his society. Why does the filmmaker have such a role ? Because, like many other artists, he is maybe more sensitive than other people. Artists know the magic of words, sounds, colors and they use these elements to illustrate what others think and feel. The filmmaker must not live secluded in an ivory tower, he has a definite social function to fulfill.* (Dans Françoise Pfaff, 1993 : 15[8].)

Une telle option suppose, de la part du cinéaste, engagement et implication de sa subjectivité. Autrement dit, la réalisation filmique situe « explicitement » l'acte créateur sur le plan du discours et dans un contexte précis. Ce qui ramène la problématique à celle de l'énonciation. En effet, comment le griot expose-t-il ses critiques au cinéma ? Si ce dernier est « physiquement » présent lors de la délivrance de ses contes et de diverses fables, comment appréhender cette subjectivité au cinéma, et faire par ailleurs que puisse advenir l'accomplissement de cette mission idéologique? On partira des romans pour marquer diverses mutations.

2. LE *LEKBAT* ET L'ART DU CONTE ÉCRIT OU VISUEL

L'article fondateur de Kane permet, à bien des égards, d'élucider le fonctionnement narratif des romans étudiés. Presque tous relèvent, si on s'en tient à Émile Benveniste, d'une énonciation historique, dans la mesure où « une expérience humaine s'instaure et dévoile l'instrument qui la fonde » (1974 : 68). Autrement dit, il est toujours possible de déterminer la subjectivité à l'œuvre dans le processus de délivrance du récit. Une telle subjectivité, quoique discrète, peut être rapprochée de celle du conteur traditionnel dont on ne fantasme ou n'imagine pas l'exercice énonciatif, puisqu'on le « vit ». En dépit de sa discrétion, elle est toujours présente[9].

La plupart des romans donnent en effet, on le verra, l'illusion d'une troisième personne qui assure la narration. Mais presque tous induisent un dialogue avec le lecteur. Autrement dit, ce qui semble relever de la narration est le lieu d'une conversation ou, mieux, d'un discours délivré à un auditoire lors d'une nuit de conte. Tout innocemment, le narrateur du roman de Cheikh Hamidou Kane expose ainsi le drame de Samba Diallo : « L'histoire de la vie de Samba Diallo est une histoire sérieuse. Si elle avait été une histoire gaie, *on vous eût raconté* quel fut l'ahurissement des deux enfants [...] *On vous eût dit* quelle fut leur surprise puérile de constater [...] » (p. 62; je souligne).

Que représente ce « on »? Si on observe par ailleurs que le registre de l'expression, dans ce qui est une narration, est élucidé en matière de « diction », on ne peut s'empêcher de penser à une influence certaine du conte sur l'esthétique du roman. Cette même prégnance du « dire » est observable dans le roman de Camara Laye. Le jeune garçon ne se réfère jamais à son histoire en termes d'écriture, mais de parole. Non seulement le récit est à la première personne, ce qui valide l'hypothèse d'une identification au conteur traditionnel, mais aussi le retour à sa propre relation des faits s'effectue sous une forme qui infère la parole du conteur : « Je l'ai dit. » Autrement dit, « comme » le conteur, il « parle », « dit » ce qui est écrit. En d'autres termes, pour revenir à Meschonnic, on se situe ici dans l'oraliture, et non dans « l'oral » pur et simple. Sont mises en jeu toute une rhétorique et une scène de l'énonciation. On verra également que les romans *Sango Malo* et *Xala* impliquent de manière discrète, mais très efficace, une première personne dans la diégèse. Si on ajoute à cela certaines dispositions syntaxiques et bien des allusions visiblement ironiques, ce dont regorge le roman *Sarraounia*, on dira sans hésitation avec Kerbrat-Orechionni qu'aucun texte n'échappe à la subjectivité, laquelle est le fondement principal de l'énonciation du conte. C'est Sembène Ousmane qui, dans ses propres discours critiques et ses textes littéraires, fait expressément de la narration une « relation » du conte. L'enjeu est celui d'une toile, d'une *relatio*, de rapports multiples et de mouvements. *Guelwaar* est assez explicite à ce sujet : « À mi-récit, je dois vous ramener en arrière, pour narrer ce qui s'est passé, bien avant le soleil de ce funeste jour. Conteur, je ne dois omettre personne et situer chacun à sa place, même minime, dans cette fable » (p. 56).

La narration emploie aussi assez souvent des formules introductives ou conclusives : « Voici l'histoire... », « C'est ainsi que tout avait commencé »; ou alors des procédés du genre « ce n'est pas moi qui vous parle », surtout lors de diverses attributions narratives. Dans tous les cas, le narrateur, comme le conteur, fait partie intégrante de la communauté dont il fait la chronique. Il ne s'agit pas d'un exercice nécessairement contingent ou attribuable à quelque hasard de l'existence, mais bien d'un projet théorique auquel il faut donner sa place et sa rhétorique propres. Sembène Ousmane écrit d'ailleurs au début de *L'Harmattan* (1963) :

> Je ne fais pas la théorie du roman africain. Je me souviens pourtant que jadis, dans cette Afrique qui passe pour classique, le griot était non seulement l'élément dynamique de sa tribu, clan, village, mais aussi le témoin patent de chaque événement. C'est lui qui enregistrait, déposait devant tous, sous l'arbre à palabres, les faits et gestes de chacun. La conception de mon travail découle de cet enseignement : rester au plus près du réel et du peuple. (P. 9.)

Si cette option est mise en œuvre de manière relativement identifiable dans le roman, son déploiement au cinéma n'est pas tout aussi facilement repérable. On relève à ce sujet deux cas de figure : les films à voix *over* et ceux qui ne le sont pas. Autrement dit, la détermination de l'implication du conteur se fera d'abord dans une perspective auditive : il est aussi « écouté », même s'il est vu. La mise en scène auditive se déploie ici au double sens du terme : « entendu », mais aussi jouissance d'une « autorité » de parole[10].

Il existe dans *Sarraounia* et *L'Enfant noir* des voix qui narrent des événements et font des commentaires. Celle du film de Med Hondo situe le spectateur dans le contexte historique du mercenariat français en Afrique. Ses explications sont souvent illustrées par des images, comme celles, parlantes, sur la balkanisation brutale de l'Afrique à la suite de la Conférence de Berlin. Des fissures de sang parcourent la carte de l'Afrique sur l'écran, pour indiquer le morcellement historique de l'Afrique. Dépositaire d'un pouvoir, et donc d'un savoir, le conteur est au courant de la couardise et de la conspiration des chefs des royaumes voisins de celui de Sarraounia et il en parle. Dans *L'Enfant noir* de Chevalier, des narrations et des commentaires alternent à travers la voix attribuée à Baba Camara. Elles peuvent conduire le spectateur étranger au contexte socioculturel vers la compréhension, le jugement, voire le mépris de certaines valeurs inscrites dans la diégèse. Dans la critique déjà relevée contre la polygamie, Baba dit notamment : « Dans mon pays, tu peux marier une, deux, trois ou quatre femmes. Même Dieu est d'accord avec cela » (Extrait du film).

Dans *Sango Malo*, relevons ce seul épisode où une voix *off* déclame avec vigueur le poème « Indépendance ». Il est clair, dans ces cas, qu'une subjectivité « invisible », mais « audible », est à l'œuvre, qu'il est possible d'identifier et qui détermine, de fait, une identification. Les cas de délégation narrative, tel le récit imagé d'Alfred dans *Guelwaar*, et des récits, jamais vraiment délivrés, d'Achori dans *L'Aventure ambiguë*, de Jacques Champreux, permettent de définir la personnalité sémiotique du conteur traditionnel dans une perspective phénoménologique plus repérable. Mais dans les autres cas, la situation est différente.

En effet, il est des situations de narration filmique où clairement aucune voix « auditive » n'est à l'œuvre, c'est-à-dire où on a l'impression, suivant la distinction qu'établit Benveniste entre récit et discours, que le film se raconte tout seul. La problématique se déplace alors explicitement de la narration vers l'énonciation filmique. Ce qui suppose un certain nombre de paramètres qu'il n'est pas toujours facile de déterminer avec précision. Pour illustrer l'implication du conteur traditionnel dans la narration de *Ceddo*, autre film de Sembène Ousmane, Manthia Diawara relève non seulement la présence physique du romancier réalisateur, mais aussi l'importance des variations scalaires : « *The use of close-ups, of human faces and of objects, in this film where long shots dominate the narration, reveals a didactic intervention on the part of the director* » (1996 : 215)[11]. Autrement dit, il s'effectue un usage particulier, en fait idéologique, de la caméra qui s'attarde ou se rapproche des objets qui vont impressionner la pellicule. On revient là non seulement à la question de l'instance, mais aussi à celle du point de vue. Ce qui est donné à voir est, comme c'est le cas du conteur, choisi dans ce sens. La caméra, comme le conteur, montre, induit une perspective, pourrait même manipuler. De là l'équation que pose Manthia Diawara entre la caméra et le conteur :

> *In oral tradition, it is through the griot's point of view that one sees and realizes the universe around one. In film, the camera replaces the griot as the director's eyes and constructs the new images of Africa to the spectator. It is in this sense that one says that the African filmmaker has replaced the griot in the rewriting of history.* (P. 216[12].)

Cette opération sémiotique nous ramène à l'une des hypothèses émises auparavant sur les rapports entre la technique et l'idéologie : la caméra ne se déplace pas seule, ne change pas innocemment d'angle de prise de vues, ni n'invente le profilmique. Autrement dit, même si elle reste occulte/occultée, il existe une instance sémiotique à entrevoir, laquelle est nécessairement « anthropoïde », comme l'écrit Metz. Cette instance, ce conteur, ici le *lekbat*, se situe au même niveau que le méganarrateur[13]. C'est ce dernier qui, comme le conteur traditionnel, organise la fiction, montre ce qu'il juge digne d'être vu, mais surtout « détermine de quelle façon cela doit être vu ».

On appréhende mieux, par la suite dans ce contexte sémiotique, les gros plans sur les mallettes et leur contenu lors de la séquence de la Chambre dans *Xala*. La caméra insistera sur ces mêmes valises, ainsi que sur les chaussures cirées des « hommes d'affaires » quand ils se rendront sur le lieu du mariage d'El Hadji : ce sont les signes les plus évidents de la corruption qui sont donnés à voir. On attribuera le même sens aux gros plans sur les soldats épuisés et blessés dans *Sarraounia*, soldats achevés à coups de baïonnette ou de pistolet par les maîtres français; ainsi qu'aux lents panoramiques qu'accompagne une musique funèbre, alors que l'image montre des têtes tranchées, des femmes et des bébés égorgés, des maisons incendiées. Le *lekbat*, comme le méganarrateur, mobilise la caméra pour suggérer son point de vue sur les ravages multiples de la « civilisation » française : le spectateur a peu de chance de résister à pareille manipulation idéologique. Tout comme il succombera à la remarquable avidité de plongées dont fait montre Laurent Chevalier dans la réécriture filmique du roman de

Camara Laye : on se rappelle cette « ville plate, étalée », et nécessairement pitoyable dont parle Aimé Césaire (1939) dans *Cahier d'un retour au pays natal*. Les plongées dominant le film ont une fonction idéologique précise : donner à voir une certaine Afrique, « écrasée et plate ».

Il faut également relever une similarité entre la structure des romans ou des films qui en sont tirés, et le conte traditionnel. Tous sont « narratifs », c'est-à-dire racontent des histoires. Bien plus : en dépit de la pluralité des programmes narratifs qu'on peut relever et de certains retours en arrière (*flashback*), la plupart des films gardent une certaine linéarité qu'on peut attribuer au conte traditionnel. En outre, il est connu, admet Sembène Ousmane, que le spectateur africain, habitué à la tradition narrative du conte, aime les films qui « racontent des histoires ». La visée didactique étant inaliénable, il est fondamental de ne pas mettre en péril les enseignements escomptés par des sinuosités formelles. Le film narratif, à cet égard, épouse entièrement les structures du conte africain. Il peut par ailleurs se permettre de le revitaliser ou, à la limite, de le remplacer. Selon Françoise Pfaff :

> *[B]ecause of structural similarities to the medium of tale, film is the ideal means of conveying the treasures and techniques of the African oral tradition. If indeed most films tell stories, their content and form are determined by a broader cultural context; that is, the traditions and needs of a given society.* (1984 : 32[14].)

Or, cela est également connu, le conte traditionnel, fondamentalement ludique, est aussi fonctionnel. Comme également les contes européens ou la comédie classique qui corrige les mœurs en riant, il comporte toujours un arrière-plan didactique qu'il est possible de déchiffrer. C'est là une autre différence majeure avec le cinéma occidental, qui souffre parfois de l'extravagance de sa richesse et d'un besoin de noyer dans des images les fantômes et les contradictions d'une société en perte de valeur[15]. Et comme dans la tradition orale, ces leçons arrivent à la fin du texte, sous forme conclusive. À ce niveau, le montage joue un rôle fondamental, avec beaucoup plus de précision que les mots du texte littéraire. L'unique montage fréquentatif de *Guelwaar*, qui reprend un discours prononcé devant une foule silencieuse, sans le moindre bruit, est une invite, une urgence qui se trouve renforcée par un carton. Le spectateur garde certainement le souvenir de cette scène ultime qui se répète et ne se trompe probablement pas sur le message implicite : il est urgent de mettre un terme à la mendicité internationale organisée contre l'Afrique avec son propre concours, sous couvert de ce qui se révèle être un véritable « attrape-Négros » : la « coopération ». La scène finale de *Xala*, l'insoutenable séance de crachats, relève de la même préoccupation. Ce sont probablement les personnes les moins soupçonnées de posséder le pouvoir qui sauront effectuer cette cure dont a besoin l'Afrique. Les nombreux vecteurs de diverses impuissances qui accablent le continent devront s'astreindre à l'humilité, être eux-mêmes humiliés.

La dernière scène de *Sarraounia*, comme le dernier chapitre du roman, représente une véritable leçon de tolérance, de solidarité et de liberté. Après la capitulation des troupes coloniales qui s'engouffrent pieds et poings liés dans les pièges de la reine, celle-ci accueille les populations des royaumes voisins ayant fui en masse pour échapper aux massacres. Elle leur offre l'hospitalité dans son royaume, Lougou, où elle les invite à adorer le dieu de leur choix et à vivre entièrement cette liberté introuvable dans les royaumes voisins dirigés par quelques tyranneaux. Il s'agit là d'une véritable leçon de tolérance et de justice, image de la réalisation de l'unité africaine tant rêvée par Kwame Krumah et torpillée avec succès par les gardes-chiourmes du néocolonialisme. Le retour à Lougou symbolise la liberté totale et la démocratie dont l'absence, à bien des égards, bénéficie aux trusts du Rhin, de la Manche ou d'ailleurs. Sarraounia démantèle les murs de Berlin érigés en entier autour de l'Afrique. Au total, Med Hondo, comme Abdoulaye Mamani et plus tard Bassek Ba Kobhio, plaide pour une unité réelle de l'Afrique. C'est ainsi que, bien que ludique, le film africain continue d'emprunter au conte. Ses fonctions sont ainsi résumées :

> Il doit nous présenter des scènes comportant les trois faces de la fable ou du conte : une anecdote plaisante pour qu'on ait le courage et le plaisir de voir le film dans sa totalité, un enseignement immédiat visant à faciliter l'intégration de tout le monde dans la vie réelle de chaque jour et comporter en arrière-fond un exposé de notre vision du monde. (Ntite Mukendi, 1974 : 121.)

Tout semble donc planifié, tient d'un calcul idéologique, culturel et esthétique. Outre cet usage intelligent des techniques cinématographiques et narratives, est à mettre aussi à l'actif du conteur le contenu discursif dont la thématisation révèle le même profil. Le choix des questions élaborées dans le film, ainsi que les acteurs qui y sont impliqués, obéissent à des logiques qu'il est possible de déterminer. Faut-il s'étonner que, dans *Xala*, par exemple, Sembène Ousmane ait rassemblé comme acteurs un parterre de gueux et de handicapés divers, dont la hideur demande au regard beaucoup de courage ? La problématique centrale du roman et du film, à savoir la sexualité, est également, à ce titre, une métaphore : celle de l'impuissance d'un continent embourbé dans une spirale épicurienne et sexuelle sans fin. Au-delà de cette question sexuelle, c'est la totale déconfiture des mœurs politiques et sociales qui est mise en scène.

Le défi est le même en ce qui concerne la gestion de la survie quotidienne et des relations internationales. *Guelwaar* est sans nuance sur la question : l'aide alimentaire participe de l'esclavage et constitue un mode de gouvernement. À un autre degré, le film et le roman de Bassek Ba Kobhio relancent la problématique du pouvoir sous couvert de l'éducation : l'un des malheurs de l'Afrique est sa philosophie manquée de l'éducation. D'où l'acharnement à contrôler le discours conduit en milieu scolaire. Toute ambition d'aménagement de l'espace discursif est perçue comme une tentative de démantèlement du pouvoir politique central qui, écrit Bertrand de Jouvenel, par segmentation infinie, se retrouve « partout », notamment à l'école et dans les discours qu'elle reproduit. Le procès qu'implique l'esthétique cinématographique en Afrique est donc, vu le rôle du conteur que professent bien des cinéastes de la « première génération », celui du militantisme. Il s'agit, au total, d'un cinéma « strictement politique », au sens de Christian Zimmer. Kenyan G. Tomaselli écrit à cet égard :

> *Thus, seen in broader terms, the African filmmaker embodies the complex, yet multiple roles of* griot/*bard in their traditional context of origin. They are simultaneously social critics, historians, bards and seers ; they criticize the present to encourage change ; re-examine and reconstruct the past to shed more light on its effects on the present ; and they transmit cultures and histories from the past generation to those who are present.* (1995 : 32[16].)

En somme, la question de l'oralité n'est plus, dans le cinéma et la littérature d'Afrique, à considérer dans une perspective essentialiste ou biographique, comme cela a été énoncé par Mohamadou Kane. Bien au contraire. Les romanciers et les cinéastes en font une question, voire une nécessité théorique qui peut seule garantir à la production culturelle africaine une certaine spécificité, et même une spécificité certaine. Si Laurent Chevalier et Jacques Champreux, réalisateurs français, instituent au cinéma un conteur qui n'existe pas dans le texte littéraire, ou transforment celui qui s'y trouve, ce n'est pas parce qu'ils ont été nourris de cette tradition orale. C'est bien plutôt qu'ils reconnaissent l'existence et l'importance d'une figure centrale dans toutes les traditions orales africaines. D'où son intégration dans leurs réécritures filmiques. Aussi, les films, suivant en ce sens les romans, ne dérogent-ils pas au but ultime du conte traditionnel : enseigner en faisant semblant de divertir, critiquer sans en donner l'impression? C'est pourquoi il importe que se tienne un conteur derrière chaque méga-narrateur, chaque caméra et chaque réalisateur. C'est leur mise en œuvre qui entraîne certaines mutations majeures dans les métamorphoses du récit.

Notes

1 Il faudrait relever que ce n'est pas la seule « spécificité » du récit africain, et que cette oralité, à force de la chercher ou de la trouver partout, prend des allures d'essentialisme. Un travail reste à faire sur cette question.

2 « Il faut comprendre, pour analyser le cinéma africain, que 25 années de production ont nécessairement créé une tradition esthétique que les cinéastes africains utilisent comme point de référence à suivre ou à contester. Une esthétique africaine ne vient pas nécessairement du cinéma européen. Pour éviter de faire du cinéma africain un appendice imparfait du cinéma européen, il faut interroger l'Afrique elle-même, ses traditions, et ainsi découvrir l'originalité de ses films. »

3 « Nous avons une perception de l'espace, une certaine notion du rythme, et une tradition narrative que nous pouvons investir dans nos films. Nous ne pouvons pas être africains et faire des films comme des Américains. »

4 Il procède en effet à la tripartition suivante : l'écrit, l'oral et le parlé. Lire « Le parti du rythme », p. 235-358.

5 En français, l'aède et le rhapsode ne correspondent pas exactement aux concepts de *guewel* et *lekbat*. Pour une distinction plus précise entre les deux, lire Mbye Boubacar Cham, « Ousmane Sembene and the Aesthetics of African Oral Tradition », *Africana Journal*, 13, 1/4, 1982, p. 24-38. L'aède et le rhapsode, catégories qui existent dans les littératures occidentales, ne correspondent pas exactement aux formulations de Mbye Boubacar Cham.

6 « Une telle maîtrise de la parole et du savoir fait du *guewel* une figure centrale de la société, aussi bien pour les puissants et les nobles que pour les

masses, et ce, en dépit du bas statut qui lui est assigné dans la hiérarchie sociale. »

7 Pourtant, cela est connu, la polygamie est « signe de liberté et d'autonomie » pour la femme qui, en plus, ne se sent plus seule. Elle devient même plus entreprenante : le mari n'est plus une charge, elle ne doit plus faire la cuisine tous les jours, etc. Et il est évident que la manière de lutter contre ce qui est considéré comme un problème aboutit plutôt à le reproduire en l'inversant. Lire Sylvie Fainzang et Odile Journet, *La Femme de mon mari. Anthropologie du mariage polygamique en Afrique et en France*, Paris, L'Harmattan, 1988 ; ou Marie Denise Riss, *Femmes africaines en milieu rural*, Paris, L'Harmattan, 1989.

8 « Le cinéaste africain est un griot similaire au ménestrel du Moyen Âge : un lettré et un homme de bon sens, un raconteur, la mémoire vivante et la conscience de son peuple. Le cinéaste doit vivre au sein de sa société et y dénoncer ce qui va mal. Pourquoi a-t-il ce rôle ? Parce que, comme beaucoup d'autres artistes, il est peut-être plus sensible que d'autres membres de la société. Les artistes connaissent la magie des mots, des sons et des couleurs, et ils utilisent ces éléments pour illustrer ce que d'autres pensent et ressentent. Le cinéaste ne doit pas vivre enfermé dans une tour d'ivoire ; il a un rôle social précis à assumer. »

9 Se rappeler, à ce sujet, la remarque de Catherine Orecchioni : « Toute assertion porte la marque de celui qui l'énonce » (1980 : 68).

10 Le rôle de cette autorité est fondamental dans *La Noire de...* (1966), une autre réécriture filmique de Sembène Ousmane. Les souffrances de Diouana ne sont même pas articulées par sa propre voix. Son silence indique encore davantage le rapport entre discours et pouvoir.

11 « Dans un film où les plans longs dominent la narration, l'emploi de gros plans sur les visages et les objets révèle une intervention didactique de la part du réalisateur. »

12 « Dans la tradition orale, c'est à travers le point de vue du griot qu'on observe et réalise l'univers environnant. Au cinéma, la caméra remplace le griot comme regard du réalisateur et construit de nouvelles images de l'Afrique pour le spectateur. C'est en ce sens qu'on dit que le cinéaste africain a remplacé le griot dans sa réécriture de l'histoire. »

13 Ce terme est emprunté à André Gaudreault et désigne l'un des niveaux de définition de la narration filmique. Le concept sera mieux exploré au chapitre 5.

14 « Du fait de la similarité de structure avec le conte, le film est le moyen idéal pour diffuser les trésors et les techniques de la tradition orale. Si tous les films racontent en effet des histoires, leur contenu et leur forme sont

déterminés par un contexte culturel plus large, c'est-à-dire les traditions et les besoins d'une société. »

15 C'est ce voyeurisme et cette tentative de compensation qui légitiment certaines lectures psychanalytiques. C'est ce qui fait dire à Félix Guattari que le cinéma est « une drogue à bon marché ». Lire à ce sujet « Le divan du pauvre », *Psychanalyse et cinéma, Communications* 23, 1975, p. 96-103.

16 « Ainsi, considéré en termes généraux, le cinéaste africain joue le rôle complexe, mais multiple, des griots dans leur contexte traditionnel d'origine. Ils sont simultanément critiques sociaux, historiens et griots ; ils critiquent le présent pour encourager le changement ; ils réorganisent et reconstruisent le passé pour apporter plus de lumière à ses effets sur le présent ; et ils transmettent la culture et l'histoire des générations passées à celles d'aujourd'hui. »

Chapitre 4

LES MÉTAMORPHOSES DU RÉCIT

On a constaté, au cours des analyses précédentes, que le texte, quel que soit le média le véhiculant, n'échappe pas à la tentation du récit, tant dans les modèles occidentaux qu'africains. Et l'expérience du nouveau roman, malgré les apparences d'un déni de narration, enseigne au contraire qu'il n'est même pas besoin de mettre en jeu tout l'appareil narratologique : décrire, c'est déjà narrer. On peut affirmer que tout texte est narratif et, par la suite, que les réécritures filmiques ou romanesques partagent cette aptitude à raconter, l'enjeu étant de reprendre divers paramètres sémantiques.

Cependant, aussi paradoxal que cela puisse paraître, l'une des hypothèses fondatrices d'une étude assez ancienne sur le cinéma négro-africain (CNA) considère l'art narratif comme une caractéristique secondaire, voire accidentelle : le film africain « montrerait » d'abord et « raconterait » ensuite, ou alors, montrerait pour raconter. Bien plus, selon André Gardies :

> Si les trois principes d'agencement textuel (successivité, simultanéité, ambivalence) sont parcourus par le CNA, ils le sont inégalement : les organisations simples l'emportent sur celles qui affichent une certaine complexité. Faut-il voir là la conséquence d'une visée didactique très souvent revendiquée? Toutefois, l'omniprésence de la scène et des déplacements invite à une autre hypothèse : l'efficacité narrative répondrait à des critères différents de ceux qui prévalent dans le cinéma occidental. (1989 : 105.)

Certes, il faut craindre là une autre forme d'essentialisme tel qu'il en surgit souvent dans les études africaines. Mais surtout, en déplaçant la question de la narration à ce qu'il nomme son « efficacité », Gardies risque de produire un brouillage culturel là où il conviendrait de repérer des mécanismes précis de fonctionnement narratif. Ainsi, son recours aux notions de « simple » et de « complexe » est-il simpliste et un peu flou. Inopérant, en somme. Davantage – et c'est cela qui va nous préoccuper ci-après – Gardies semble dissocier, au lieu d'en explorer l'articulation productrice, les mécanismes d'une poétique du récit telle qu'elle a été élucidée au moins depuis Genette. Est-il vraiment possible de raconter sans montrer?

Ce chapitre s'emploiera à nuancer la position narratologique de Gardies, puis à cerner les démarches narratives impliquées dans les réécritures filmiques et romanesques. Du roman au film et vice versa, quelles sont les mutations survenues? Que devient le récit qui est et n'est pas « original » dans le récit dérivé? Quel est l'impact, mais surtout la fonction idéologique des bouleversements impliqués par les réécritures? L'examen de ces métamorphoses comportera deux aspects essentiels : l'ordre et l'ellipse.

1. L'ORDRE NARRATIF

Étudier l'ordre des récits revient à aborder divers protocoles narratifs. Du fait de sa structure dynamique qui lui confère un début et une fin, lesquels passent par des transformations, le récit, ainsi que l'indique Christian Metz, se définit comme suit :

> Une *séquence temporelle*. Séquence deux fois temporelle, faut-il aussitôt préciser : il y a le temps de la chose racontée, et le temps du récit (temps du signifié et temps du signifiant). Cette dualité n'est pas seulement ce qui rend possible toutes les distorsions temporelles qu'il est banal de relever dans les récits (trois ans de la vie du héros résumés en deux phrases dans le roman, ou en quelques plans dans le montage « fréquentatif » de cinéma, etc.) ; plus fondamentalement, elle nous invite à constater que l'une des fonctions du récit est de monnayer un temps dans un autre temps, et que c'est par là que le récit se distingue de la *description* (qui monnaye un espace dans un temps), de *l'image* (qui monnaye un espace dans un autre espace). (1968 : 28; souligné par l'auteur.)

Dans le corpus sélectionné, il importe de repérer les nombreuses variations qui interviennent dans le régime de la temporalité narrative.

En effet, la majorité des textes réécrits mobilisent une proportion importante d'« anachronies », et même d'« achronies » genettiennes (Gérard Genette, 1972 : 78 et suiv.). Autrement dit, la disposition syntagmatique des segments narratifs affiche un certain nombre de manipulations temporelles par lesquelles le récit anticipe, rappelle ou retarde l'histoire. En plus, et c'est là le plus important dans la perspective de cette étude sur la réécriture, certains textes réécrits apportent un bouleversement temporel radical au texte fondateur, ce qui permet de mieux situer la perspective dans laquelle ils s'orientent. Le film de Benjamin Jules-Rosette constitue à cet égard la seule exception.

En effet, *L'Aventure ambiguë* de Benjamin Jules-Rosette, qui ne reprend que les 58 premières pages du texte de Cheikh Hamidou Kane, est « strictement linéaire ». Ce film commence par cette séquence de violence où Thierno brutalise Samba Diallo dont la mémoire présente quelques défaillances dans la récitation du Coran. Après une narration exposant au spectateur la vie austère du Maître, un débat s'engage aussitôt sur le contenu des enseignements à l'école nouvelle, contenu qui fait déserter le Foyer Ardent. Dans la séquence suivante, les disciples, Samba Diallo en tête, quêtent leur repas en prêchant la peur du lendemain. Surgit alors la Grande Royale pour interrompre cette théologie de la panique qui fascine le jeune disciple. Elle s'exprime en ces termes : « Le maître cherche à tuer la vie en toi. Je vais mettre un terme à tout ça » (extrait du film). La quatrième séquence transporte le récit dans la concession du maître où, avec une certaine ostentation, la Grande Royale exprime son inquiétude vis-à-vis les dispositions thanatiques du jeune Samba Diallo. La séquence suivante se situe chez le Chef où se poursuit le débat, et où surgit la Grande Royale alors qu'elle n'est pas invitée. La dernière séquence est celle de la consécration : après avoir convoqué une assemblée où, véritable audace, elle a invité les femmes, la Grande Royale, tout en faisant semblant de demander des avis, engage les Diallobé à se rendre à l'école nouvelle.

Ce développement, que permet la durée du film (24 minutes), aide à comprendre et à émettre des hypothèses sur l'enjeu narratif et idéologique d'une réécriture. L'ordre du récit littéraire est respecté, mais réduit à une perspective qui peut être considérée comme relevant de la démonstration. Ce récit filmique pourrait s'intituler « la décision ». Celle-ci amorce, en fait, à partir de l'organisation syntagmatique, la « défaite métaphysique » qui pourrait constituer le titre de la version de Jacques Champreux.

En effet, la dernière séquence montre la Grande Royale paradant triomphalement dans les rues : sa voix, alors, occupe l'espace sonore, tandis que se tient une assemblée dont le réalisateur ne montre jamais un plan. Cette séquence se termine par une image parlante : le maître est assis, seul, méditant au bord d'un fleuve. Son désarroi et son silence sont visibles. Les Diallobé, à l'instigation de la Grande Royale, viennent de s'engager sur la voie de la perte qu'illustre le film de Jacques Champreux. Le caractère téléologique du récit a ici une portée visiblement démonstrative. La chaîne syntagmatique serrée est au service du laminage idéologique à exposer : récit d'une défaite inévitable. L'engrenage systématique de la ligne narrative est celui, implacable, de l'idéologie dominante. Ainsi, en dehors des parties coupées dans les 58 premières pages et notamment l'analepse où sont élucidées les circonstances de la venue de Samba au foyer, le film de Jules-Rosette organise un programme narratif ne souffrant aucune distorsion; ce qui facilite, voire légitime, l'entreprise dans laquelle la Grande Royale engage tout un peuple. Entreprise qu'elle regrette dans l'autre version filmique de ce roman. Cette architecture de la logique irréversible n'apparaît pas dans les autres films étudiés ici. Très différents de ce schéma, beaucoup exposent des actions simultanées ou procèdent par anachronies narratives.

C'est ainsi que *Sango Malo* comporte quelques séquences montées en alternance. Dès le début, alors que Ngo Bakang annonce au jeune maître qu'il vient d'être affecté à Lébamzib, on voit, en même temps que le générique, une voiture en déplacement : cela relève d'une anticipation de l'image sur le récit. Pendant que des voitures, dont on ne sait laquelle transporte éventuellement le maître, évoluent, le récit doué d'ubiquité conduit, par intervalles, dans la salle de classe où le directeur, dans son exercice quotidien de terreur, annonce l'arrivée de Sango Malo. Plus tard, alors que le jeune maître fait son jogging le dimanche, le montage fait alterner l'église délabrée et le rebelle incroyant effectuant son exercice dominical. À la fin du film, il se rend dans la forêt sacrée au moment même où le chef et Honba, deux des garants de l'ordre social répressif, se rendent pour la deuxième fois chez le sous-préfet à des fins de délation.

Xala, de Sembène Ousmane, et *L'Aventure ambiguë*, de Jacques Champreux, marquent également des actions simultanées dans leur procès narratif. Dès le début, l'assemblée générale du groupement des « hommes d'affaires » a lieu alors que se scelle le mariage religieux à la mairie. Cette dernière scène n'est pas montrée. La première séquence fait alterner les divers convois avec la concession où auront lieu les cérémonies. Au moment où est amorcé le retour de Samba Diallo, *L'Aventure ambiguë* présente simultanément une assemblée révélant le triomphe autoritaire de la Grande Royale et le jeune Parisien qui, dès son retour, observe quelques éléments qui joueront un rôle décisif dans la tragédie dont il sera l'objet : la rencontre fatale de Lucienne, la découverte des ravages économiques, écologiques et humains du « chantier » dont la fonction assassine se dessine très tôt dans le texte, ainsi que la rencontre avec celui qu'on nomme « le fou ». Tous ces éléments narratifs s'imbriquent, produisant un sentiment de discordance. En fait, ils ont une fonction qu'on expliquera. Cette simultanéité des actions est plus marquée dans *Sarraounia* et peut s'expliquer par la nature de l'œuvre : il s'agit d'un film de guerre.

Med Hondo met en scène deux programmes narratifs concurrentiels : la conquête sanglante du capitaine Voulet et celle, moins présente à l'écran mais induite, du colonel Klobb dont on ne fait mention nulle part dans le roman. La première évocation de cette double polarité a lieu lorsque le capitaine Voulet reçoit une lettre l'invitant à modérer ses méthodes martiales. La séquence suivante montre son supérieur en train d'avancer. Deux séquences plus tard, Voulet reçoit d'autres messagers qui lui portent une autre lettre. On ne revoit le colonel qu'à la fin du film, au moment de la confrontation avec son compagnon de conquête. Elle lui sera fatale. Mais le film *Sarraounia* n'insiste pas sur l'avancée du colonel, laquelle est cependant discrètement impliquée. Les deux programmes narratifs de conquête s'accomplissent ainsi pour accentuer le délire de la sanglante expédition dans l'ancien Soudan.

Dans le film, mais aussi, cette fois, dans le roman, est mis en œuvre un ensemble de conciliabules consécutifs à l'avancée meurtrière des troupes coloniales et des menaces pesant sur les diverses communautés africaines. Ainsi, au moment où on voit Sarraounia en train de mobiliser ses troupes ou de consulter les oracles, les rois voisins, à coup de proverbes inspirés par la couardise, épiloguent sur l'attitude à adopter vis-à-vis le nouvel ennemi qui sème la mort sur son passage. Serkin Gobiraouna et les dignitaires du royaume de Gobir, Serkin Arewa, ainsi que l'émir de Sokoto, prennent le parti des mercenaires français. Le prétexte? Ces derniers sont plus forts et il serait vain de leur opposer quelque résistance. L'émir de Sokoto envoie d'ailleurs un émissaire pour fournir des informations pouvant aider l'armée des envahisseurs à vaincre la « sorcière » Sarraounia. Seul un monarque fait exception, et sa désolation vis-à-vis la déconfiture du continent est rendue par une simple voix *over* : il s'agit d'Amenokal, guide de l'Azawak. Le récit filmique de Med Hondo met ainsi en scène, selon un ordre narratif assez complexe, le tourment d'un peuple, d'un continent, pris entre les délires expansionnistes de la France que favorisent la démission générale et la coopération des roitelets nègres. La réécriture romanesque de *Guelwaar* est à ce titre plus expressive.

En effet, comme les textes précédents, *Guelwaar* adopte une démarche narrative qui fait alterner des événements de manière à en donner une impression de simultanéité. Par exemple, les cérémonies funèbres de Guelwaar ont lieu en même temps qu'est menée l'enquête sur la disparition du cadavre. Le narrateur part ainsi de la concession du rebelle défunt pour conduire le lecteur vers la gendarmerie où se trouve Barthélemy. Il se rendra ensuite à la morgue où il découvrira, avec le commandant de brigade Gora, que la « disparition » est en fait une erreur administrative par laquelle un employé illettré a confondu les corps et a remis à un musulman le corps d'un chrétien. Les deux hommes se dirigent alors vers le village musulman, même si le roman relève que l'enquête les mène vers plusieurs villages qui ne sont toutefois pas nommés. Toutes ces actions sont impliquées dans un procès narratif qui travaille en alternance avec d'autres actions, notamment avec des cérémonies funèbres sans cadavre. Parce que « l'arbitraire des normes cinématographiques est un écueil » (Sembène Ousmane, 1996 : 10) et que le film ne peut pas tout contenir, le roman écrit à partir du film se permet un certain nombre de ce qu'on peut nommer des « digressions », lesquelles, à en croire Alain Garcia, ont une fonction de remplissage. Le narrateur romanesque procède par expansion et s'attarde sur maints détails descriptifs auxquels le film ne semble pas porter grande attention : la lune, les aboiements des chiens, le souvenir de l'agonie de Guelwaar, l'habillement de la veuve, son attitude à l'égard de sa fille. On constate que le récit romanesque s'inscrit dans un processus d'« inachèvement » intrinsèque à la description. Il y a là une « dépense » scripturale que l'écriture filmique ne connaît pas.

À partir de ces exemples, on se rend compte que les récits réécrits organisent leur diégèse de manière singulière. Les rapports entre les séquences considérées sont non pas de consécution ou de conséquence, mais de « simultanéité ». On relève à cet égard une dynamique de juxtaposition à l'œuvre dans l'espace du livre et de la page. Ce qui pose quelques problèmes théoriques. En effet, si on s'en tient à Christian Metz :

> Le syntagme alterné est bien connu des théoriciens du cinéma sous les noms de « montage alterné », « montage parallèle[1] », « synchronisme », etc., selon les cas. Exemple type : image des poursuivants, puis image des poursuivis, puis image des poursuivants, etc. Définition : le montage présente par alternance deux ou plusieurs séries événementielles de façon telle qu'à l'intérieur de chaque série, les rapports temporels soient de consécution, mais qu'entre les séries prises en bloc le rapport temporel soit de simultanéité qu'on peut traduire par la formule : « alternance des images = simultanéité des faits ». (1968 : 130.)

Or, certaines des réécritures considérées dans le cadre de cette étude induisent la simultanéité non pas dans le cadre d'une séquence comme l'envisage Metz, mais entre plusieurs séquences. Cela est non seulement dû à la linéarité de la bande-image, mais aussi au fait que même le romancier ne peut pas tout raconter en même temps. Il faut bien choisir de procéder selon un ordre. Par ailleurs, les réalisateurs auraient pu diviser l'écran en deux pour suggérer cette disposition temporelle. Ils préfèrent alterner, et donc segmenter. C'est notamment le cas de *Sarraounia* et de *Guelwaar* où de véritables programmes narratifs concurrentiels sont mis en œuvre. Autrement dit, on se situe en fait dans le cadre d'autres récits ayant avec ceux qui les précèdent ou qui les suivent des rapports de relative autonomie, mais qui ont une fonction axiologique et idéologique précise : la perspective, l'imminence ou la réalité d'une crise. L'autonomie apparente est donc, au sens fort du terme, une marge de « manœuvre », une stratégie politique du récit filmique.

Est-ce un hasard ? Il se trouve que, pour le corpus considéré, dans toutes les réécritures où le protocole narratif organise la simultanéité des faits conduits dans l'histoire, un enjeu de taille se dessine. L'alternance des voitures et de la salle de classe est le prélude à une bataille féroce entre un directeur maladivement conservateur et un maître idéaliste dans *Sango Malo*. La manœuvre est moins significative dans *Xala* et *L'Aventure ambiguë*, mais elle s'exerce quand même. Tout le début de *Guelwaar* est inscrit entre les démarches de Gora et la cérémonie funèbre, dans la concession de Guelwaar. Ce n'est qu'après la localisation du corps que le récit reprend une perspective momentanément téléologique, pour être interrompu par des anachronies qu'on abordera plus loin. Dans *Sarraounia*, Med Hondo organise le récit pour élucider les rivalités nées de/avec l'aventure coloniale. Plus que dans tous les autres textes, ici, l'enjeu du pouvoir, de la volonté de puissance, est rendu par l'alternance des diverses séquences. On le voit, les récits s'organisent selon des mécanismes alternatifs, et non moins altérants, dont la fonction idéologique est certaine. Ce qui infirme avec pertinence la simplification des propositions qu'avance André Gardies. Mais ces textes instaurent également d'importantes anachronies narratives.

En effet, parler de retour dans les analyses narratologiques comporte généralement la forme de l'anachronie narrative. On abordera dans le chapitre suivant cette particularité par laquelle les textes filmiques arrêtent le récit pour marquer un retour : cela survient presque toujours sous la forme d'une irruption de l'imaginaire, irruption qui, du point de vue de sa fonctionnalité et de son mode d'apparition, se distingue rigoureusement de l'analepse genettienne. La réécriture romanesque de *Guelwaar* offre cinq circonstances principales de retour. Le narrateur interrompt d'abord le récit pour évoquer la visite audacieuse de Guelwaar à la gendarmerie : il vient en effet mettre en garde les « autorités » contre une bande de délinquants qui troublent les réunions politiques de femmes ayant lieu chez lui. Le narrateur élucide ensuite la genèse du refus des dons, lequel refus a en fait été initié par le doyen Guignane. Il revient ensuite sur la vie affective de Nogoy Marie, l'épouse du défunt. Plus tard, en plein cimetière, Alfred raconte une aventure cocasse de Guelwaar et, enfin, le compte rendu de la cérémonie de remise des dons au cours de laquelle Guelwaar provoque un scandale : il prononce un discours incendiaire à la suite duquel sera organisé un attentat contre sa personne.

Mais étant donné que l'écriture filmique impose des contraintes ainsi que l'admet le romancier/réalisateur, l'œuvre cinématographique qui donne lieu à l'écriture du roman homonyme supprime l'épisode entre Guignane et son épouse, ainsi que le passé de Marie Ndong. Le roman, au contraire, s'étend longuement sur ces points, ce qui confirme les possibilités d'extension dans le cas des réécritures romanesques qui permettent un relatif exercice de liberté. Par contre, dans le film, les retours en arrière sont tous introduits par des fondus enchaînés qui permettent de marquer une rupture temporelle. Ce sont ces signes de ponctuation qui situent le spectateur dans la nouvelle temporalité mise en œuvre : le recul, la remise à distance, la rétrospection, le rappel d'un autre temps. Au contraire des situations narratives précédentes où la simultanéité était un indicateur de logique oppositionnelle, le retour en arrière a une fonction informative, ce qui vaut du reste aussi bien pour la littérature que pour le cinéma. Dans les deux textes, le récit est pris en charge par le narrateur et par Alfred, dans les mêmes conditions dramatiques. Cela inscrit dès lors un autre rapport dans le procès narratif :

> La suite des événements n'est plus alors directement temporelle, mais *causale*, c'est-à-dire que le montage est fondé sur le passage au passé par l'exposé des causes des faits présents : la succession des événements suivant leur causalité logique est donc respectée, mais la chronologie stricte est bouleversée et restructurée en fonction d'un point de vue en général subjectif; c'est en tout cas un point de vue subjectif qui commande le récit dans les utilisations les plus originales et plus fécondes du procédé. Le *flash-back* crée donc une temporalité *autonome, intérieure, malléable, densifiée* et *dramatisée* [...]. (Marcel Martin, 1985 : 272; souligné par l'auteur.)

Les analyses précédentes portent principalement sur l'ordre tel qu'il est observable dans le texte réécrit. L'étude étant comparative, il importe donc, après cette étape, d'approcher le texte fondateur pour déterminer, le cas échéant, quel est l'écart différentiel entre le littéraire et le filmique. On se rend compte à ce titre que, dans leurs réécritures, les réalisateurs ont procédé à des bouleversements majeurs. Chacun y est allé de sa créativité.

Même si *Sango Malo* a d'abord été édité avant d'être réalisé, la confrontation de l'ordre narratif dans les deux textes montre que le récit romanesque est en fait la suite du récit filmique. Le texte romanesque s'ouvre en effet par un passage intitulé « Le début et la fin ». Comment lire ce titre? Le début du roman, mais aussi la suite du film. L'un commence où l'autre s'achève : la reprise devient principe de « relais ». Le récit est inachèvement : il emprunte un média différent pour « poursuivre » son déroulement. Il y est question du simulacre de procès dans lequel est impliqué Sango Malo, le maître insoumis. Le chapitre suivant est une suite de rétrospections sur l'itinéraire du personnage, de sa mutation jusqu'à son échec multiforme à Grand Village, qui était Lébamzib dans le film. La suite devient ainsi téléologique, avec les mêmes archétypes. Ainsi, le récit romanesque commence après le début de l'histoire. Il constitue une simple actualisation et une continuité du récit rocambolesque de Voit Tout à la fin du film. Ce dernier parle en effet de la vie carcérale de son compagnon resté en prison. Les autres réalisateurs opèrent des mutations d'une bien plus grande portée.

Med Hondo veut l'histoire de Sarraounia plus linéaire que celle narrée par Abdoulaye Mamani. Après le générique, le film commence par ce qui est un retour en arrière dans le roman : l'enfance de Sarraounia, au chapitre 4. Il procède ensuite à sa formation militaire et pharmacologique. On la voit ensuite en train de terrasser les envahisseurs fulanis qui tentent de s'emparer de la ville de Lougou, événement qui n'arrive que très tard dans le roman, lors d'un autre retour en arrière au chapitre 13. Par une ellipse miraculeuse dont le cinéma a le secret, la séquence suivante la montre immédiatement à la cour, déjà reine. Lorsqu'une voix *over* s'empare du récit pour raconter l'invasion sanglante des mercenaires français en Afrique après la Conférence de Berlin en 1884, elle s'interrompt et montre, par un travelling délibérément lent, dans la séquence suivante, la septième du film, ce qui est en fait le premier chapitre du roman : c'est la mort et la terreur à l'œuvre, les désastres de la « mission civilisatrice » dont les résultats visibles se résument à des masses de cadavres. Extrait romanesque :

> Un silence funèbre plane sur Kalgo la joyeuse. Même les coqs, habituellement si bruyants à cette heure de la matinée, se sont tus. Les rues du village sont jonchées de cadavres gonflés comme des outres trop pleines. Étendu près de sa mère agonisante aux seins mutilés, un bébé squelettique, las d'avoir trop pleuré toute la nuit, s'étend doucement, épuisé par la faim. Déjà les grosses mouches vertes, les charognards et les corbeaux voraces emplissent l'air de leurs lugubres sérénades. (P. 9.)

Par le réordonnancement syntagmatique ainsi à l'œuvre, la réécriture filmique de *Sarraounia* permet de faire focaliser le lecteur sur les antécédents de la reine qui terrorise tant, puis d'exposer l'ampleur des rapines et des crimes commis par les colons. Cela donne ainsi la possibilité au spectateur de mieux apprécier la teneur des défis auxquels elle fera face et, *ipso facto*, de provoquer de sa part une certaine adhésion à la cause de l'une des rares femmes victorieuses des délires coloniaux : ce protocole narratif laisse entrevoir un conditionnement, une manipulation, et même un asservissement idéologique du spectateur. Mais le bouleversement de l'ordre tel qu'il est effectué par Med Hondo est de moindre amplitude, comparativement à ceux de Laurent Chevalier et de Jacques Champreux.

L'Enfant noir fait partie des classiques du roman africain, notamment le récit (du) « traditionnel » : linéaire, il a une seule intrigue, ou du moins un seul sujet. Autobiographique, il restitue la vie du narrateur depuis l'enfance et retrace son parcours jusqu'au moment où, bonheur suprême de Nègre, il doit se rendre en France pour y poursuivre ses études. Mais le film de Laurent Chevalier, dont les nombreux clichés feront l'objet des pages suivantes, commence par une série d'images ayant l'allure de documentaires exotiques. L'histoire de M. Traoré, le trafiquant d'or, est incluse dans le film et semble n'avoir d'autre fonction que de légitimer le voyage vers Conakry qui commencera à la troisième séquence.

Or, il se trouve que, dans le roman, le déplacement pour des raisons scolaires n'a lieu que très tard, au chapitre 9, presque vers la fin du parcours romanesque du jeune enfant. Toutes les parties précédentes sont laissées dans l'ombre par Laurent Chevalier qui se sert du texte romanesque uniquement à titre illustratif. Il s'agit pour lui, ainsi qu'il est indiqué au générique, de se servir de la famille Camara pour la faire « revivre et *interpréter* cette histoire transposée pour le cinéma dans la Guinée d'aujourd'hui » (je souligne). Baba Camara n'est pas l'enfant noir du roman : il est le moyen d'illustrer ce qu'on considère comme la vie de Camara Laye.

On aurait pu, comme dans *Guelwaar* ou *Sango Malo*, s'attendre à une série de retours en arrière. Mais la réécriture étant imprévisible par essence et, surtout, fondée sur l'idéologie et la subjectivité, le jeune Baba Camara est impliqué dans une tentative de reconstitution du récit de la vie de son oncle. Les événements qui, dans le roman, sont vécus par le jeune enfant lui sont simplement racontés dans le film : il en est ainsi des rites du *Kodén Diara* et du *Soli*, ou circoncision. Ce sont le médecin puis son oncle Moussa, certainement le Mamadou du roman, qui se chargent de lui raconter ces soirées de frayeurs et de courage. On lui parle de son grand-père qui, dans le texte romanesque, est le père du personnage qu'il est censé incarner. Du point de vue de la temporalité diégétique, Chevalier rétrograde et procède en amont : dans le roman, Camara se déplace vers Conakry pour y suivre des études dans l'enseignement secondaire technique. Dans le film, il y va pour s'inscrire… à l'école primaire. Voilà donc comment est réécrite la « Guinée d'aujourd'hui » dans un texte paru en 1953 : plus de 40 ans après les indépendances, la seule école qui existait à Kouroussa a disparu, au point où il faut se rendre à la capitale du pays. Les indépendances n'ont rien apporté, certes, mais on pourrait nuancer ce tableau que Chevalier charge délibérément par la réécriture de l'ordre temporel, afin de vendre une image de l'Afrique dont est friand un certain public : on comprend dès lors tout le sens du mot « interpréter » employé au générique et qui informe, nous l'avons relevé, toute réécriture. Si on admet avec Alain Gauthier que « la représentation d'un pays étranger [...] c'est d'abord l'histoire d'une prise de possession » (1992 : 66), et si on se souvient de la charge idéologique, ouvertement antipolygamique liée à l'inclusion filmique d'une griotte (voir chapitre 3) ne peut-on pas soutenir que la conquête coloniale, d'abord spatiale, fraie la voie à une hégémonie discursive dont le film se fait porteur[2] ? Ces questions méritent d'être posées. Jacques Champreux a, quant à lui, révélé des préoccupations différentes, même si, comme son compatriote Chevalier, il opère un véritable retour temporel.

L'Aventure ambiguë de Champreux aurait pu, ainsi qu'il le dit lui-même, s'appeler « Le retour de Samba Diallo » (Lise Gauvin et Michel Larouche, 1995 : 89). Le récit filmique commence en effet lorsque Samba Diallo, le héros tragique, a « vieilli de 20 ans », c'est-à-dire longtemps après les « indépendances ». Il est alors professeur de philosophie et quitte la salle de classe dès la première séquence pour se retrouver à la séquence suivante dans une voiture en Afrique. C'est le retour. Il n'est pas effectué dans le même tumulte ni la même brusquerie que dans le roman où il est l'objet de manipulations diverses : d'abord de la Grande Royale qui le pousse à l'école et, ensuite, de son père qui lui enjoint de rentrer au pays après une série de grandes paniques soufflant sur les Diallobé, devenus « Djallinké » chez Champreux[3].

Un tel bouleversement situe le début du récit filmique à la fin du récit romanesque, soit à la page 178 où, après une ellipse sur son voyage de Paris jusqu'à son village, on voit Samba Diallo invité à la prière par le fou. À noter que le roman comporte exactement 191 pages. La réécriture étant essentiellement sélection et coupe, on pourrait supposer que Champreux a tout passé à la trappe. Il n'en est rien. On pourrait s'attendre également à une série de retours en arrière. Non plus. Le réalisateur français a procédé à un véritable « déménagement » des scènes vers l'Afrique. Pour élucider le passé du Parisien, des retours le font sombrer régulièrement dans l'imaginaire en évoquant son enfance tumultueuse, ses amours à Paris. Lucienne, fille de pasteur, étudiante, militante au Parti communiste dans le roman d'Hamidou Kane, est dans le film de Champreux un médecin qui a raté sa vocation. Sa carrière est noyée dans les tourments des Djallinké, ainsi que les paradoxes d'une « coopération » et d'un « développement » assassins. De même, dans le roman, Samba Diallo arrive après la mort de maître Thierno. La réécriture de Champreux en fait le témoin de son agonie. Quelle est donc la fonction d'un tel bouleversement ?

Jacques Champreux a simplement reformulé une question fondamentale en Afrique : l'exploitation néocoloniale et certains de ses corollaires. On l'a relevé plus haut, le film de Champreux aurait pu aussi être titré : *L'Échec*. Le réalisateur reformule ainsi la question néocoloniale en incluant dans son film un chantier meurtrier mis en route pour l'exploitation des ressources naturelles qui ne bénéficient qu'à la métropole. Et comme le relève avec inquiétude la Grande Royale : « la Parole est étouffée par le bruit de leurs machines. » Pierre Louis, qui a aussi déménagé en Afrique, fait le constat avec Samba Diallo. L'ouvrage de ce « développement » du savoir vers lequel la Grande Royale a poussé tout un peuple se réduit à cette tripartition fatale : la misère, le béton, mais surtout la mort. Il est le seul à enterrer le docteur Lacroix, resté lui aussi en Afrique avec l'illusion que l'Occident pouvait donner sans prendre. Ce vieux médecin est écrasé par un camion du « chantier » qui ne s'est même pas arrêté. La réécriture de l'ordre temporel permet ainsi à Champreux de « resituer » le maldéveloppement de l'Afrique et de faire d'autres victimes que le roman épargne. Le docteur Lacroix en est l'illustration tragique. Les survivants, et notamment la Grande Royale, sont bien amers. Sa grosse déception, voire sa révolte, lorsqu'elle chasse Samba Diallo de qui elle ne peut plus obtenir la promesse de revenir à la Parole, est significative. En réorganisant l'ordre temporel, Champreux donne ainsi non seulement une nouvelle architecture à son texte, mais déplace le roman vers un horizon sémantique difficile à entrevoir, vers un avenir obscur. Le roman construisait encore un ordre. Le film le déconstruit ; fait de l'ordre non pas désordre, mais précarité, instabilité, et même aporie d'un ordonnancement au bord de l'abîme. Du roman au film, la réécriture est devenue une écriture du désastre.

On le voit donc, les diverses réécritures abordées dans cette partie procèdent chacune à une réorganisation de l'ordre du texte source. Il importait, d'abord pour la démarche entreprise par cette recherche, de déchiffrer tous les mécanismes narratifs du texte dérivé avant de voir quelles similitudes ou quels écarts sont mis en jeu par les protocoles narratifs des réalisateurs. Les métamorphoses s'avèrent ainsi non seulement syntaxiques, mais aussi et surtout sémantiques. Il en est de même de l'ellipse.

2. L'ELLIPSE

Les réécritures se révèlent également comme un ensemble d'exercices elliptiques. Le déroulement narratif, dans les romans comme dans les films, ne présente pas les événements de manière exhaustive. Il existe toujours une part de non-dit, d'implicite que doit reconstituer le lecteur, lequel, du fait d'une coopération textuelle obligée est, ainsi que le souligne Umberto Eco, contraint de compléter cette « machine paresseuse » que constitue le texte narratif[4]. On perçoit dès lors les enjeux de l'ellipse qui « correspond à un silence textuel (et donc narratif) sur certains événements qui, dans la diégèse, sont pourtant réputés avoir eu lieu » (André Gaudreault et François Jost, 1990 : 119).

Si on admet que la temporalité est par nature insaisissable, du moins dans sa totalité, on pourrait donc se demander : quels éléments sont éclipsés dans les romans? Lesquels le sont dans les réécritures dont ils sont l'objet? Quelle est la portée sémantique de ces ellipses? Ainsi formulée, l'observation des manœuvres narratives effectuées par les romanciers et les réalisateurs permet de mieux déterminer l'ensemble des opérations esthétiques et idéologiques dissimulées à la faveur de divers dispositifs textuels.

On sait par exemple que Samba Diallo est victime d'un tragique contrôle dont il est le seul à ressentir la violence. Le roman, après avoir développé le parcours du jeune enfant et exposé les habiles manipulations et diktats de la Grande Royale, qui donne l'illusion de solliciter l'avis des Diallobé, après un entretien avec le père, conduit subitement Samba Diallo à Paris. Le récit effectue ainsi un rapide bond en avant, indiquant une accélération de la désintégration spirituelle dont on ne se rend compte que plus tard, et que le film de Jacques Champreux accentue de manière très sensible. Le personnage ne peut même pas mener une existence sereine. Une sorte de harcèlement épistolaire le maintient au courant des paniques qui secouent son peuple. Après avoir reçu, au chapitre 7 où il est encore à Paris, une lettre du chevalier écrite la veille (quelle efficacité des services postaux!), le chapitre suivant le montre au cimetière où le fou l'adjure de prier.

Ces accélérations, qui impliquent une certaine brutalité, ne sont pas nombreuses dans le film de Jacques Champreux. Une seule ellipse est notable : de la salle de classe parisienne où il termine un cours de philosophie, Samba Diallo se retrouve à la séquence suivante dans un car en Afrique; c'est le processus du retour pourtant précédemment mentionné comme rarissime, et même improbable. Le spectateur se voit contraint, en ce cas, de construire des hypothèses. C'est la même dynamique dans *Sango Malo.*

Si le roman n'affiche pas beaucoup d'ellipses, le film en expose plusieurs dont dépend l'organisation du savoir narratif et sa circulation dans le texte. Par exemple, la première séquence du film se termine par l'annonce d'un exercice de dictée. La séquence suivante, située après l'arrivée du nouveau maître, indique un décor différent : l'élève puni a regagné sa place, le directeur est habillé différemment et l'activité est du « calcul mental » : il y a eu accélération du récit et la scène a lieu un autre jour. Malo, qu'on ne voit jamais dans les voitures censées effectuer le voyage vers Lébamzib, est reçu de manière cavalière par le directeur qui l'invite à le suivre dans son bureau. La suite immédiate conduit cependant vers le domicile du directeur. Au bar, on voit Erna dévisager d'un regard concupiscent le nouveau venu. Elle l'approche et lui sourit sans toutefois lui parler. Elle lui rend visite plus tard : ils ont eu le temps de développer des relations confusément chaleureuses, et cela est induit du non-dit de la compression temporelle. Pensons également au vieux Sina qui, interpellé par Malo alors qu'il monte récolter son vin sur un palmier, n'échange pas un seul mot avec le jeune maître. Ce n'est que plus tard, lorsque le chef du village lui reproche d'avoir cédé son terrain à un inconnu sans prendre son avis, que le spectateur connaît le sujet de l'échange ayant eu lieu entre les deux personnages.

Par ailleurs, le film tait une question que le spectateur ne se posera pas, mais clairement élucidée dans le roman : comment et quand Malo a-t-il fait la connaissance de Sina? Lors d'un de ses cours sur une des questions taboues, Malo demande aux élèves qui, il faut le rappeler pour relever l'hypertrophie de la fiction cinématographique, sont à l'école primaire : « Qui peut nous *rappeler* ce que c'est que la politique » (Extrait du film; je souligne). Tous les doigts se lèvent. L'hypothèse est donc qu'il s'agit simplement d'une révision. Non seulement le cours a déjà eu lieu, mais la leçon a été proprement assimilée par les élèves. Importe, ici, la notion de « progrès », et donc de « mesure » de la tâche peu à peu accomplie par Malo. L'ellipse indexe une valorisation de son action dans la communauté.

On le remarque avec ces exemples aux effets différents, la réécriture filmique laisse beaucoup de non-dits et de « blancs » qui ne heurtent pas la cohérence textuelle, ce qui est le rôle majeur de toute ellipse.

Par le découpage et le montage, les temps faibles, déductibles et peu significatifs sont effacés. Une telle pratique permet non seulement d'éviter le désœuvrement et l'ennui, mais s'impose du fait des limites temporelles et donc de l'économie narrative indispensable : le film ne saurait opérer une narration en temps réel. Cela est non seulement matériellement impossible, mais économiquement suicidaire. D'où l'obligation d'élaguer. Marcel Martin écrit à ce propos :

> Qui peut le plus peut le moins. L'ellipse ne doit pas émasculer mais élaguer. Elle n'a pas tant pour vocation de supprimer les temps faibles et les moments creux que de suggérer du solide et du plein en laissant hors champ (hors jeu) ce que l'esprit du spectateur peut suppléer sans difficulté. (1985 : 95.)

Mais il faudrait peut-être se méfier, dans cette perspective, de conforter le schéma commun du récit qui ne serait constitué que de « temps forts », soit d'actions. On sait bien que cela est une vision simpliste et qu'il existe des films, comme des romans, qui ne se bornent pas à un cumul d'événements spectaculaires. Un film, tout comme un livre, peut raconter peu et même ne rien raconter du tout.

Sarraounia offre également un certain nombre d'ellipses. Le roman en marque une seule : au chapitre 21, le narrateur introduit brutalement les mercenaires catastrophés par l'ampleur des dégâts à la suite d'une bataille meurtrière avec l'armée de la reine sorcière. Le docteur Henric est complètement désemparé, car tous les hommes enrôlés de force dans les troupes coloniales pour semer la mort agonisent. Des flèches empoisonnées ont raison des canons. Il s'agit d'une véritable hécatombe. Le désespoir est total et perceptible dans des propos éternellement racistes. Comment soigner ces blessés ?

> Que voulez-vous que je fasse ? Je ne sais même pas ce qu'ils ont foutu comme saloperie sur leurs satanées flèches. Ça ne ressemble à aucun poison habituellement utilisé par les Nègres. C'est pire que du curare, ma parole ! Si encore j'avais de l'émétique pour faire dégueuler les malheureux… Mais non, ils suffoquent littéralement dans leur sang. Surtout ceux qui en ont pris dans leur ventre. (P. 121.)

Avec cette ellipse, Abdoulaye Mamani ne parle que des dégâts alors que Med Hondo montre à l'écran la rude bataille des mercenaires qui tombent dans les pièges de Sarraounia. Celle-ci se retire sagement et laisse un palais vide. Prenant les assaillants de court, elle les terrasse avec méthode. Le film le montre bien et permet aussi de mieux évaluer les dégâts et les meurtres immenses de l'aventure française : le génocide colonial devient plus visible, car instrumentalisé par une mise en scène calculée et fort expressive. Mais le réalisateur choisit pour ce faire ses propres ellipses.

De la deuxième à la quatrième séquence, on passe très rapidement de l'enfance de Sarraounia à son règne. De la gamine à l'allure masculine s'exerçant au maniement des flèches et à qui on apprend les vertus de la pharmacopée traditionnelle, on passe à une imposante reine, belle à faire peur, qui écrase la foule par sa stature. Un long écoulement temporel se passe, même si, paradoxalement, Med Hondo n'a pas, au nom de la vraisemblance et de l'illusion réaliste, pris le soin de maquiller le tuteur Dawa : il reste physiquement le même dans un film où des années sont censées passer. Pas de cheveux blancs, pas une ride.

D'autre part, la reine dit, ce que ni le lecteur ni le spectateur ne sont capables de vérifier, que Serkin Arewa, un des monarques voisins, a offert l'hospitalité aux colonnes d'envahisseurs français. Comment le sait-elle? Voulet ignore tout de Sarraounia et promet d'extorquer avec ses violentes méthodes la vérité à l'envoyé de l'émir de Sokoto venu lui apporter son concours pour vaincre l'ennemie : la scène de torture n'a pas lieu dans le film. Par contre, on le voit plus tard tenant le messager captif sur son propre cheval, le pistolet braqué sur la nuque du malheureux. Vers la fin du film, on voit arriver Dan Zaki, le fils de Serkin Arewa, en compagnie de quelques volontaires venus défendre la cause de Sarraounia contre l'invasion des assassins. On se rappelle qu'il disait à son père pendant leur échange violent qu'il irait rejoindre les troupes de la reine avec des volontaires : le film les montre simplement en route, sans avoir précisé à quel moment se sont négociées les alliances. Dans ce cas comme dans les autres, l'ellipse rejoint ce qu'en écrit par ailleurs François Jost. En effet :

> [Elle] n'est en effet d'habitude qu'un raccourci temporel programmé d'une façon ou d'une autre par la diégèse; elle ne doit supprimer que l'explicite (un trajet, par exemple) et non pas occulter une partie insoupçonnable, imprévisible, ou incompréhensible, du récit. (1981 : 32.)

Alors que le roman n'en offre guère d'importante, le film *Xala* se sert de l'ellipse pour illustrer la rapidité des dégradations politiques nées de la tragique supercherie des « indépendances ». Dès le début du récit filmique, la scène qui est censée se dérouler le même jour comporte un hiatus temporel notable que seuls dévoilent les nouveaux costumes. On y voit en effet des policiers en train d'assurer le « maintien de l'ordre », de même que quelques curieux venus assister à la passation des pouvoirs. Or, dès le début du film, les nouveaux « hommes d'affaires » qui viennent chasser sans façon les Français siégeant à la Chambre sont habillés de boubous africains. Il faut noter que cet habillement est quelconque, presque trivial. Néanmoins, dès le plan 19, lorsque reviennent dans la salle des délibérations les Français que l'on croyait partis, le parterre d'« hommes d'affaires » s'est complètement métamorphosé : ils sont tous engoncés dans des costumes-cravate. Quand se sont-ils donc changés, la scène se déroulant le même jour ? Et surtout, que signifie l'invraisemblance de ce changement « contre nature » ?

Il a certainement dû se passer quelque chose pendant le trucage par l'ellipse temporelle. Hypothèse : la cérémonie d'installation a été tournée plus tard et montée dans cet ordre. Une lecture : en les habillant dans ces costumes, le réalisateur montre la rapidité de la mutation, de la substitution opérée dans l'équipe qui s'acharne sur la charogne du continent après les « indépendances ». Littéralement et visuellement, c'est ce qui s'appelle « retourner sa veste ». La versatilité sans mesure des nombreux « indépendantistes » africains est ainsi stigmatisée. L'enjeu temporel est de taille : il s'agit de courir et de lutter contre le temps, de l'éliminer. C'est exactement le même processus qui a lieu lorsque, à la fin du film, intervient ce personnage qui n'existe pas dans le roman : Thielli. Alors qu'une réunion lors de laquelle une décision doit être prise au sujet d'El Hadji Abdul Kader Bèye est en train de siéger, on se rend compte en fait qu'il s'est développé hors diégèse une autre machination. La voici.

Lorsque les membres de la Chambre décident à l'unanimité de l'expulsion du petit commerçant dont le train de vie féodal et la faillite ne cessent d'éclabousser les autres membres du gang, ils le remplacent aussitôt par la fripouille qui attend à la porte. On reprend l'attaché-case, attribut et fétiche du pouvoir, qu'on remet à un personnage que le spectateur revoit : il s'agit d'un pickpocket qui avait volé un pauvre paysan venu en ville. Il s'était alors rendu derechef chez un tailleur et en était ressorti avec le costume qu'il porte désormais pour rejoindre ses nouveaux « collègues ». L'ellipse quant aux manœuvres souterraines du groupe de truands en charge de la Chambre de commerce joue ici un rôle narratif et dramatique très important. Cela traduit l'urgence de vaincre le temps dans la bataille pour l'accumulation. La démarche narrative est véritablement idéologique : elle devient discours. Il est important dans un tel contexte de ne pas laisser de place vacante, et la rapidité du remplacement d'El Hadji est à ce sujet parlante à plus d'un titre. On peut donc dire, avec les cas de *Sarraounia* et de *Xala*, que l'ellipse joue un rôle aussi narratif qu'idéologique[5]. L'omission est peut-être un « temps mort », mais sa portée est beaucoup plus celle d'un remplissage (à défaut d'un plein ou d'une plénitude) qu'il n'y paraît au premier abord. Mais depuis Gérard Genette, toutes les analyses sur la question sont unanimes : l'ellipse est essentiellement une « coupe ». Alain Garcia écrit à ce sujet :

> L'ellipse, ce n'est donc ni plus ni moins qu'une coupe qui s'effectue dans l'histoire, dans le contexte d'un chapitre ou d'une page pour un roman et dans le contexte d'une séquence ou d'une scène pour un film. On devrait ajouter que l'ellipse peut également intervenir entre deux chapitres et deux pages d'un roman ainsi qu'entre deux séquences et deux scènes d'un film. (1990 : 41.)

Ce qu'Alain Garcia ne dit pas, par contre, et qu'impose l'analyse du corpus, est que cette coupe est à entendre au double sens du terme : elle fait irruption, voire interruption, et par suite reprise. Mais aussi elle présente une vue « en » coupe d'un moment social et politique précis. L'état d'une stratification hétérogène de l'ici-maintenant. Bref, l'autopsie de la société africaine contemporaine moribonde. Morte-vivante. Par ailleurs, les fonctions de l'ellipse telles que les désigne Garcia rappellent que cette figure est commune aussi bien au roman qu'au cinéma, les deux systèmes ayant pour propriété première de raconter. Mais il faut noter que, si l'ellipse peut être facultative dans le cas du récit romanesque[6], elle devient une nécessité, et même une obligation pour le cinéma. Celles observées dans les réécritures tiennent donc aussi de cette disposition qui, cette fois, est liée à la nature du média. Structuration obligée du film, l'ellipse a encore plus de vigueur dans le cas des réécritures filmiques, car le texte filmique ne saurait reprendre à l'écran un roman entier. On peut donc légitimement admettre, même si la critique ne l'a pas encore perçu dans ce sens, que les coupes, à savoir les choix opérés par le réalisateur, relèvent entièrement de la fonction elliptique. Dès lors, on demeure dans l'axe syntagmatique. Les films du corpus n'échappent pas à cette contrainte.

Alain Garcia a montré que les réécritures filmiques retranchent certains aspects précis des textes romanesques[7], notamment les pauses et les sommaires. On pourrait y ajouter de nombreux morceaux narratifs. On a même vu avec *Sarraounia* que Med Hondo avait justement choisi de mettre en scène une partie éclipsée dans le roman. Le réalisateur abandonne aussi les longues digressions sur lesquelles s'étend en général le romancier : par exemple dans *Xala*, le passé d'El Hadji, ancien syndicaliste paradoxalement devenu, en l'espace de quelques années, la figure emblématique de la bourgeoisie néocoloniale et corrompue en Afrique, n'est pas gardé par le film. Il en est de même des manèges orchestrés par Yay Bineta pour jeter sa nièce dans les bras d'El Hadji : ces analepses romanesques, ou celles concernant le passé de son épouse, sont coupées à l'écran.

Bassek Ba Kobhio libère le film de plusieurs des errements que connaît Malo qui, dans le roman, fait plus montre de nombreuses tendances dictatoriales qui élucident mieux son personnage. Quant à Jacques Champreux, il revient vers les antécédents de la narration pour éclairer le drame de Samba Diallo. Laurent Chevalier et Benjamin Jules-Rosette, pour leur part, élaguent largement le roman, plus des trois quarts. Dans *Guelwaar*, la réécriture romanesque fait exactement le contraire de l'ellipse : Sembène Ousmane y procède, pour emprunter le terme à Michael Riffaterre, par expansion. Autrement dit, à partir de la matrice que constitue le scénario, il dispose une série de développements syntaxiques et sémantiques[8]. Cela justifie les nombreuses descriptions du roman, ou les retours en arrière comme celui où le doyen Guignane est ridiculisé par sa femme. En fait, c'est elle, conformément à une idéologie féminine chère à l'auteur, qui humilie son époux en lui montrant que les hommes qui acceptent avec empressement l'aide alimentaire ne sont que des mendiants.

On le voit, les réécritures, si elles disposent principalement de deux opérations narratives, produisent les effets les plus diversifiés, entraînant des métamorphoses singulières en fonction de la direction infléchie par le créateur. Le texte africain devient ainsi le lieu d'un ensemble de manœuvres sémiotiques dont les enjeux sont immenses et qu'il importe de réévaluer par rapport à la transmission/circulation de l'information. On retiendra ici les dispositifs spécifiques qu'on a vus à l'œuvre et qui peuvent permettre d'élaborer une typologie narrative des réécritures africaines. D'abord, en ce qui concerne l'ellipse, le régime du différé, du remplissage et de la coupe. Ensuite, les ruptures de l'ordre temporel impliquant alternance et altération, la déconstruction aporétique et la narration rétrograde. Mais, au total, il est possible de systématiser les diverses démarches narratives permettant de mieux cerner les métamorphoses. On en arrive à nuancer les arguments de Gardies. Il convient, après ce qui précède, de s'interroger sur la distribution de l'information et ses modes d'acquisition. Comment est négocié le savoir narratif ? Quelles voix le véhiculent ?

Notes

1 Montage alterné et montage parallèle sont-ils vraiment la même chose ?
2 Dans un tout autre contexte et traitant des femmes, Shoshana Felman parle de « geste oppressif de la *représentation* » (1978 :141 ; souligné par l'auteur).
3 Champreux ayant substitué « Djallinké » au terme romanesque « Diallobé », chaque référence à « Djallinké » renvoie ici à ce film.
4 Lire à ce sujet *Lector in fabula*, Paris, Grasset et Fasquelle, 1985.
5 Voir à ce sujet une classification de Pierre Maillot, *L'Écriture cinématographique*, Paris, Méridien/Klincksieck, 1989, p. 191.
6 À noter par exemple que *L'Enfant noir* de Camara Laye n'en comporte pas beaucoup.
7 Lire à ce sujet *L'Adaptation du roman au film*, Paris, I.F. Diffusion Dujaric, 1990, p. 28 et suiv.
8 Voir *La Production du texte*, Paris, Seuil, 1979, et *Sémiotique de la poésie*, Paris, Seuil, 1983.

Chapitre 5

VOIX ET SAVOIRS : LES VARIATIONS DE L'INFORMATION NARRATIVE

La détermination des métamorphoses intervenues dans le récit dérivé à cause du bouleversement de l'ordre narratif et des opérations d'ellipse permet de s'interroger sur les mutations virtuelles ou réelles de l'information narrative. En effet, si le récit a pour fonction première de raconter, sa mise en œuvre consiste en fait en une distribution de l'information. Autrement dit, tout récit, c'est-à-dire toute narration, a toujours une dynamique informative. Le parcours implique, en fait, la localisation moins d'une source que d'une voix, et moins un savoir que l'exercice de sa délivrance. D'où la problématique développée dans ce chapitre : quel est le mode de fonctionnement et de circulation de l'information narrative ? Mais surtout : d'un texte à l'autre, quelles sont les variations apportées par la réécriture ?

La question des voix narratives dans le récit demeure assez complexe. Dans sa distinction entre histoire et discours, Émile Benveniste avait amorcé la question de la « relation des faits ». Selon sa formulation du procès narratif, « [l]es évènements sont posés comme ils se sont produits à mesure qu'ils apparaissent à l'horizon de l'histoire. Personne ne parle ici : les évènements *semblent* se raconter eux-mêmes » (Émile Benveniste, 1966, tome I : 241 ; je souligne). Cette problématique se pose avec plus d'acuité au cinéma. François Jost écrit à juste titre : « Qui parle dans un film ? Qui raconte ? [...] dans le champ cinématographique, ce problème, pour peu qu'on l'examine de près, a tôt fait de ramifier en un foisonnement de questions nouvelles » (1982 : 115).

Bien plus : dans le cadre de la détermination des stratégies d'élaboration de l'information narrative, les réécritures considérées dans le corpus permettent de définitivement séparer, à l'instar des analyses de François Jost[1], le « niveau et le degré du savoir » de son « mode d'acquisition ». Les voix et les savoirs, les sources et les contenus se révèlent ainsi un enjeu fondamental dans les différentes versions textuelles. Mais entre le texte et sa réécriture, les variations les plus importantes tiennent de la voix.

1. LES VOIX NARRATIVES

En dépit d'un principe d'hésitation de la théorie contemporaine, même dans les cas où on peut faire un rapprochement évident avec l'auteur[2], toutes les analyses convergent vers un fait : le récit ne se raconte pas tout seul. Il dépend d'une instance dont la nature et la fonction ne sont pas claires. D'où les néologismes et les artifices employés par maints narratologues. Mais le plus important est moins cette diversité que ses modalités. Dans un tel contexte, il importe d'adopter les approches pouvant rendre compte du plus grand nombre de textes. En effet, si le récit est aussi discours, il comporte donc une source possible, un lieu d'émission. J'admets, avant de poursuivre toute analyse, qu'il existe une instance transcendantale impliquée dans tout procès narratif, qu'il soit filmique ou romanesque. En matière de niveau narratif, cette instance se situe au-dessus d'autres qui peuvent périodiquement prendre en charge le récit. Les analyses d'André Gaudreault sont à ce sujet éclairantes. Cette instance est le « narrateur fondamental » défini en ces termes :

> Il faut donc d'une part imputer la responsabilité première de tout le contenu du récit à cette instance implicite que l'on conviendra d'appeler, dorénavant, le « *narrateur fondamental* » et, d'autre part, décréter que tout récit, même celui qui semble être le fait de *narrateurs délégués* [...] reste sous la responsabilité de cette instance première qu'on a nommée « narrateur fondamental » et que l'on peut, éventuellement, considérer comme l'image intratextuelle de [...] l'auteur réel et concret [...] *Tout récit*, ai-je bien dit. Oui, en effet, et peu importe la nature du véhicule sémiotique, et, donc, les matières de l'expression par le truchement desquelles celui-ci vient à nous[3]. (1988 : 88; souligné par l'auteur.)

Ces préalables posés, il convient maintenant de s'interroger : qui raconte le roman ? Qui raconte le film ? Et surtout : d'un texte à l'autre, quels déplacements sont apportés à la distribution des voix? On observe à ce sujet de nombreuses mutations.

L'approche des stratégies narratives des romans du corpus révèle un certain nombre de particularités. *Xala* et *Sango Malo*, par exemple, sont écrits à la troisième personne. Si l'on s'en tient à la terminologie genettienne classique, on dira que le narrateur est « *absent* de l'histoire qu'il raconte » (1972 : 252; je souligne). C'est le cas le plus fréquent dans les deux romans, car le récit proprement dit est assumé sans interruption. Le fait est d'autant plus marqué que, dans *Sango Malo*, bien plus que dans *Xala*, est régulièrement employé le style indirect libre, par lequel le narrateur restitue des actions attribuées à un personnage. L'enjeu de la possession du discours étant important, une espèce d'éclatement est mise en œuvre, ce qui met en jeu l'incertitude et l'ambiguïté. Une sorte de déplacement implique un jeu différentiel et la production d'une plus-value.

Un autre niveau confère aux personnages la possibilité d'assurer la narration des faits. C'est le cas notamment lorsque Gorgui, le leader des mendiants, rappelle à El Hadji les circonstances ayant provoqué ses infirmités. L'ivrogne du village joue aussi ce rôle de « narrateur délégué » lorsqu'il inflige au maître son drame passé. Dans tous ces cas, on peut remarquer qu'il s'opère en effet plus qu'une simple délégation : il s'agit d'une distribution, d'une dissémination des voix dans le récit. On pourrait toutefois poser les interrogations suivantes.

Dans quelle mesure le narrateur est-il « "absent de" l'histoire qu'il raconte »? Apparemment, Genette veut parler des cas où ce narrateur n'est pas personnage. Mais en supposant qu'il ne le soit pas, est-il pour autant « absent »? On sait, depuis au moins Benveniste et Catherine Kerbrat-Orecchioni[4], que même la troisième personne permet, du simple fait de la disposition syntaxique, d'inscrire une subjectivité. Bien plus, les romans *Xala* et *Sango Malo* impliquent très discrètement dans le récit une première personne du pluriel qui complexifie la démarche esthétique. S'ils ne racontent pas, ces « nous » ou « notre » permettent d'impliquer dans le récit une subjectivité, moins comme acteur que comme témoin. Se dévoile ainsi la forme d'un consensus, étant donné qu'il y a une partie prenante de l'instance narrative qui inscrit un agent phatique et emphatique. Il y en a exactement deux dans le roman de Sembène Ousmane, aux pages 66 et 76. En voici un : « [...] mais l'introduction d'une troisième réveillait en elle cette blessure antique des femmes de chez nous » (p. 66). Dans le roman de Bassek Ba Kobhio,

« nous », « nos » et « notre » surprennent le lecteur aux pages 34, 42, 48, 86 et 144. Mais l'écran problématise autrement ces identités.

Au cinéma, le niveau minimal d'identification du méganarrateur[5] est le montage : l'agencement des images et des séquences n'est pas un hasard. Il est l'œuvre de cette instance dont le rôle de régulation est fondamental dans le déroulement du récit. Par contre, il lui arrive, ainsi que c'est le cas dans *Xala* et *Sango Malo*, de conférer ses pouvoirs narratifs à des personnages qui deviennent dès lors des narrateurs délégués. C'est le cas du paysan venu en ville vendre le produit des récoltes de tout un village : il est détroussé de son argent par le pick-pocket qui rejoindra, ironie, le groupe des « hommes d'affaires » après la destitution d'El Hadji. L'infortuné raconte alors son histoire pathétique. À la fin de *Xala*, comme dans le roman, le leader des mendiants raconte une autre rapine d'El Hadji, révélant ainsi au spectateur un aspect inconnu de l'histoire de l'homme.

Mais en dépit de ce « montage », il faudrait relever, tant pour *Xala* que pour les autres textes, cette complexité : le spectateur est toujours en retard d'un œil-caméra. Autrement dit : il y a, toujours déjà, dans le dos du film, une *camera obscura*, aussi bien du spectateur que du critique. Il s'agit d'un triple dispositif optique qui traverse et englobe l'œil humain, la caméra et l'appareil de projection. On peut supposer, à la suite de Ropars-Wuillemier, un double, voire un triple œil et, ajoutons, une double ou une triple voix.

Dans *Sango Malo*, on relève aussi deux exemples de délégation narrative : Voit Tout, l'ivrogne du village dans le roman, dévoile son drame. Il y a aussi la déclamation du poème *Indépendance* par une voix *off* dans le film. Commencé par un jeune élève devant Malo à son domicile, le poème simplement inséré dans la narration romanesque est immédiatement déclamé avec vigueur par une voix qui semble lui arracher le privilège de cet exercice. À la naïveté et à l'innocence de la voix du garçonnet, une voix vigoureuse et déterminée qui martèle. Se rend ainsi évidente la dérision née d'une farce tragique. Ce timbre marque l'impossible « innocence de la voix » dont parle Michel Chion (1982). La délégation narrative joue ainsi un rôle d'apparence idéologique. C'est la voix de l'« irreprésentable », la voie de l'absolu, voix de poésie. Au-delà de l'idéologie, on est dans un effort/effet certain de transcendance. En effet, la voix absolue échappe au dévidement de l'image hors temps, hors champ. Une programmation attribuable au méganarrateur, toujours présent en dépit d'un apparent effacement. André Gaudreault soutient :

> Il [le narrateur fondamental] peut donc à *son* gré, faire de *ses* personnages, ces « *êtres de sons et d'intonations* » nécessairement *intradiégétiques*, des raconteurs, des narrateurs, nécessairement *seconds*, à qui il *délègue* le soin de faire connaître, par le truchement de sa voix à lui cependant, certaines des péripéties qu'ils ont (supposément) vécues. D'où le concept, très utile, de *narrateur délégué* : chacun des narrateurs délégués [...] est le *produit* de l'instance qui lui est directement supérieure [...] Tout narrateur qui délègue est *responsable de la voix* de son narrateur délégué et tout narrateur délégué est le produit du narrateur qui délègue. (1988 : 150; souligné par l'auteur.)

Guelwaar met en place le même mécanisme. Cette fois, la délégation narrative apparente est couplée avec la synchronisation : des images accompagnent ce qui, dans le film, donne l'illusion d'une dissémination narrative. À la sixième séquence, alors que Gora et Barthélémy mènent l'enquête pour retrouver le corps disparu, le gendarme déclare : « J'ai un souvenir vague de votre père. » Après un fondu enchaîné, un retour en arrière introduit la visite du rebelle défunt à la gendarmerie. Il s'agit en fait du premier contact avec l'homme qui défie l'autorité, se fait justice, met les pouvoirs publics en alerte.

Au cimetière, à l'annonce du nom du défunt par Gora, le préfet s'exclame, car il le reconnaît. Suit immédiatement un fondu enchaîné sonore. La transition introduit un retour en arrière sur la cérémonie des dons alimentaires. C'est au cours de cette cérémonie que Guelwaar prend tout le monde de court. Contre toute attente, il crache sur les dons alimentaires en délivrant un discours audacieux par lequel il démontre que l'aide est une humiliation et une stratégie perverse du gouvernement.

Le plus important est le mode de la narration. En effet, après le fondu enchaîné sonore, on n'entend plus la voix du préfet. Tout se passe donc comme si le film se racontait tout seul : le méganarrateur semble effacé. Illusion totale, puisque, à la fin de ce retour en arrière, le commandant demande au préfet si Guelwaar est mort à l'hôpital après l'agression. Cela signifie que c'est le préfet qui a pris en charge le récit, lequel s'est déroulé sous l'apparence d'un mode « impersonnel » sur la bande-image. Il s'agit encore là d'un des nombreux artifices dont fait usage le méganarrateur. Christian Metz désigne ce cas spécifique par « transvisualisation » : le personnage, dans le cadre d'un souvenir comme dans cet exemple, devient le foyer de l'énonciation première :

> Le récit second commence en voix off par le personnage, puis la voix se tait; on considère que ce qu'il dit est « remplacé », mis en actes, par les images et les sons; mais en vérité, on ne peut pas savoir ce qu'elle dit, puisqu'elle n'en dit plus rien. C'est donc *ce qu'elle aurait pu dire* qui est « transvisualisé ». Le spectateur en oublie d'autant mieux qu'elle a parlé, qu'elle a désigné le récit comme emboîté, et c'est maintenant « le film », tout court, qu'il regarde : la source a aboli le personnage. (1991 : 120; souligné par l'auteur.)

Dans le cas de figure, la syntaxe implique clairement que c'est le préfet qui parle. Dans le même film, même séquence, deux autres attributions sont effectuées, avec des artifices différents. Il s'agit d'abord du récit de Gora qui affirme dès le début avoir « un souvenir vague » de Guelwaar. Après un fondu enchaîné, la visite mémorable du défunt rebelle est montrée. Il y a aussi le récit d'Alfred racontant une des nombreuses mésaventures sexuelles de Guelwaar : celui-ci est pris en flagrant délit de fornication alors que, déguisé en vieille femme, il se rend comme d'habitude chez une de ses amantes, l'épouse du chef du village. Il s'échappe tout nu. La relation de cet épisode emprunte la voix d'Alfred dont les propos sont illustrés par des images. On entend aussi les voix de ses auditeurs en train de rire de cette aventure cocasse. Le gain et les effets de cette transmission sont surtout esthétiques : la mise en scène d'une dissémination des voix, dont il est difficile de définir la source principale. On le voit, l'agencement filmique joue un véritable rôle de régulation du récit. Mais surtout, il implique un « effet » de puissance. Ce qui n'est pas le cas dans la réécriture romanesque du film.

La réécriture romanesque de *Guelwaar* procède de la même délégation narrative dans le cas d'Alfred. Mais les retours en arrière opérés sur le scandale provoqué par le défunt sont effectués à la troisième personne. Une instance parle à la place du commandant et du préfet. Cependant, le sujet inattendu est, comme dans le cas de *Xala* et de *Sango Malo*, l'introduction d'une première personne dont le rôle semble relever de la régulation esthétique. Voici la mise au point sur la genèse du refus des dons :

> À mi-récit, je dois vous ramener en arrière, pour vous narrer ce qui s'était passé, bien avant le soleil de ce funeste jour. Conteur, je ne dois omettre personne et situer chacun à sa place, même minime dans cette fable. (p. 56.)

Ce qui est en jeu ici, c'est la « place », les « places », le « déplacement », la remise en/à sa place. Il est question de cataloguer les acteurs dans la diégèse, de définir leurs fonctions tout en restant, de la part de l'instance narrative, uniquement sur le plan de la « régulation », de la « légitimation ». Est ainsi exercé un « effet » d'autorité et de pouvoir de distribution. L'écriture se fait ici exercice et réflexion sur elle-même, par un jeu de répartition et de placement. Il est déployé un exercice phatique, lequel joue un jeu de pouvoir, mais surtout de distribution, de partition et d'information.

Les analyses précédentes l'indiquent suffisamment, les réécritures filmiques mettent en œuvre une multitude d'instances, du moins en ce qui concerne la bande-image : la narration filmique se révèle ainsi, comme l'indique André Gaudreault, étagée sur plusieurs niveaux, contrôlée par une instance supérieure, le méganarrateur. La réécriture romanesque de *Guelwaar* dévoile à cet égard un ensemble de mutations. Mais la particularité des exemples précédents réside dans le fait que, partant d'une instance romanesque apparemment hétérodiégétique, on aboutit à une série d'autres niveaux narratifs. Le cas de *L'Enfant noir* est différent.

En effet, à la différence des romans précédents, celui de Camara Laye est, selon la typologie de Genette, homodiégétique. Autrement dit, le narrateur est également personnage. Du début à la fin, c'est un « je » qui prend en charge le récit et tente de narrer sa vie, de l'enfance à l'âge adulte. En dehors des dialogues, on ne relève pas d'interruption du récit. On n'y note aucune délégation narrative. L'autorité narrative s'exerce pleinement, sans le moindre doute. Mais sa réécriture filmique multiplie les instances.

Laurent Chevalier fait de la première personne romanesque une voix *over* : c'est une variation de l'« acousmêtre » de Michel Chion[6]. Il s'agit de cette instance sonore, parfois indéfinissable, qui impose sa réalité dans l'univers filmique. Venue d'un doublage destiné à suppléer l'accent supposé incompréhensible et étranger du jeune Baba, cette voix intervient exactement 19 fois. Elle joue surtout un rôle d'authentification, sous une forme documentaire, des images qu'elle accompagne. On distingue dans *L'Enfant noir* précisément quatre délégations narratives. Avant le spectateur, le destinataire immédiat dans trois de ces récits secondaires est toujours Baba Camara qui continue son cycle d'initiation. Il s'agit de Madou, le père qui lui raconte la généalogie de sa famille ; de l'oncle Moussa qui lui sert, en même temps qu'à son régiment de gosses, l'histoire du *Kodèn Diara* (cérémonie initiatique) ; du médecin, enfin, qui raconte de manière fort comique la cérémonie du *Soli*, ou circoncision. La dernière est l'exercice de la griotte dont la chanson destinée à louanger le nouveau couple est une critique sournoise de la polygamie. En outre, trois des narrateurs délégués, soit Madou, la griotte et le médecin, n'existent pas dans le roman. Moussa, certainement le Mamadou du texte littéraire, voit son rôle narratif revalorisé par la réécriture filmique. Les motifs sont tout autres dans les films de Med Hondo, Jacques Champreux et Benjamin Jules-Rosette.

Dès la première scène de *L'Aventure ambiguë* de Jules-Rosette, lorsque maître Thierno brutalise Samba Diallo parce qu'il se révèle incapable de restituer le Coran de mémoire, ce dernier se ressaisit et récite une longue tirade qui n'existe pas dans le roman : il y est question de la gloire d'Allah. Lors de la petite bataille sur les frayeurs que suscitent les imprécations de Samba, Demba prend également l'initiative du récit. Le portrait du maître est aussi dressé par un acousmêtre dès qu'il est introduit dans le récit : la voix illustre l'activité qu'il mène, de rares travaux champêtres, mais surtout insiste sur sa sévère dévotion :

> Le maître était un homme redoutable à beaucoup d'égards. Deux occupations remplissaient sa vie : les travaux de l'esprit et les travaux des champs. Il consacrait aux travaux des champs le strict minimum et ne demandait pas à la terre plus qu'il n'en faut pour sa nourriture, extrêmement frugale, et celle de sa famille, sans les disciples. Le reste de son temps, il le consacrait à la méditation, à la prière et à la formation des jeunes gens confiés à ses soins. (P. 17.)

On peut relever ici, comme dans le cas de *L'Enfant noir*, l'« autorité » de cette voix. C'est que le cinéma, fondé sur le pouvoir de montrer, « ne peut pas tout rendre visible ». C'est l'incapacité du film à rendre la voix visible qui donne à cette voix toute son autorité, relevant d'une certaine transcendance d'ailleurs mise en relief.

Jacques Champreux, quant à lui, développe de nombreux cas où les personnages s'entendent parler. Il s'agit notamment, en hors-champ, de Samba Diallo au cours d'un de ses tourments existentiels qui le plongent dans l'imaginaire, lorsqu'il écrit à Marianne qui, au même moment, rêve de lui à Paris. Une voix *over* restitue également ses douleurs quand il se retrouve, sans le vouloir, au centre de tous les enjeux. Pierre Louis aussi raconte souvent ses nombreuses histoires cocasses. Med Hondo use d'un procédé similaire pour faire parler le capitaine Voulet à l'issue d'une bataille dont la victoire l'abat psychologiquement dans *Sarraounia.* On l'entend parler, sans qu'il bouge ses lèvres. Le désespoir d'Aménokal et de Serkin Arewa, la grande balkanisation de Berlin en 1884, ainsi que les autres conséquences du désastre colonial, sont rendus dans le film par cette voix qui instaure une sorte d'identification.

On peut le remarquer, les réécritures multiplient les instances narratives. Déjà lieu d'un récit pluriel[7], les films écrits à partir de romans africains font foisonner des voix. Cela pose la question de l'acquisition, de la construction du savoir narratif ainsi que de sa distribution. Surgit alors la problématique du savoir : comment est-il négocié? Quels en sont les enjeux?

2. LES ENJEUX DU SAVOIR NARRATIF

Comment est gérée l'information narrative dans les textes? Quel est son degré de distribution? Sa gestion constitue-t-elle un enjeu quelconque? Ces interrogations sont d'une importance fondamentale pour le procès de réécriture engagé dans chaque œuvre du corpus. En effet, à l'évidence, la reprise filmique ou romanesque distribue le savoir sous des modalités différentes. Mais il est un cas constant dans chaque média : c'est celui de l'omniscience et du cadrage.

En dehors de *L'Enfant noir,* qui relève en fait d'un parcours initiatique se confondant, par ce fait, avec une quête de l'information, tous les romans du corpus sont instruits par un narrateur fondamental dont le savoir est encyclopédique, voire divin. Le conteur de *Guelwaar* n'opérerait pas de si fréquents revirements s'il ne manipulait pas totalement la matière narrative. Le procédé est identique dans l'autre roman de Sembène : la connaissance des desseins inavoués du groupe des « hommes d'affaires », l'orage intérieur qu'Adja Awa maîtrise pour ne pas exploser lorsque son mari lui demande de descendre de voiture lors du départ vers le lieu de la cérémonie du mariage, les frustrations intérieures d'El Hadji au moment où il est terrassé par le *xala,* le manège et les manipulations de Yay Bineta, le passé de cette dernière ainsi que celui d'Adja Awa, rien ne lui échappe.

On dirait exactement la même chose de *Sarraounia* où le narrateur fondamental navigue d'un village ou d'un récit à l'autre, du campement colonial au palais royal de Sarraounia. Une telle mobilité, ponctuée par une large diffusion de l'information, montre à quel point une instance domine le récit. Dans *Sango Malo,* la narration se fait encore plus dense. Les modalités du jeu de pouvoir du narrateur fondamental sont énormes. L'intimité des personnages n'est pas un secret. Sango Malo est une vitre à travers laquelle tout est perceptible. Lors du voyage vers Grand Village, une panne de voiture l'amène à s'assoupir. Son imaginaire est révélé dans sa totalité :

> Malo ne put poursuivre le visionnage de la cérémonie. Un flou envahit l'écran. L'histoire se soustrayait au présent. Puis, il y eut comme un retour d'image, mais la pellicule avait fait un léger bond en avant et il ne s'agissait plus de l'amphithéâtre, la scène se déroulait actuellement dans la cours de l'école [...] Le joli sourire de la fille illuminait encore l'écran lorsque revint le flou, avant que ne s'efface définitivement l'image. (P. 36.)

La métaphore cinématographique est intéressante ici à plus d'un titre : elle marque la contagion d'un langage par un autre, utilise les mots comme instruments d'expérimentation d'une vision filmique de l'écriture. Et il est remarquable que cela se produise grâce à l'exploration, à l'intrusion dans l'intériorité des acteurs. Il s'agit encore là d'un « effet de pouvoir » déployé par un artifice de révélation. Dans ce cas, « pour un narrateur, se mettre dans la tête d'un personnage, c'est non seulement savoir ce qu'il sait, mais c'est connaître aussi ses perceptions, ses sentiments, ses pensées » (François Jost, 1987 : 62). Mais comment cela est-il mis en œuvre au cinéma ?

Ces dispositions transcendantales se mobilisent de deux manières dans les écritures filmiques. La première est d'origine « acousmatique ». En effet, les nombreuses voix *over* dévoilent une connaissance non seulement de la matière narrative, mais aussi de la psychologie et de l'état d'esprit des personnages. Cette prérogative vaut même pour *L'Enfant noir* où la voix, attribuée à Baba, guide le spectateur dans les dédales du récit. Elle en sait visiblement plus que le jeune broussard qui se rend subitement à la ville où il vivra une série d'expériences. Dans *Sarraounia,* cette voix dévoile de profondes connaissances en histoire, car le récit s'ouvre par quelques informations sur le « partage » de l'Afrique à Berlin, sur les pèlerinages à Sokoto. Il est souvent ponctué par quelques remarques assassines sur l'horreur de la boucherie coloniale. L'avancée des mercenaires français sème des ravages dans les royaumes et met en péril leur équilibre, comme le mentionne d'entrée de jeu la voix over de Serkin Arewa. En plus de l'aigreur de l'émir de Sokoto qui rumine secrètement sa vengeance contre Sarraounia, laquelle lui a infligé une défaite cinglante, on est ainsi renseigné, avec un timbre conséquent, sur le désarroi de l'Aménokal. Extrait filmique[8] :

> Aménokal, le grand seigneur tout-puissant de l'Azawak, guide incontesté des fiers et belliqueux Touaregs, est submergé par une incommensurable tristesse. Pour la première fois, il sent toute son amertume, tout son désarroi, toute sa faiblesse engloutie sous le masque de son orgueil remonter le tréfond de son être. Cette tempête qui se lève sur la terre des Noirs et sur le Sahara est en réalité la dernière lueur qui illumine le crépuscule des dieux et des maîtres éphémères. (Extrait de *Sarraounia.*)

La seconde mise en évidence du savoir est l'énonciation du personnage même. Mais avec une différence de taille : il n'articule pas plus. On voit l'image muette du personnage, mais on entend une voix over. Ici, on pourrait retrouver deux cas : les cas de chute dans l'imaginaire et les hallucinations auditives « perçues par le spectateur[9] ». On retrouve là une forme de réplique filmique du monologue intérieur. Outre la voix de Lucienne, dont on voit l'avion s'envoler pendant que Samba lit la lettre qu'elle lui laisse dans *L'Aventure ambiguë*, on relève dans cette catégorie les nombreux tourments intérieurs de Samba Diallo ainsi que ses dialogues imaginaires avec la défunte vieille Reilla.

Dans *Sarraounia*, après la plus grande bataille, les troupes du capitaine Voulet sont exténuées et il est contraint d'admettre l'échec de ses méthodes. Il ne le dit pas, mais le pense; ce qui est dévoilé par une voix. Il s'agit encore une fois d'un recoupement de deux pages du roman. La scène montre le capitaine paranoïaque gravement silencieux. Il se sent vaincu par sa victoire. La voix intérieure du capitaine :

> Quelle déchéance! Ce n'est plus une armée, c'est une tribu de bohémiens en vadrouille. Ai-je donc tant surestimé nos forces? Peut-être que oui. J'ai peut-être forcé un peu trop sur la discipline et imposé mes grandes espérances à de minables sans idéal et sans ambition. J'ai cru forger des géants pour conquérir l'Afrique, force est de constater que mes compagnons sont restés ridiculement petits et terre à terre. La négraille, passe encore… Ils ont été dressés comme des chiens pour accomplir les basses besognes : battre, forniquer et tuer. Mais l'élite de la mission, ces Français pur sang qui piaffaient et rêvaient de grandes conquêtes, ces jeunes lionceaux qui ont volontairement fui Paris et sa douceur de vivre pour se tailler un nom et

récolter galons et prestige dans les aventures grandioses au-delà des mers… Oh! mon Dieu! quel désastre! Comment est-ce possible? (Extrait de *Sarraounia*.)

Ce qui est fondamental dans ces cas, c'est la mise en scène vocale de l'intérieur, c'est-à-dire de dehors, l'extériorisation du dedans. Il est alors ménagé une disjonction et un déplacement, par lesquels dedans/dehors se transpose en « ici » (écran) et « ailleurs » (hors-champ), en visible/invisible. Une telle technique resitue dans les réécritures filmiques des perspectives et des projets romanesques, et surtout une volonté de puissance sous toutes ses manifestations. Voilà une illustration parfaite des quatre manifestations de l'acousmêtre : « être partout, tout voir, tout savoir, tout pouvoir. Autrement dit ubiquité, panoptisme, omniscience, toute puissance » (Michel Chion, 1982 : 29). Ces manifestations sont d'ailleurs assez proches des prérogatives du conteur traditionnel dont le savoir est mystérieux et encyclopédique.

Les développements précédents autorisent à se poser une question sur laquelle la poétique devra statuer : Quel est le mode de révélation du savoir dans un récit? On peut remarquer à ce sujet que dans les œuvres du corpus se déploie une tradition d'« écoute » et de « vision » chez la plupart des acteurs. L'intrigue dépend souvent de ce qui est révélé par l'œil ou perçu par les oreilles. Entendre et voir constituent donc deux modes privilégiés de constitution du savoir. Ces deux prérogatives ont été distinguées par François Jost pour pallier la focalisation genettienne qui confondait sous la même « focalisation » le savoir et sa perspective. D'où une série de néologismes plus difficiles à saisir que leur contenu : « ocularisation » et « auricularisation ». Abordons le « voir » comme mode d'acquisition du « savoir ».

Si on peut admettre avec François Jost que faire un film est avant tout assigner une place à la caméra, mais aussi que, « [d]ans la mesure où le perçu contribue à construire un savoir diégétique, il n'est pas absurde de prendre pour hypothèse de départ qu'une *partie de la focalisation se déduit de l'ocularisation* » (1987 : 64; souligné par l'auteur), on pourrait se demander si la théorie narratologique accorde suffisamment de place à l'opérateur principal de cette ocularisation : la caméra. En effet, si le principe théorique du méganarrateur est admissible, en tant qu'instance régissant le récit narratif, on pourrait tout aussi bien définir, non pas par mimétisme, mais par « nécessité théorique », le rôle pivot que joue la caméra qui ne figure pourtant pas dans les catégories descriptives de Gaudreault[10].

En effet, le savoir narratif est en fait monnayé par la caméra, laquelle dépend aussi des manipulations du méganarrateur. La caméra peut donc être la voie obligée. Elle constitue, en niveau inférieur, une projection du méganarrateur qui se sert d'elle pour médiatiser les regards. Ainsi, dans « tous » les films, « tous » les plans, la caméra est l'un des véhicules empruntés. En plus des cas de « narration impersonnelle » exprimant ce que Jost nomme l'« ocularisation zéro », où on a l'impression que le film se déroule et se raconte miraculeusement seul, c'est toujours la caméra qui « filtre, permet et transmet » les plans subjectifs et autres projections de/dans l'imaginaire. Du point de vue diégétique, les inserts et les plans subjectifs, les chutes oniriques et les visions hallucinatoires des personnages sont des projections de la caméra qui se justifient ensuite par un personnage. Autrement dit, comme le méganarrateur, la caméra, « Dieu caché », fait aussi semblant de procéder par « attribution et délégation oculaires ». Elle est pourtant toujours présente dans son rôle de transmission. Ce principe admis, il convient de se demander dans quelle mesure la réécriture instaure des formes de délégation oculaire et de s'interroger sur leur importance dans la négociation et l'acquisition du savoir par les acteurs.

Le savoir relayé par le bénéfice de l'œil joue parfois un rôle fondamental dans la narrativité, car le parcours de certains acteurs se voit dessiné justement du fait de leur ignorance des acquis du regard. Si, dans *L'Enfant noir*, le jeune Baba dévore régulièrement du regard l'architecture de la ville qui le fascine, constituant de ce fait sa connaissance du milieu citadin, l'enjeu du regard est beaucoup plus important dans d'autres films. Dans *Guelwaar*, lors de la première visite du rebelle à Gora qui est mis en garde contre le vandalisme de certains jeunes, en plus du regard éloquent que se jettent le commandant et son collaborateur, la caméra opère un plan rapproché sur une fiche. On peut y lire : « Pierre Henri Thioune, alias Guelwaar. Élément incontrôlable. » La dernière expression est soulignée en rouge, plusieurs fois.

Ce cas relève de ce que Jost appelle une « focalisation spectatorielle ». Autrement dit, le mouvement de caméra confère aux spectateurs un avantage cognitif par rapport au personnage. Se voit dès lors dessiné le sort de Guelwaar qui, « parce qu'il n'a pas vu, ne sait pas » qu'il est fiché. Au-delà de l'information transmise sur un régime de répression et de surveillance, c'est avant tout l'illustration du rôle de la vue et de l'écriture comme méthodes de répression. On peut en effet se poser une question : Guelwaar aurait-il modifié son opinion s'il avait vu? La focalisation spectatorielle, ici modalisée par l'ocularisation, expose Guelwaar comme une cible. Son destin est dès lors facile à anticiper. Le même procédé est mis en œuvre dans *L'Aventure ambiguë.*

Dans ce film de Champreux, Samba Diallo est en effet comme sous la « caméra » du personnage du fou, lequel se place dans une situation d'ocularisation interne. Dès qu'il arrive au village, il est aussitôt découvert par celui-ci qui l'appelle « le Parisien » et l'engage à prier. Le fou a en effet une expérience de l'Europe d'où il est venu avec une espèce de traumatisme ayant aiguisé en lui un sens profond de l'analyse. Il sait que, si l'Occident est devenu sans âme, c'est à cause d'un déficit de spiritualité telle qu'elle est à l'œuvre depuis l'arrivée des Blancs à Warégné. Il sait que Samba Diallo porte le destin des Djallinké et doit par contre combattre à mort l'Occident pour conjurer les malheurs que ce dernier répand sur son pays.

Or, à peine Samba Diallo revient-il de France qu'il succombe aux charmes d'une Blanche et va régulièrement filer le parfait amour avec elle. Lors d'une de leurs nombreuses sorties, quand ils se rendent au bar pour y rencontrer Pierre Louis, un contrechamp rapide montre le fou les « regardant » s'éloigner. Plus tard, c'est ce dernier qui ramène d'ailleurs à Samba les cadeaux que lui rend Lucienne avant de s'enfuir.

Ce « regard » du fou, comme dans Guelwaar, annonce la perte du personnage. Le fou « voit » le futur chef à l'œuvre et « comprend » donc que ce dernier est définitivement perdu, qu'il a capitulé devant l'Occident. Mais surtout, c'est le peuple tout entier qui va être emporté dans cette dérive, d'autant qu'il se révèle incapable de prier. Comme dans le cas de Guelwaar, Samba ne sait pas qu'il est « vu », « épié » par tout un village au courant de toutes ses randonnées. Mais, dans ces deux cas, le regard est plutôt panoptique et relève d'une guerre qui ne se déclare jamais ouvertement et n'implique pas de combats. Le trajet ultime du sujet filmique se joue selon ce qui est retenu par le « regard d'autrui » dont l'enjeu est tout aussi décisif dans *Sarraounia.*

Mettant tous deux en œuvre l'échec de l'aventure coloniale, le roman et le film – le second plus que le premier – illustrent l'importance du « voir » dans la trame narrative. Le capitaine Voulet, qui fait de ses explorations sanglantes un honneur personnel, ne sait rien de précis de Sarraounia qu'il s'entête à combattre. Or, tout à fait miraculeusement, la reine des Aznas est au courant de tous les mouvements des troupes coloniales. Leur avancée est surveillée. C'est ainsi que, avec ses soldats, elle se cache dans des buissons à de longues distances de son village. « Voyant » arriver les troupes de mercenaires, elle rentre rapidement organiser sa défense dans son royaume. En conséquence, elle le déserte et se retire dans la forêt sacrée, laissant un palais vide et quelques pièges dans lesquels les bandits tomberont.

Cette fonctionnalité du regard n'a pas la même ampleur dans *Sango Malo*. En fait, le regard de Voit Tout permet simplement d'illustrer la fonction programmatique du nom du personnage qui est ainsi amené à vraiment « le porter ». Dès l'arrivée du maître au village, Voit Tout l'appelle par son nom au bar et lui déclare : « Je vois tout. Je sais tout. J'entends tout. » C'est alors que le spectateur attentif se souvient que dès que Malo est conduit à sa demeure, un rapide changement de plan, programmé avec soin, montre Voit Tout qui esquisse un geste d'étonnement. Il est présent plus tard lorsque Sina humilie le chef, lorsque Honba essaie maladroitement de séduire Erna, mais surtout chaque fois que Malo et Ngo Bakang ont leurs séances de petit bonheur dans le jardin scolaire. C'est également lui qui conduit les autres villageois à l'endroit où s'est pendu le père de Ngo Bakang. On le voit, le personnage est très fonctionnel et porte très bien son nom. Par ailleurs, le corpus mettant également en scène beaucoup de rêves, où situer ces derniers dans la chaîne du savoir?

Il peut sembler paradoxal de situer l'irruption de l'imaginaire comme mode d'acquisition de connaissances. Cela ne l'est qu'au premier abord. Considérons cette argumentation de François Jost :

> [...] en raison de la valeur assertorique de l'image mouvante, le cinéma peut traiter les visions oniriques, les imaginations, les souvenirs, etc., comme de simples ocularisations. Si le « grand imagier » préfère aider le spectateur à identifier ce changement de niveau, il peut néanmoins recourir à ce que nous avons appelé les *opérateurs de modalisation* : les ponctuations remplissent cet office... (1987 : 101; souligné par l'auteur.)

Dans cette perspective, on situera toute forme de vision comme forme de dissémination de la connaissance, que cette source soit réelle ou imaginaire. On peut tout à fait légitimement considérer aussi le rêve comme dispensateur de cette connaissance. Aucune des réécritures filmiques ne l'envisage dans ce sens, insistant plutôt sur les visions éveillées et les hallucinations des acteurs. Le roman *L'Enfant noir* nous fournit un excellent exemple. La mère du jeune Camara a un don de prémonition, assuré par ses visions nocturnes :

> Ma mère était avertie de ces manœuvres durant son sommeil ; c'était la raison pour laquelle on ne la réveillait jamais, de peur d'interrompre le déroulement de ses rêves et des révélations qui s'y glissaient. Ce pouvoir était bien connu à tous nos voisins et à tout le quartier ; il ne se trouvait personne qui le contestat. (P. 77.)

Quoique l'imaginaire survienne souvent en état de veille, les réécritures filmiques en offrent de nombreuses formes qui prennent parfois une dimension pathologique. Même si cela peut s'expliquer par le fait que le récit commence après le retour de Samba Diallo, impliquant de ce fait une série de retours en arrière, on note que le film de Jacques Champreux fige ce héros sur son passé. C'est pourquoi le récit emprunte de nombreux retours le situant dans la perspective oculaire de Jost[11], ainsi que de nombreuses chutes dans l'imaginaire. Les souvenirs portent surtout sur sa liaison parisienne avec Marianne qui continue de l'y attendre, sur leur visite au laboratoire ainsi que sur leurs soirées intimes.

Mais les rétrogradations narratives les plus importantes portent sur le séjour de Samba à l'école coranique, ainsi que sur les conversations avec la vieille Reilla. On sait quelle est l'importance de l'amnésie dans la vie infantile[12]. En dépit du fait que le récit ait lieu plus de 20 ans après ses études, Samba revit avec une certaine précision quelques scènes ayant émaillé son itinéraire au « foyer ardent ». Ces retours sont toujours introduits par un fondu enchaîné, et souvent couplés avec un geste rituel. Dès le début du film, lorsque Samba est montré dans la voiture en train de rentrer et qu'il sombre aussitôt dans ses souvenirs, il caresse rêveusement son oreille gauche. Ce geste est consécutif à un retour en arrière au début duquel Marianne touche son oreille en faisant allusion à une cicatrice laissée par les meurtrissures du maître. Le film grossit la punition du maître en y joignant le geste qui, dès lors, prend l'allure d'une pathologie. Le lecteur du roman qui voit le film peut simplement supposer que l'existence de la cicatrice est normale, car, dans le récit littéraire, cette partie du corps fait partie des cibles privilégiées de Thierno :

> Les ongles du maître s'étaient déplacés et avaient poinçonné le cartilage en un autre endroit. L'oreille, déjà blanche de cicatrices à peine guéries, saignait de nouveau. La gorge nouée, les lèvres sèches, Samba Diallo tremblait de tout son corps et s'ingéniait à répéter correctement son verset, à freiner les râles que la douleur lui arrachait. (P. 14.)

Et dans la majorité des cas, cette régression est toujours due à un événement catalyseur, comme celui de la mort de Sidibé qui ravive le souvenir de la mendicité obligée pendant le séjour au foyer ardent, ou encore les retrouvailles avec la Grande Royale qui déclenchent le souvenir d'une punition que lui avait infligée le maître quand il était revenu à l'école coranique avec des habits neufs offerts par sa cousine.

La même fixation est visible lors des scènes imaginaires avec la vieille Reilla. Pendant la rédaction de sa lettre à Marianne, les images de la veille de son départ pour l'école nouvelle reviennent : Samba se rend en effet sur la tombe de sa vieille amie. Ici, le dispositif iconique est assez significatif dans le dévoilement du trajet mental du sujet. Une image de l'enfant Samba Diallo précède l'adulte qu'il est devenu. Il accomplit le rituel dont il se souvient et suit le jeune se rendant au cimetière. L'enfant est alors définitivement le père de l'homme, comme le dit le philosophe Wordsworth : Samba Diallo reste et suit l'image du gamin qu'il était, ainsi que le dispositif iconique l'indique. Mais le plus important est la puissance de ce passé, le fait qu'il soit gravé dans la mémoire de l'adulte, rendant son existence pratiquement impossible. Cela montre que le passage à l'école coranique et la personnalité du maître l'ont durablement marqué. Cette régulière chute dans l'imaginaire trouve sa justification dans ce seul fait, à savoir l'importance de l'événement dans l'histoire du sujet. Freud écrit justement :

> Ce que l'on estime ne pas être essentiel est oublié. Lorsque je peux me souvenir d'un évènement longtemps après qu'il s'est produit, je trouve dans le fait qu'il s'est conservé dans ma mémoire une preuve que cet évènement m'a fait, en ce temps-là, une profonde impression. (1988 : 113.)

Si cette connaissance revécue est organisée dans le cadre d'une ocularisation interne, il n'est pas toujours facile de le déterminer dans *Guelwaar*. Lorsqu'au début du film Aloys tend à sa mère l'alliance du défunt, un fondu enchaîné embraye sur la cérémonie de mariage au cours de laquelle elle avait été mise. Une autre ocularisation interne : la caméra opère un gros plan sur l'objet, se rapproche du visage de la veuve en larmes avant d'opérer un panoramique vertical vers la photo de mariage accrochée au mur. Au même moment, un fondu enchaîné sonore et visuel revient sur la scène du mariage, sans aucun son. Ici, comme dans le film de Jacques Champreux, le déclenchement du procès oculaire est dû à l'identification d'un objet témoin. Le même phénomène est observé lorsque la communauté chrétienne se rend au village musulman : la vue du cimetière déclenche chez Nogoy Marie le souvenir de la journée au cours de laquelle son mari a été assassiné. Un fondu enchaîné revient sur la conversation entre les conjoints.

Si l'on s'en tient à la définition de François Jost, on inclura toutes les rétrospections du récit dans les ocularisations[13]. Les narrations d'Alfred et du préfet, le passage de Guelwaar à la gendarmerie relèvent en ce sens de la même opération oculaire dans la mesure où le personnage revit, en même temps que le spectateur, une scène passée. Mais ici l'imaginaire est visuel. Il peut aussi être auditif.

On note en effet dans les films de nombreux cas d'hallucinations auditives. Dans *Guelwaar*, Nogoy Marie, certainement sous le coup du deuil, au sens psychanalytique de perte de l'objet auquel on est attaché, entend son défunt conjoint l'appeler. Cela se passe deux fois au cimetière, notamment avant qu'elle ne revive avec le spectateur le souvenir de son départ pour la cérémonie de distribution des dons alimentaires. Elle crie, et son entourage lui conseille de ne pas répondre. Culturellement, il est admis que répondre à l'appel d'un mort peut conduire vers le même horizon. Pendant qu'elle se lamente devant le lit vide et les vêtements de son époux, sa fille Sophie vient vers elle car, dit-elle, la veuve l'a appelée. Celle-ci nie l'avoir fait. Dans tous ces cas, le spectateur n'entend aucun son. Guelwaar n'appelle jamais sa femme, et celle-ci n'appelle jamais sa fille. Le même type de « paradoxe » a lieu dans *Sarraounia* lorsque, après la rude bataille, de nombreux soldats blessés crient le nom de la « sorcière » en reculant avec panique : ils la voient, ce qui n'est pas le cas du spectateur. Ce monde « occulte » et occulté par le texte implique le spectateur qui en a besoin pour construire sa compréhension du film. On se situe dans le registre énoncé plus haut : la prégnance d'une transcendance auditive et, dans ce cas, aussi visuelle. D'où l'enjeu d'un hors-champ et d'un hors-cadre qui informent et conditionnent la diégèse, la lient à une instance « externe ».

Dans *Xala*, El Hadji expérimente le même tourment onirique, mais surtout sous forme auditive. Ses problèmes sexuels le plongent dans une dérive qui prend, comme dans le cas de Nogoy Marie, une dimension névrotique. Dès qu'il sort du domicile de sa troisième épouse avec qui il n'a pas pu consommer l'acte, il marche vers son magasin, sans même voir son chauffeur en train de l'attendre dans sa Mercedes. Ce dernier est obligé de le suivre et de s'arrêter devant lui pour le transporter. Pendant qu'il marche, la bande-son diffuse des voix de personnes festoyant, rappelant l'atmosphère de la veille. Ensuite, c'est la voix de La Badiène le réprimandant d'avoir refusé de se soumettre au rituel précédant chaque nuit de noces :

> El Hadji, je t'ai dit hier soir. Je t'ai demandé de t'asseoir sur le mortier, mais tu n'as voulu rien entendre. Je te l'ai dit. Je n'avais simplement pas confiance en tes femmes. Voilà le résultat de ta têtutesse. Vous pensez tous que vous êtes des Européens. Tu as ignoré la tradition. Mais tu n'es ni un poisson ni une poule. (Extrait de *Xala*.)

Lorsqu'il se retrouve chez le premier marabout avec le président, la bande-image le montre en train d'exécuter mentalement les instructions pendant que le charlatan parle. Rompu et vaincu par le principe de réalité, il s'agit là de ce qu'Octave Mannoni désigne « l'imagination d'un autre réel », simple variation du réel avec lequel on ne peut pas composer et qui suscite la création d'un monde compensatoire[14]. Plus tard, lorsque Oumy, sa « volcanique » seconde épouse, lui rend visite, il n'a pas la possibilité d'articuler un seul mot. Pendant qu'elle le sermonne, les images le montrent plutôt en train de ramper dans la chambre nuptiale, un fétiche grossier entre les dents, conformément aux instructions du charlatan. Sa propre voix implorant Oumy de le libérer du *xala* est entendue. La femme se rend compte que l'homme est carrément coupé du monde et frappe des deux mains devant ses yeux pour le ramener à la réalité : il sursaute. L'homme a tout perdu et est incapable de gérer le réel. On le remarque dans chacune de ces situations, le savoir conféré par l'imaginaire est associé à l'acousmêtre dont la puissance est plus que jamais mise en œuvre. Il aide le spectateur à construire son discours sur le bouleversement psychique des acteurs. Le savoir est donc, assurément, lié au voir et à l'entendre.

On le voit, les réécritures filmiques opèrent un véritable foisonnement de voix, portant à une dimension plus grande le plurilinguisme constitutif du récit cinématographique. Ces voix, explicites ou non, sont en même temps de véritables institutions dont l'ampleur du savoir est difficile à déterminer. Mais celui-ci, inégalement réparti parmi les personnages, est l'objet d'un nombre important d'enjeux narratifs. Au-delà des bouleversements apportés à son contenu dans *Sango Malo*, la variation de sa distribution et de son mode de négociation permet de faire avancer le récit ou d'en déterminer l'issue, comme c'est le cas dans *Sarraounia*. Sous les espèces modales de l'imaginaire, il y va d'un élément important de modulation de la personnalité pathologique de certains acteurs, lesquels se laissent consumer par des souvenirs et des fantasmes. On pourrait se trouver là dans une variante de la caméra ou même, pourquoi ne pas le supposer, de la « caméra stylo » qui, le disait Alexandre Astruc, peut exprimer, comme la littérature, même les pensées les plus abstraites. En effet, l'imaginaire n'est-il pas essentiellement abstraction ? Telle est la question qui pourrait permettre de conclure cette partie. Puisque, d'un texte à l'autre, d'un texte à sa réécriture, c'est essentiellement de la démultiplication de l'imaginaire qu'il s'agit.

Il convient, à ce stade de l'étude, de considérer les romans et les films retenus dans certaines des problématiques qu'ils posent, mais surtout de définir la portée idéologique du passage à l'écran. Et dans cette perspective, l'apport et le rôle de l'appareillage technique, tout comme celui du montage, sont fondamentaux. Une réinvention de la grammaire narrative permet le déploiement d'un discours qui apporte une plus-value sémantique au texte littéraire.

Notes

1 *L'Œil-caméra. Entre film et roman*, Lyon, Presses Universitaires de Lyon, 1987.

2 Se rappeler, à ce sujet, du « qui parle [...] n'est pas qui écrit (dans le quotidien) et qui écrit n'est pas qui est » de Roland Barthes (« Introduction à l'analyse structurale des récits », *Poétique du récit*, Paris, Seuil, 1977, p. 40). André Gaudreault use parfois d'une prudence extrême. Toutefois, on peut lire : « [...] le narrateur est, au sein du récit scriptural, l'image en creux de l'auteur [...]. » (*Du Littéraire au filmique. Le système du récit*, Paris, Méridiens Klincksieck, 1988, p. 82). Et pour Christian Metz : « L'énonciation a volontiers quelque chose d'anthropoïde » (*L'Énonciation impersonnelle ou le site du film*, Paris, Méridiens Klincksieck, 1991, p. 12). Pourtant, Mikhaïl Bakhtine parle invariablement d'auteur. Voir notamment « Le plurilinguisme dans le roman », *Esthétique et théorie du roman*, Paris, Gallimard, 1978, p. 122-151.

3 À la suite des théories narratologiques de Claude Bremond (*Logique du récit*, 1963), on note que la dernière phrase échappe ici au diktat du code sémiotique pour privilégier l'acte sémiotique, ce qui constitue le vecteur principal de cette étude.

4 Lire *L'Énonciation. De la subjectivité dans le langage*, Paris, Armand Colin, 1980.

5 André Gaudreault utilise indifféremment « méganarrateur », « narrator » et « narrateur fondamental », qui sont synonymes. Le concept désigne l'« énonciateur » d'André Gardies et le « grand imagier » d'Albert Laffay. Cette étude s'en tiendra, pour des raisons de clarté et de cohérence, aux conceptions de Gaudreault dont j'adopte les approches narratologiques.

6 Je parle de « variation » parce que, pour Michel Chion, « la présence acousmatique est celle d'une voix, et surtout quand cette voix n'a pas encore été visualisée [...] » (1982 : 32). Or, on relève que cette voix est le fait d'un doublage et n'est que tacitement attribuée à Baba. En plus, cet « acousmêtre » ne saurait l'être au même degré que dans le cas de *Sango Malo* ou, on le verra, de *Sarraounia.*

7 C'est connu, la bande sonore peut mener un récit différent de celui de la bande-image. Le film est donc nécessairement « plurilingue », au sens de Bakhtine. Consulter à ce sujet François Jost : « Le film : récit ou récits? », *Cahiers du 20e siècle, cinéma et littérature,* Paris, Méridiens Klincksieck, 1978, p. 77-94.

8 Cet extrait peut être regroupé entre les pages 42 et 44 du roman.

9 Il faut remarquer que celles de la veuve Nogoy Marie ne sont pas entendues par le spectateur, alors qu'elles sont « réelles », car « éprouvées » par le personnage.

10 Se référer par exemple au tableau de la p. 116, *Du littéraire au filmique.*

11 Voir les « souvenirs » de la citation précédente.

12 Lire à ce sujet Sigmund Freud, *Introduction à la psychanalyse,* Paris, Payot, 1960, notamment « Traits archaïques et infantilisme du rêve », p. 184-197.

13 Voir les « souvenirs » de la citation précédente et, supra, note. 10.

14 Pour Mannoni, il existe en effet deux formes d'imagination : l'imagination de l'irréel, hallucinatoire et morbide ; l'imagination d'un autre réel, simple variante compensatoire du réel. Lire *Clefs pour l'imaginaire ou l'autre scène,* Paris, Seuil, 1969.

Jacques Champreux. © Jacques Champreux.

Sembène Ousmane. © New Yorker Films.

Xala, SEMBÈNE OUSMANE, 1974. © NEW YORKER FILMS.

DEUXIÈME PARTIE

PASSAGES À L'ÉCRAN : PROBLÉMATIQUES ET RÉINVENTIONS DE LA GRAMMAIRE NARRATIVE

Chapitre 6

MONTAGE, TECHNIQUE ET DISCOURS[1]

La localisation de l'autorité narrative dans les chapitres précédents permet de situer la narration filmique dans le domaine de l'énonciation. Autrement dit, c'est le lieu d'un discours manifeste ou latent. Ce chapitre travaillera à matérialiser cette caractéristique en considérant le montage et le dispositif technique en tant que « signifiants », ce qu'on s'attachera à élucider.

Lorsque Émile Benveniste définit l'objectivité du récit par rapport au discours, cette objectivité, il le souligne, est relative. Elle est « construite » et est un leurre. De même, en ce qui concerne le cinéma, voici ce qu'affirme Christian Metz :

> [L]e film traditionnel se donne comme histoire, non comme discours. Il est pourtant discours, si l'on se réfère aux intentions du cinéaste, aux influences qu'il exerce sur le public, etc. ; mais le propre de ce discours-là, le principe même de son efficace comme discours est justement d'effacer les marques d'énonciation et de se déguiser en histoire. (1977b : 113.)

Pour déterminer ces modes d'inscription discursive, on traitera ici exclusivement de deux aspects qu'on ne retrouve que dans les réécritures filmiques : le montage et l'appareillage technique, lesquels engagent le texte dans un ensemble de réseaux sémantiques inattendus, déguisés, en tout cas inapparents. Depuis au moins les études de Jean-Louis Comolli (1971), il est entendu que la technique, et notamment la caméra, n'est pas neutre. Elle est le lieu d'une inscription qu'il est possible de déterminer.

Bien plus : le montage, en tant que violence faite au réel, n'est pas seulement une planification consécutive à un calcul. C'est surtout une forme discrète d'inscription discursive, c'est-à-dire idéologique. S'il permet, ainsi que l'écrit Michel Colin, de développer l'identification,

> il doit aussi être défini comme permettant au film de se faire discours. Le montage a, en effet, pour fonction de mettre en relation des énoncés complets. Il ne peut donc pas simplement être défini comme syntaxe minimum des effets idéologiques de forme empirique, mais aussi comme organisation syntaxique du film comme discours idéologique spéculatif. (1985 : 33.)

Quelles sont donc les implications discursives du montage dans les films considérés? Quels sens additionnels apporte-t-il, le cas échéant, au texte romanesque? L'usage de divers procédés techniques ajoute-t-il du sens? Telles sont les problématiques qu'il convient de déployer ici. On commencera par l'analyse de quelques débuts et fins de films, ces lieux stratégiques de la narration.

2. DÉBUTS ET FINS DE FILMS : LES THÈSES DE SEMBÈNE ET DE HONDO

Si le montage est d'abord agencement de plans et rapport entre ceux-ci, puis dispositions de séquences, on pourrait se demander ce qui motive l'ordonnancement syntaxique d'un film. Autrement dit, pourquoi le film commence-t-il par une séquence et non une autre? Peut-on en effectuer une lecture?

En se posant ces questions, on se rend compte qu'un film comme celui de Med Hondo comporte, dès son ouverture, des éléments pouvant faciliter la compréhension. La séquence liminaire qui déploie le défilement du générique est, en fait, un plan-séquence. Autrement dit, le temps réel y donne l'illusion de l'authenticité. Un carton, qui précède la fonction de la voix *over*, laquelle prendra plus tard le film en charge, inscrit : « Ce film est basé sur des faits authentiques qui se sont déroulés entre 1878 et 1899 au Niger actuel. » Au-delà de l'identification sollicitée, le procès narratif engagé se situe du côté de l'histoire, et de l'authentification. Autrement dit, le film relève d'un « récit historique » auquel le générique sert d'introduction.

Les travellings d'accompagnement montrent des hommes croulant sous des cargaisons énormes. La longue file de porteurs est précédée par quelques officiers à cheval portant le drapeau français qui flotte triomphalement dans le vent. Déjà, la mise en scène est parlante : les porteurs sont au milieu de l'expédition. Autrement dit : il s'agit de protéger le butin colonial. C'est pourquoi il est important de placer des Nègres à la tête des colonnes de l'armée : ils servent non seulement de boucliers contre une attaque éventuelle, mais également ont moins de valeur que le fruit de diverses rapines écrasant les têtes des porteurs les suivant.

De plus, les images indiquent que le procès narratif qui s'engagera dans *Sarraounia* ne sera pas de tout repos. Pour qui est familier des westerns dont on inondait autrefois les écrans africains, le film est probablement connoté comme film de guerre, non pas à cause des armes que portent les soldats, mais uniquement du fait du décor liminaire. Les images donnent un effet de surimpression suscité par les vents de sable qui parcourent l'écran. Le cadre initial n'est pas celui de la quiétude. Il est celui du western classique, de la guerre et du meurtre généralisé. Le sujet colonial se réalise en parcourant son territoire, en y imprimant toutes ses empreintes les plus meurtrières. À cet égard, la thématique ne sera pas démentie dans la suite du film. On le voit, dès le début, il est possible d'anticiper. Le spectateur, aidé en cela par la voix *over* qui succède au carton initial, peut d'emblée spéculer sur l'ensemble des enjeux mis en œuvre dans le film, ainsi que sur les différents acteurs. Med Hondo l'énonce tout haut dès le début sans en avoir l'air. L'argument syntaxique est ici moteur, car ainsi que le relevait Michel Foucault,

> on a beau dire ce qu'on voit, ce qu'on voit ne loge jamais dans ce qu'on dit, et on a beau faire voir, par des images, des métaphores, des comparaisons, ce qu'on est en train de dire, le lieu où elles resplendissent n'est pas celui que déploient les yeux, mais celui que définissent les successions de la syntaxe. (1966 : 25.)

Cet ordonnancement est aussi à l'œuvre chez Sembène Ousmane dont les films, selon les points de vue chronologique et idéologique, rendent compte des conséquences historiques de la meurtrière expédition coloniale mise en œuvre par Med Hondo. Tout comme *Sarraounia*, *Xala*, par sa seule disposition syntaxique, énonce dès la première séquence la thèse essentielle qui émaille tout le roman : l'indépendance est, plus que l'affliction d'une farce juridique, un ensemble d'impuissances multiples. Elle marque surtout la naissance dans les pays colonisés d'un personnel parasite, de groupuscules de jouisseurs à qui les maîtres d'hier jettent en pâture les patrimoine et destin nationaux.

En effet, dès la séquence liminaire, quelques individus, d'allure paysanne et quelconque, sortes de clochards échappés d'un taudis voisin, sortent de la foule et gravissent fièrement les marches de l'immeuble de la Chambre de commerce filmée en contre-plongée : c'est l'amorce d'une ascension sociale, du rapprochement du pouvoir qui est ainsi présentée. Le même mouvement de caméra les montre levant les mains, signe de victoire, à la suite de l'« expulsion » des colons. Après le départ un peu caricatural des deux Français officiant à la Chambre, les nouveaux occupants réapparaissent au plan suivant, enveloppés dans les mêmes costumes qu'arboraient leurs prédécesseurs. Pendant que des foules hystériques pavoisent bruyamment pour célébrer le départ des maîtres, lesquels reviennent pourtant bientôt, elles ignorent tout du cirque qui se joue à l'intérieur.

Le nombre de personnes devant officier à la Chambre a plus que doublé : de trois, les indigènes le portent à huit. Connaissant sans doute le milieu, Dupont, l'ancien président de la Chambre, et ses collaborateurs resurgissent après quelques instants avec des mallettes pleines d'argent. On peut observer les différents membres contemplant avec un bonheur mal contenu les liasses de billets de banque serrées dans les sacs. Paradoxalement, toutes ces images se succèdent pendant que la voix du nouveau président de la Chambre tient un discours sur la révolution qu'apportent les indépendances : l'africanisation des cadres, la réappropriation du patrimoine national. Voici un extrait :

> Nous devons prendre ce qui est à nous, ce qui nous revient de droit. Nous devons contrôler notre industrie. Face à notre peuple, nous devons montrer que nous sommes capables comme tous les autres peuples du monde. Nous sommes des hommes d'affaires. Nous devons prendre toutes les directions, les banques comprises. Notre marche est irréversible. C'est l'aboutissement de notre lutte pour l'indépendance. [...] Nous optons pour le socialisme, le seul vrai socialisme, la voie africaine du socialisme, le socialisme à hauteur d'homme. Notre indépendance est complète. (Extrait de *Xala*.)

La synchronisation image-son est d'une ironie cinglante et marque l'abîme qui a toujours existé, en Afrique, entre le discours politique et son exercice quotidien. Cette appropriation, cette égalité avec

« tous les autres peuples du monde », se déploieront de manière précise pendant le déroulement du discours du nouveau président : des mallettes pleines d'argent sont distribuées à tour de rôle à chacun des nouveaux membres, lesquels, dès lors, affichent une certaine hilarité, caractéristique de la jubilation d'accumuler pendant longtemps des biens matériels. Le prétendu « socialisme » qui, sur le continent, fraye la voie à de nouveaux monstres, est pire que l'expression d'une oppression durable : il est le signe de la naissance d'une bourgeoisie parasitaire, revancharde, dont le but unique, brillamment mis en scène par Sembène Ousmane, est l'enrichissement illicite et rapide. Le roman l'exprime de manière plus nette. Le discours du président y est rapporté à la troisième personne, avec une ironie précise de la part du narrateur qui dit explicitement ce qui est seulement implicite dans le film :

> […] [L]eur manque d'avoir bancaire avivait, aiguisait un sentiment nationaliste auquel ne manquait pas quelque rêve d'embourgeoisement. […] La nomination de l'un des leurs à ce poste de président de la Chambre de commerce les faisait espérer. Pour ces hommes réunis ici, c'était plus qu'une promesse. Pour eux, c'était la voie ouverte à un enrichissement sûr. Un accès aux affaires économiques, un pied dans le monde des finances, et enfin, la tête hautement levée. Ce qui hier était un rêve pour eux, aujourd'hui se réalisait. L'acte de ce jour aurait toute sa portée dans les jours à venir. (P. 8.)

Cette perspective nous situe, comme l'écrit Frantz Fanon, dans le registre de toutes les nouvelles bourgeoisies surgies des couches du colonialisme. La nationalisation et l'africanisation sont en fait un grossier changement de *nomenklatura*, par lequel le patrimoine national se retrouve enseveli sous les ambitions et la cupidité de quelques gardes-chiourmes du nouvel ordre impérial. La colonisation et ce qui lui succède n'est rien moins qu'un pillage massif, la passation consiste en fait, nous dit Fanon et on le voit avec le film de Sembène Ousmane, à « nationaliser le vol de la nation » (1968 : 16). Une fois de plus, l'Afrique s'illustre par sa capacité à singer, jusqu'au grotesque le plus tragique, comme c'est le cas avec cette caricature du socialisme, les aspects pervers des restes idéologiques imposés par l'Occident. Ainsi, essentiellement parasite et jouisseuse, la bourgeoisie naissante en scène dans cette séquence liminaire est-elle exactement le contrepoint de la bourgeoisie occidentale qui est facteur de développement :

> Ce rôle lucratif, cette fonction de gagne-petit, cette étroitesse de vues, cette absence d'ambition symbolisent l'incapacité de la bourgeoisie nationale à remplir son rôle historique de bourgeoisie. L'aspect dynamique et pionnier, l'aspect inventeur et découvreur de monde que l'on trouve chez toute bourgeoisie est ici lamentablement absent. Au sein de la bourgeoisie nationale des pays coloniaux, l'esprit jouisseur domine. C'est que, sur le plan psychologique, elle s'identifie à la bourgeoisie occidentale dont elle a sucé tous les enseignements. Elle suit la bourgeoisie occidentale dans son aspect négatif et décadent sans avoir franchi les premières étapes d'exploration et d'invention qui sont en tout état de cause un acquis de cette bourgeoisie occidentale. (Frantz Fanon, 1968 : 98-99.)

On comprend donc que, dans *Xala*, pour célébrer la prise en mains du destin national, les membres de la Chambre soient invités à une cérémonie de mariage. C'est que l'avènement des indépendances a en fait donné naissance à une interminable ruée épicurienne fondée sur le sexe, l'argent et la nourriture. Avec le plaisir pour seule idéologie et pour tout projet politique. C'est pourquoi Sembène Ousmane traite dans *Guelwaar* d'un autre piège par lequel l'Occident tient l'Afrique comme la corde tient un pendu : la nourriture, l'aide alimentaire. Le principe est d'entretenir chez le Nègre non pas la pensée, mais, ainsi qu'il le montre dans *Xala*, la jouissance. Il est important de le maintenir dans les chaînes du plaisir alimentaire pour pouvoir mieux le contrôler. Ici encore, le montage est non seulement fréquentatif en ce qu'il répète la scène du refus des dons, mais aussi reprend cette scène à la fin du texte filmique.

Guelwaar, film et roman, déploient une disposition syntaxique qui met en échec la résignation vis-à-vis un problème d'une extrême banalité : celui de la faim. Il est perçu comme une fatalité en Afrique où les dirigeants se complaisent dans la distribution de dons qui sont parfois des rebuts dont on nourrit les animaux en Occident. Plus grave, la nourriture non seulement permet aux puissances occidentales de maintenir les gouvernements dans le besoin, mais ces derniers en font une arme de campagne électorale. Les deux textes, centrés sur la nécessité de refuser l'asservissement par les dons, font de la mort de Guelwaar l'élément catalyseur de cette philosophie de la dignité.

En effet, à la fin du film, lorsque le convoi des chrétiens rentre avec le corps de Guelwaar, ils croisent après quelques mètres de marche une camionnette transportant des sacs d'aliments. On peut lire en gros caractères sur le véhicule : PROGRAMME ALIMENTAIRE MONDIAL. Spontanément, Étienne ordonne au chauffeur de s'arrêter. Il laisse la croix qui va s'immobiliser entre les mains de l'abbé Léon et entreprend immédiatement de vider le contenu du véhicule sur le sol. Tous les parents, dont l'abbé et Gor Mag, sont scandalisés : ne viennent-ils pas de livrer une bataille rude afin de récupérer le corps de Guelwaar mort pour avoir dénoncé l'asservissement par l'aide alimentaire ? Ces réticences montrent le pouvoir corrupteur de la nourriture. Au point que Gor Mag, l'ami du défunt, implore la veuve de sommer les enfants de mettre fin à ce qu'il tient pour un « sacrilège ». Une telle rupture, une telle amnésie, sont éclairantes. « Ventre affamé n'a pas d'oreille », affirme le proverbe français.

Le plus important dans ce contexte n'est pas la cinglante leçon qu'administrent les enfants ou l'humiliation qu'inflige Nogoy Marie aux gérontes renégats. Le véritable sacrilège, dit la veuve, est la rapide trahison de la mémoire du défunt aux côtés de qui tous les hommes avaient justement décidé de désacraliser la nourriture pour enfin retrouver une certaine dignité. Ici, la réalisation filmique opère une répétition qui n'a pas cours dans le roman, car « le récit revient sur ses propres traces ». La scène du discours de Guelwaar est en effet reprise, avec une musique un peu funèbre en fond sonore. Après le silence embarrassé des hommes humiliés par l'action des enfants et les déclarations de la veuve, un fondu enchaîné embraye sur le discours de Guelwaar, notamment sur sa partie la plus troublante :

> Quant à nous, peuple sans dignité, nous dansons devant ces dons : quelle humiliation ! Quand allons-nous savoir qu'une famille ne peut se bâtir, se solidifier, s'enraciner dans la mendicité à perpète ? Et cette scène de donation se répète depuis 30 ans, ici et ailleurs. Ces dons fréquemment distribués nous assassinent. Ils tuent en nous toute velléité d'orgueil, de dignité. Et ces peuplades qui nous offrent ces produits avec ostentation rient de nous chez eux. (Extrait de *Guelwaar*.)

Lorsque se termine le discours de Guelwaar, un carton apparaît sur la droite de l'écran, en majuscules : LÉGENDE AFRICAINE DE L'AFRIQUE DU XXIe SIÈCLE. Cette technique du carton, rappelant un peu le film muet, ne peut être considérée comme gratuite ou « anachronique ». Plus qu'une fécondation de l'image par l'écrit et une complémentarité de langages, c'est l'indication d'une idéologie de l'emphase. Au-delà de sa reprise, cette séquence apparaît comme l'argument politique moteur des deux textes de Sembène Ousmane. Tout semble organisé, comme l'indique Susan Suleiman (1983a) pour le roman, dans la logique d'un récit dont la thèse préexiste à sa réalisation. Dans la perspective d'Eisenstein, tout le discours implicite est compris non pas dans les paroles d'un personnage, mais dans la dramaturgie, l'organisation syntaxique. La structure de *Guelwaar* prend par cette reprise l'allure des récits et fables classiques qui se terminent toujours par une leçon ou même un message. Le romancier ne veut-il d'ailleurs pas être conteur ? La fonction et le discours principaux du conte arrivent à leur fin. Pour les deux textes, il y a disqualification de certaines mythologies paresseuses qui tiennent l'Afrique captive de l'aide alimentaire, alors que les Israéliens ont fait fleurir le désert. La véritable décolonisation, la liberté et la dignité totales sont en effet dans le refus qu'assume Guelwaar au péril de sa vie. Sa mort désamorce certains mythes entretenus par l'opportunisme des politiciens : celui du Nègre affamé et jouisseur[2]. L'esclavage et la dépendance, quelles qu'en soient les formes affinées, sont en soi un appel pressant à la lutte. Fanon l'écrit, et cela est articulé dans ce montage en faveur du rejet de l'aide :

> On ne peut avancer résolument que si l'on prend d'abord conscience de son aliénation. Nous avons tout pris de l'autre côté. Or, l'autre côté ne nous donne rien sans, par mille détours, nous courber dans sa direction, sans, par dix mille artifices, cent mille ruses, nous attirer, nous réduire, nous emprisonner. *Prendre, c'est également, sur de multiples plans, être pris.* (1968 : 157 ; je souligne.)

Guelwaar seul le comprend et ce sera à ses dépens : en « prenant » gloutonnement l'aide alimentaire, l'Africain « se fait prendre ». On peut donc le remarquer, le discours filmique travaille de l'intérieur, à l'intérieur de l'organisation syntagmatique. Mais le film peut également signifier par les rapports qu'il instaure entre les plans ou entre les séquences.

2. LES RAPPORTS ENTRE PLANS ET SÉQUENCES

Définissant le montage dans un de ses films, Eisenstein écrit :

> De fait, ces images vues uniquement sous l'angle du dramatique et de l'anecdotique auraient pu être assemblées dans n'importe quel

> ordre. Mais sans aucun doute, la montée de la composition qui les traverse ne se serait affirmée alors dans la rigueur continue de sa construction. (1976 : 108.)

Cela indique qu'aucun arrangement n'est gratuit, mais aussi que tout, jusqu'au moindre détail, « signifie ». Le montage tient toujours lieu de programme, explicite ou non, mais repérable dans les effets qu'il produit en ses proximités et ses écarts. Considérons par exemple cette prédication du catéchiste à la onzième séquence de *Sango Malo* :

> Détourne-toi de celui qui te tente, de celui qui veut t'induire en erreur. Le mal est là, le mal est là qui te guette. Mais confie-toi au Seigneur ton Dieu. Honore-le pour que tu aies la vie éternelle. Au nom de Jésus-Christ. Amen. (extrait de *Sango Malo*.)

Ce n'est pas un hasard si, pendant ce sermon du catéchiste, la caméra montre, en alternance, Malo en train de faire son jogging dominical. La voix reste hors champ pendant que la caméra va chercher le maître passant juste devant ce qui tient lieu d'église. Le montage indique sans beaucoup d'ambiguïté quel est ce « mal », « celui qui veut induire en erreur » : Malo, et avec lui, un enseignement de connaissances et de pratiques qui récusent la foi en la Providence. Par ce raccourci, le réalisateur indique ce qui est clairement élucidé dans le roman : les villageois, surtout les jeunes et les hommes, désertent le temple du Seigneur pour se consacrer à l'agriculture ou à la pêche. La désertion que cette diffusion de l'athéisme provoque est remarquable, ainsi que le dévoile la caméra qui balaie la salle vide. Malo est décidément un danger pour tout le monde. Mais le discours implicite ici est facile à repérer, si l'on compare ce montage à ceux qui régissent d'autres films.

L'Aventure ambiguë, de Jacques Champreux, déploie de nombreux montages secs. Autrement dit, des scènes de nature antithétique se succèdent, provoquant une espèce de choc chez le spectateur. Lorsqu'à la huitième séquence la Grande Royale, véritable détentrice du pouvoir dans le texte, convoque une assemblée réunissant tous les notables djallinké, il s'agit en réalité de faire le bilan de l'aventure dans laquelle elle a poussé tous les siens. Quand elle prend la parole, rompant par son timbre la lourdeur et la noblesse du chef, elle revient sur le passé glorieux, mais perdu, de son peuple. Le montage marque alors une rupture. Quand, au plan 27, elle dit : « Et plus tard, lorsque les Blancs... », sa voix qui, depuis les trois derniers plans, s'éloignait et s'amenuisait, disparaît totalement. Le plan suivant montre une vieille case chauffée au bois; le suivant, un coucher de soleil; le suivant, encore un engin lourd en train de massacrer la nature. La Grande Royale continue au plan 36 et termine ses propos en ces termes : « Et pourtant, il me semble que le monde est pris de vertige; que la Parole est étouffée par le fracas de leurs machines. Et notre peuple se meurt » (extrait de *L'Aventure ambiguë*). Cette dernière phrase est d'ailleurs reprise par deux autres dignitaires : le fracas mortel des machines, la « bétonisation » de la vie, le massacre de l'environnement et l'expansion de la mort se révèlent donc à travers le montage.

Samba, qui écoute loin de l'assemblée, se retrouve dans la séquence suivante avec Lucienne qui l'accompagne chez le docteur Lacroix. Dès qu'il est montré chez son ami, le ton est encore rompu : Samba Diallo se révolte d'avoir été emballé par les rêves de la Grande Royale. On a fait de lui un messie malgré lui, il le reconnaît les larmes aux yeux. Et la déclaration qu'il fait est assez éloquente : il ne sait plus prier, est envahi par le doute. Plus tard, quand il entame la rédaction d'une lettre et est poussé par ses souvenirs à suivre les traces de son passé pour se rendre sur la tombe de la vieille Reilla, il y est rejoint par un autre camion qui vient profaner les tombes du cimetière alors qu'il y médite. Encore une fois, la spiritualité est confrontée à la matière, l'esprit est aux prises avec la ferraille. À la séquence XII, une césure identique a lieu. Lorsque Samba Diallo, musulman de son état, se rend au bar, « lieu de perdition », pour y rencontrer le bruyant Pierre Louis, ce dernier y conduit un débat senghorien sur la fraternité interraciale. Comme pour répondre à la question de Pierre au plan 32 : « Et eux [les Blancs] ? Qu'est-ce qu'ils ont à nous offrir en dehors du béton et de la misère? », le plan suivant montre une machine broyant les rochers dans un brouhaha infernal : l'asservissement de la nature et la misère sont à l'œuvre.

On le voit avec les articulations, Jacques Champreux déploie un discours sur les désastres de l'Afrique postcoloniale, poussée au « développement » par l'enthousiasme et les manipulations de la Grande Royale. Gobineau l'avait clairement énoncé, la civilisation européenne, dans l'expansion de son « développement », « [t]ravaille incessamment à s'entourer d'un horizon de tombes », et tout peuple qui s'y oppose « est d'avance condamné, et, le moment venu, détruit » (cité par Kimoni, 1981 : 16). La réécriture filmique du texte de Cheikh Hamidou Kane révèle ce discours par la disposition syntaxique des images.

Ces ruptures, consécutives à des scènes qui n'existent pas toujours dans le roman, marquent le drame dans lequel se débattent les Djallinké. Jacques Champreux le place ici vis-à-vis l'un des malheurs qui accablent les peuples en développement : l'exploitation économique et le massacre de la nature. Le montage, qui coupe la parole à la Grande Royale pour alterner avec une machine en train de broyer l'environnement, pose le problème d'un choix, ou plutôt d'une résignation : pendant que les Djallinké débattent verbalement de leur sort, les Blancs continuent victorieusement leur conquête du monde. Cela rappelle fort à propos l'aveu que fait Samba Diallo à Lucienne : alors que l'Africain n'abat jamais un arbre sans lui adresser une prière, les Européens dévastent insolemment et anarchiquement les forêts. Tout cela relève d'une certaine métaphysique, d'une relation au monde, à la vie. Dans un élan poétique qu'on oublie souvent, Frantz Fanon avait déjà marqué les fondements de ce délire de conquête :

> Et voici le Nègre réhabilité, [...] gouvernant le monde de son intuition, [...] alertant les antennes fécondes du monde, planté dans l'avant-scène du monde, aspergeant le monde de sa puissance poétique, [...] J'épouse le monde ! Je suis le monde ! Le Blanc n'a jamais compris cette substitution magique. Le Blanc veut le monde ; il le veut pour lui tout seul. Il se découvre le maître prédestiné de ce monde. Il l'asservit. Il s'établit entre le monde et lui un rapport appropriatif (1959a : 103).

Alors qu'elle n'est perçue que très tard par les Djallinké, et notamment la Grande Royale que Champreux montre repentante, cette fureur de conquêtes qui fait le malheur des Djallinké et, partant, de l'Afrique, est annoncée par celui que les deux textes désignent sous l'appellation de « fou ». Et les mêmes ressorts du montage montrent les cases en ruine, tout au plus éclairées au pétrole comme celles qui apparaissent avant les engins lourds. Le désastre avancé en somme, lequel est conforme au projet colonial qui n'est pas seulement un appareillage discursif, mais aussi technique qui soumet les corps et les âmes. En effet, en cet appareillage « se projette ce qu'une société et les intérêts qui la dominent intentionnent de faire des hommes et des choses. Cette finalité de la domination lui est consubstantielle et appartient dans cette mesure à la forme même de la raison technique » (Herbert Marcuse, cité par Jürgen Habermas, 1975 : 237). On comprend tout le sens de la dernière phrase de la Grande Royale : la mort est totale. Elle est d'autant plus inévitable que Samba Diallo, messie malgré lui et ayant échoué, avoue son incapacité à porter le destin des siens. Non seulement il se lie à Lucienne, une « Blanche », symbole du bourreau de son peuple, mais aussi il semble définitivement vaincu.

Tout cela est rendu de manière brutale dans une connexion qui juxtapose des scènes n'ayant pas de rapports apparents entre elles. Il s'agit d'une simple impression, car le montage est ici un signifiant, celui de la crise et, en filigrane par les confessions de Samba, de la défaite d'un peuple qui a tout misé sur un jeune garçon. Ces ruptures sont une démolition de la narration, de son advenir et de son devenir, au même titre que les machines démolisseuses. C'est la défaite du sens pour les Djallinké, la déliaison, une forme de folie de la narration disant son non-sens. Mais quand on aborde *Xala*, on réalise que Sembène Ousmane fait un autre usage du montage.

Si, dans *Sarraounia*, le montage alterné sied au contexte de guerre par lequel les différents protagonistes mènent leurs programmes narratifs respectifs et permettent ainsi la mise en scène d'un conflit, dans *Xala*, la dramaturgie est beaucoup plus l'expression d'une opposition presque manichéenne : riches-pauvres, vertueux-crapules. Il est à cet égard significatif que le régiment de gueux du film apparaisse toujours « en face » d'El Hadji : le régime discursif est celui de la « confrontation » et non de la résignation. De plus, ils prennent toujours position non loin de lui, le suivent dans toutes ses pérégrinations. Il s'agit là d'une mise en opposition de l'être et du non-être, de la misère et de l'opulence malsaine et, dans une certaine mesure, de la vertu et du vice. Il est à cet égard étonnant qu'une ménagère vienne deux fois verser le contenu puant de son récipient devant l'égout situé juste devant la boutique d'El Hadji, le séparant ainsi du peloton d'aveugles dont la musique, véritable oraison funèbre, hante tout le film. Ne doit-on pas faire un rapprochement entre la pourriture déversée, ces odeurs contre lesquelles s'acharne en vain la secrétaire, et la désintégration morale ayant provoqué ce *xala* qui afflige la carte de l'Afrique dans le film de Sembène Ousmane ? L'eau, la pourriture ne rejoignent-elles pas ainsi simplement la source ou, tout au moins, un lieu symbolique ?

Que dire en outre de cette carte de l'Afrique derrière El Hadji, montrée lors de la visite de sa fille Rama dans le bureau ? Cette carte est sillonnée de frontières coloniales, alors que celle derrière Rama ne porte les traces d'aucune violence. Au-delà du face-à-face au cours duquel la fille, du point de vue spatial, domine le père presque coupé par la caméra et coincé sur la gauche de l'écran, ne faut-il pas aussi lire dans la fissuration du continent l'éclatement de toute vertu dont le père de Rama est la triste illustration?

Ces exemples le montrent, le montage porte le film à une dimension sémantique supplémentaire que le roman n'envisage pas. Étant donné que ces éléments n'existent pas dans le texte littéraire, l'ajout du texte filmique implique donc presque toujours un ajout de sens. Bien plus : le fait de mettre ensemble le rapprochement entre deux plans ou même la mise en scène provoquent toujours une espèce de choc duquel naît un sens inattendu. La rupture narrative a ici, comme l'écrit Marcel Martin, une valeur symbolique, mais surtout expressive :

> Il y a le montage expressif, fondé sur des juxtapositions de plans ayant pour but de produire un effet précis par le choc de deux images; dans ce cas, le montage vise à exprimer par lui-même un sentiment ou une idée; il n'est plus alors un moyen mais une fin : loin d'avoir pour but idéal de s'effacer devant la continuité en facilitant au maximum les liaisons les plus souples d'un plan à l'autre, il tend au contraire à produire sans cesse des effets de rupture dans la pensée du spectateur, à le faire trébucher intellectuellement pour rendre plus vivace en lui l'influence de l'idée exprimée par le réalisateur et traduite par la confrontation des plans. (1985 : 152.)

On se situe dans la droite ligne du « montage des attractions » ou montage idéologique développé par Eisenstein. L'apparente innocence des plans, leur mise en scène, participe en fait d'une stratégie discursive dont il importe de déceler les non-dits, les signifiés. Pour tous les films considérés ici, ce sont presque toujours les mêmes : l'engagement pour la liberté, la défense de ce qui reste d'une dignité noyée par des décennies de corruption et de misère. Mais l'idéologie et le discours peuvent aussi naître de ce qui est montré, de la manière de le montrer. On se rend compte, à ce sujet, que les manœuvres descriptives de la caméra sont tout aussi éloquentes.

3. CAMÉRA ET MANŒUVRES DESCRIPTIVES

La conduite des récits narratifs est difficilement imaginable sans des passages descriptifs. Le cinéma étant, on l'a montré plus haut, un récit à part entière, il est donc tout à fait légitime d'envisager une fonction des descriptions. Selon Christian Metz,

> un grand nombre de récits contiennent des descriptions, et il n'est même pas certain qu'on puisse trouver des descriptions ailleurs qu'en enclave dans les récits. Ainsi, la description apparaît à la fois comme l'opposé de la narration et comme une des grandes figures ou un des grands *moments* de la narration. Ce mélange curieux d'antinomie et de parenté, par quoi se définissent intuitivement les rapports de la narration et de la description, se laisse mieux élucider si l'on fait entrer dans le « système » un troisième terme, l'image : narration et description s'opposent en commun à l'image par ce que leur signifiant est temporalisé, alors que celui de l'image est instantané [...]. (1968 : 28; souligné par l'auteur.)

Si le nouveau roman a fait de la description un enjeu théorique, la question est tout autre avec les réécritures filmiques considérées dans cette étude. Tout ce qui est noté, c'est-à-dire retenu, étant notable comme le dit Roland Barthes, l'élément moteur de la description que définit Metz (à savoir l'image) mérite d'être considéré aussi bien dans sa nature, son contenu, sa fréquence, les moments que dans les modes de son apparition. Les projets sémiotiques et idéologiques variant avec les réalisateurs, il n'est dès lors pas étonnant que les traitements descriptifs le soient également.

La plupart des plans et séquences à fonction descriptive opèrent sous une forme d'exposition. La caméra, comme innocemment, balaie une surface et peut s'y attarder plus ou moins longtemps. Ainsi, quand Sango Malo découvre sa « demeure », un lent panoramique la parcourt pour en offrir l'allure au spectateur et au nouvel occupant : des bestioles circulant dans la pièce, un vieux lit, un sol jonché d'ordures, sans qu'aucun commentaire soit formulé : l'image est autosuffisante. Et dans ce cas, il ne s'agit même plus d'un œil, mais d'un « regard », portant l'affect d'un personnage et d'un calcul filmique.

Dans *Sarraounia*, dès la septième séquence, un village est montré après le passage des troupes coloniales. Le tableau est désastreux : arbres et maisons incendiés, nombreux débris en flammes, cadavres jonchant un sol lui-même craquelé. La caméra s'attarde quelques instants sur un bébé se débattant douloureusement auprès du corps de sa mère égorgée. La même affiche se répète à la séquence suivante : un vieux chef mendie la clémence des mercenaires pour sauver son village du désastre : le capitaine Voulet lui tire une balle dans la tête et sa bande armée se jette à l'assaut de la bourgade. Le dispositif optique se met en place.

La caméra assume la fonction précédente, avec une charge supplémentaire, celle du témoignage. En outre, il y a aussi personnification, diégétisation d'un « regard ». C'est l'œil-témoin fiable, c'est-à-dire l'œil qui enregistre, apparemment objectif, sans passion. Très lentement, la caméra montre les images du désastre : incendies géants, cadavres disséminés sur le sol, têtes déjà tranchées, mais sur lesquelles les officiers continuent à s'acharner. Pendant ces deux séquences prime l'image. Le son est constitué par la seule flûte dont la mélodie, tragique et mélancolique comme la mélodie du mendiant dans *Xala*, accompagne ces images de détresse et de violence. Vers la fin du film, après la bataille décisive et coûteuse contre Sarraounia, Voulet contraint les soldats à continuer la route. Le même cynisme de la criminalité coloniale est mis en scène : les soldats blancs achèvent les blessés à coups de pistolet. Un plan rapproché, laid et touchant, insiste sur l'agonie d'un soldat nègre se tordant de douleur après qu'il ait reçu le plomb que lui a envoyé son maître, et qui l'emportera. Rien de cela n'est accidentel et, tout relève d'un projet, d'une idéologie. Alain Garcia s'exprime :

> Décrire, c'est faire preuve d'un parti pris, c'est décider de faire un choix et d'accorder de l'importance (du temps et de l'espace) à quelque chose ou à quelqu'un. D'un point de vue idéologique, c'est prendre position et afficher des intentions, ceci tant en littérature qu'au cinéma. [...] Si tout ce qui est décrit est important et susceptible d'avoir de la valeur, ce qui n'est pas décrit généralement aussi du point de vue idéologique est et peut parfois se révéler supérieur dans la diégèse. (1990 : 68.)

On peut l'observer dans les cas précédents, les procès descriptifs accompagnant le récit sont principalement dus aux mouvements de la caméra : des panoramiques ou des travellings, délibérément ralentis par le réalisateur. La musique funèbre les accompagnant est plus éloquente que tout discours oral. Il ne reste plus au spectateur qu'à construire l'intelligibilité de ce passage du temps à l'espace : les horreurs du délire colonial. Mais l'activité descriptive peut non moins être inférée de la position de la caméra, ainsi que de la distance focale.

L'observation des réécritures filmiques qui nous occupent révèle un cas pour le moins troublant : celui de *L'Enfant noir*. On serait tenté de dire qu'il s'agit d'un documentaire qui ne dit pas son nom. On ne reviendra pas sur le doublage mal camouflé par lequel, on peut dire, du fait de l'inintelligibilité de l'accent africain de Baba Camara, que « le paternalisme reste évident, avec la confiscation de la voix noire par la voix blanche[3] » (Michèle Lagny, 1996 : 60). On remarquera que, de tous les films abordés, aucun n'a autant privilégié les contre-plongées, mais surtout les plongées dont le côté réducteur et dépréciatif est avéré :

> La *plongée* en effet (prise de vue de haut en bas) a tendance à rapetisser l'individu, à l'écraser moralement en l'abaissant au niveau du sol, à faire de lui un objet englué dans un déterminisme insurmontable, un jouet de la fatalité. (Marcel Martin, 1985 : 44; souligné par l'auteur.)

Certaines conversations entre Baba et son père, les gisements d'or et leur exploitation ainsi que leur vente silencieuse au début du film, le vieux taxi, tas de ferraille en train de se déplacer vers Conakry, certaines rues de la ville avec leurs caniveaux sales, tout est montré en plongée. La cérémonie des secondes noces de Moussa n'existe pas dans le roman où, d'ailleurs, l'oncle de Camara, déjà polygame au moment où il arrive, mène une vie paisible. Mais elle est filmée alternativement en plongée selon le point de vue de la première épouse qui regarde la cérémonie de l'étage où se situe son nid conjugal. L'emploi de la plongée est pour le moins étonnant ici et semble relever d'une espèce de paradoxe. La vérité monogame est quand même située en altitude, alors que les larmes de la première épouse indiquent que l'institution que la caméra semble placer en position de pouvoir est en détresse. Le paisible ménage romanesque est gravement en crise et menacé d'un regard panoptique, quoique pathétique, dans le film.

Le discours latent est facile à déchiffrer : la polygamie est d'une platitude certaine, sinon un danger. Est ainsi distillé le discours occidental conquérant sur la famille. La réécriture filmique dévoile les motivations mal dissimulées par une précision du générique : « Ce film s'inspire librement du récit autobiographique *L'Enfant noir* écrit par Camara Laye en 1953. » Si la réécriture a pour fondement la liberté du créateur et admet surtout l'« ouverture » de l'œuvre, si toute œuvre d'art est une représentation de la réalité, on doit également admettre, nous dit Umberto Eco, qu'« [i]l y a une façon de représenter la réalité qui devient discours et jugement » (1965 : 155). Autrement dit, on passe fatalement, dans le cas de Laurent Chevalier, de la représentation, de la réécriture, à la perception et à l'énonciation d'un discours dominant : la « vérité » monogame prêchée en Occident. Avec pour mobile une certaine Afrique facile à vendre, figée dans certains schémas[4]. On pourrait, dans ce cas, avancer la même hypothèse de Teshome H. Gabriel sur le très controversé Jean Rouch au sujet de ses films « sur l'Afrique » : mal informé et ignorant, le public occidental est l'otage d'une réalisation qui se révèle, peut-être sans le savoir, l'instrument d'un impérialisme culturel. Le film en dit davantage sur le réalisateur que sur l'Afrique[5].

Outre les plongées, les variations scalaires relèvent aussi au cinéma d'un projet de description et de discours. Ce n'est pas par hasard que, dans *Sango Malo*, la caméra est braquée sur les pieds sales ou les livres déchiquetés d'un jeune élève. Ni que dans une classe, les sacs de « tous » les élèves sont... en plastique ! Des plastiques tout neufs ! Gros plans et plans rapprochés foisonnent aussi, bien sûr, dans le film de Chevalier : le contenu sale des calebasses pouvant contenir des graines d'or, le visage du commerçant Traoré, les mains sales et noires comptant les billets, le repas incroyablement maigre servi à Baba Camara par sa mère, les cheveux crépus de Baba qui restent dans le même état, « pendant presque tout le film[6] », les jouets et les instruments de la forge, tout est présenté en plan rapproché ou en gros plan. Lorsque, après une mésaventure, Baba est contraint de rentrer chez lui à pied, il est montré errant dans les rues de Conakry, ce n'est pas exactement lui qu'on voit : il est presque perdu dans l'espace. Il est égaré dans le cadre où on trouve en arrière-plan des vieilles carcasses de voitures et des tas d'immondices. Comment lire ces dispositions langagières ?

N'étant déjà pas neutre ainsi que le montre Jean-Louis Comolli, la caméra s'éloigne pour opérer dans ces cas un usage ouvertement idéologique, ce qui offre un discours inapparent. L'Afrique, et cela est facile à retenir, est un catalogue de misères et de crasse. Les rapprochements visent-ils aussi à impressionner l'affect du spectateur et à l'interpeller ? Ou alors ces « fragments » de corps (à opposer à leur plénitude), diraient-ils aussi, à leur manière, la démolition du sujet et de l'individu ? Ces questions reviennent avec Sembène Ousmane.

Ce dernier use aussi du gros plan qui a chez lui, beaucoup plus que chez Chevalier, valeur de synecdoque et de métonymie. Lors du mariage, lorsque le gang fraîchement constitué des « hommes d'affaires » arrive au lieu des cérémonies, de gros plans successifs sont faits sur leurs mallettes : c'est le symbole de la corruption. Au lieu de montrer les hommes, la caméra s'attarde sur des objets qu'ils portent : objets fétiches, matérialisation du pouvoir économique et de l'ascension sociale. L'insistance sur ces mallettes s'apparente à la perversion originelle des indépendances, leur accorde une fonctionnalité et porte le texte filmique à un niveau supplémentaire que n'atteint pas le roman. On ne s'en rend compte qu'à la fin : Thielli, qui n'existe pas dans le roman, prend la place d'El Hadji et reçoit immédiatement la petite valise que portait le commerçant. Le symbole de la corruption change de propriétaire et est ainsi assurée la continuité de la déchéance morale. Telle est la situation de la nouvelle bourgeoisie africaine, ainsi que Fanon l'avait déjà entrevue :

> La bourgeoisie nationale des pays sous-développés n'est pas orientée vers la production, l'invention, la construction, le travail. Elle est tout entière canalisée vers les activités de type intermédiaire. Être dans le circuit, dans la combine, telle semble être sa vocation profonde. La bourgeoisie nationale a une psychologie d'hommes d'affaires et non de capitaine d'industrie. (1968 : 96.)

Med Hondo, quant à lui, est constant dans la dérision dont le (néo) colonialisme est la cible. Après la révolte de Baka dont l'amante reine consacre les charmes à Gogué, la voix *over* s'empare de l'autorité narrative à la cinquième séquence et explique : « À la fin du XIXe siècle à Berlin, les puissances occidentales s'étaient partagé l'Afrique. Français, Anglais, Allemands, Italiens, Espagnols et Belges investissaient le continent africain » (extrait de *Sarraounia).* Mais pendant ce discours, un gros plan advient sur la carte de l'Afrique. Celle-ci se fissure progressivement à l'écran, dévorée de tous côtés par les flammes. Une espèce d'onde déconstruit la carte qui tourne au rouge. Suit l'image d'un vieux s'écroulant sous les balles, puis un sol craquelé de toutes parts auquel succède encore la même carte zébrée de frontières sanguinolentes. Elle se rapproche encore davantage de la caméra. Suit alors la colonne assassine du capitaine Voulet. On se trouve devant l'un des discours favoris de Med Hondo : la violence impériale, le « saucissonnage » de 1884 à Berlin par lequel l'Europe érige des murs en Afrique et se partage le continent.

L'opération de Med Hondo est d'autant plus importante qu'elle relève d'une mise en scène, d'un *trucage filmique*. L'exécution filmique est une fabrication, car l'image n'est pas « vraie ». Ce qui est intéressant ici est surtout le rapport métaphorique entre le trucage filmique et le « trucage colonial », éternel. Le trucage et la partition du monde africain. C'est cela qu'on pourrait entrevoir, ce qui est éprouvé : le colonialisme est un trucage, un complot, « du cinéma, de la mise en scène ». Ce n'est qu'ainsi qu'il a pu régner et continue de le faire. On le voit, la seule image, son organisation interne, son contenu, tout comme ses agencements, sont des formes d'élaboration d'un discours qu'on percevra difficilement, mais qui existe.

Les réécritures filmiques n'ajoutent donc pas du sens seulement en ajoutant des contenus absents du texte littéraire. Le début d'un film peut constituer en lui-même un argument, comme on l'a vu avec Sembène Ousmane et Hondo. Le rapport entre les plans et les séquences se révèle être aussi la mise en scène d'un affrontement. Le dispositif technique se confirme comme un puissant véhicule idéologique. Le cinéma africain ne s'en sert que très bien pour déployer son discours anticolonial. On demeure là, comme l'indique si bien Christian Zimmer, dans le sillage du cinéma essentiellement politique, c'est-à-dire militant. De manière plus précise, l'enjeu est celui du pouvoir. Il s'agit non seulement du pouvoir de dire, mais surtout de « représenter » et de « se représenter ». Et on se rend compte, à ce titre, que les structures diffèrent du cinéma à la littérature. En passant des mots aux images, le vocabulaire cède à une véritable « dramaturgie gestuelle du politique ». Il s'agit dès lors d'une cohérente « remise en scène ».

Notes

1 Une version remaniée de ce chapitre a été publiée dans la revue *CiNéMAS*, vol. XI, 1, 2000 : 77-95, sous le titre « La réécriture comme plus-value sémantique. Montage, technique et discours dans le cinéma africain ».

2 Se souvenir, à ce sujet, du schéma un peu réducteur par lequel Glauber Rocha et Lino Micciche enferment les débuts du *cinema novo* brésilien dans ce qu'ils nomment « une esthétique de la faim ». Le second en arrive même à la conclusion que les pays sous-développés comptent très peu ou pas de philosophes pour la simple raison que les problèmes de la chair enchaînent la faculté de penser. Pour en savoir plus, lire Christian Zimmer : « Culture et pauvreté », *Cinéma et politique*, Paris, Seghers, 1972, p. 206-209.

3 Même si l'accent n'est pas exactement parisien, il en est proche, et radicalement différent de celui du jeune broussard qu'il est censé restituer. Dans tous les cas, on note une rupture remarquable de l'effet de réel.

4 Il est important, à ce sujet, d'indiquer que le film a été fait pour le bonheur des jeunes Français à qui on le montre souvent dans les écoles.

5 Lire Teshome H. Gabriel, *Third Cinema in the Third World. The Aesthetics of Liberation*, Ann Arbor (Mich.), UMI Research Press, 1979, p. 79.

6 Une seule exception : avant le mariage, il se fait couper les cheveux en même temps que son oncle. Hypothèse : cette scène a été tournée après cette cérémonie, puis montée suivant cette organisation séquentielle. Sinon, à « aucun moment » du film, les cheveux du jeune Baba ne sont peignés. Hasard ?

Chapitre 7

LA REMISE EN SCÈNE DU POUVOIR

Le parcours des films abordés permet, à bien des égards, d'adhérer à la thèse centrale de Christian Zimmer (1974) selon laquelle « tous les films sont politiques ». Non pas nécessairement parce que leur enjeu consiste en la conquête ou en la défense du pouvoir, mais essentiellement parce qu'ils impliquent la gestion des hommes, les ruses diverses impliquées dans leurs relations quotidiennes. Le chapitre précédent l'indique assez, le discours est toujours un exercice idéologique caractérisant un rapport réel ou virtuel de force.

Comment le pouvoir, parfois simplement impliqué, strictement discret, voire inarticulé dans le texte littéraire, est-il remis en scène narrative dans le film? Quelles en sont les modalités d'exercice? Autrement dit, comment les relations de pouvoir sont-elles exprimées dans les textes dérivés? La question sera abordée suivant deux paramètres principaux : les gestes des acteurs et la formalisation de la mise en scène.

1. LES GESTES

Dans *Le Geste : pratique ou communication ?*, Julia Kristeva (1969 : 29-51) amorce un ensemble de propositions relatives à la fonction communicative du geste. Il est abordé dans une perspective proxémique et kinésique comme somme de signifiants pouvant permettre de décrire des comportements, mais aussi de convoyer des messages. Au-delà de cette modalité communicative, la problématique du geste ici est celle déterminée par Bertholt Brecht : il indique non seulement les formes du discours, mais, surtout, exprime des rapports de classe et de pouvoir, portant ainsi le texte filmique vers une thématique presque effacée, parfois inexistante dans le texte littéraire. *L'Aventure ambiguë*, *Sango Malo* et *Sarraounia* en constituent des exemples éloquents.

Dans le film de Benjamin Jules-Rosette, lorsque la Grande Royale vient rencontrer le maître pour discuter du cas de Samba Diallo, elle le trouve en train de prier. Il reste dans cette posture d'humilité, et même d'humiliation. Ayant toute l'initiative que confère le pouvoir, la femme, avec un ton hautain, presque méprisant, s'adresse au maître en circulant, sans montrer la moindre déférence pour un homme dont on dit qu'il est le puissant du pays des Diallobé. Dans son extrême agitation, elle fait de nombreux mouvements alors que le maître, qu'elle domine du ton, des gestes et de la taille, reste sur place. Plus tard, à la fin du film, alors qu'elle se pavane triomphalement dans les rues, sous le regard de la caméra qui la suit partout, et qu'au même moment le son retransmet son discours aux femmes, on montre le maître assis : c'est la défaite. Il est incapable de bouger. Même quand, à la scène précédente, il parle de la mort du chef des Diallobé, la mollesse et la noblesse de ses mouvements contrastent avec la fougue et l'agressivité de la Grande Royale. Ce qui ne signifie pas que le maître n'a pas de pouvoir. Il en a un, mais ne l'exerce pleinement, et pour un temps limité, que sur Samba Diallo.

Dès le début du film, après que Thierno a violemment corrigé Samba dont la mémoire présente d'inquiétantes défaillances, il sort du champ. Samba Diallo le suit du regard : le maître est la voie, le chemin qu'il suivra longtemps. Hors-champ, sa silhouette demeure dans l'esprit de l'enfant, en dépit de l'acharnement de la Grande Royale à l'effacer. Tout cela remet sur la scène filmique des éléments non articulés de cette manière dans le roman. Pour ces scènes, il s'agit souvent de narrations presque innocentes. Il est procédé à un important travail de « réarticulation », c'est-à-dire de « réinterprétation » de la « place » du maître dans la communauté diallobé et dans l'esprit du jeune enfant. Le guide, dispensateur de la parole, est mis en scène dans son actualité, son rayonnement. En face de l'enfant terrorisé par l'apprentissage, un homme fatigué dont la silhouette « marque » le disciple. Benjamin Jules-Rosette repose la problématique de l'école chez les Diallobé en termes réels : ceux du pouvoir, tel que le fait de manière plus explicite Bassek Ba Kobhio.

Dès la scène liminaire de *Sango Malo*, on se rend compte par ses attitudes que le directeur est détenteur du pouvoir. Il circule avec aisance dans la salle de classe où les élèves sont toujours punis. Dans presque tout le film, il a les mains dans les poches, surtout lorsqu'il s'adresse à Malo. À noter aussi, dans la plupart des séquences où il apparaît, qu'il est toujours en costume ou en veste. Dans ces cas, il est suivi par la caméra ou alors domine le cadre. Deux exceptions : les moments où, de sa fenêtre, il observe Malo passer et regrette la déchéance de ses propres enfants. Puis aussi, à la fin, le moment où il est abordé à son domicile par le chef et Honba pour aller encore dénoncer le maître rebelle. Il est assis, torse nu. Le film semble marquer une analogie entre le déclin de l'homme et son habillement. Il est immobile comme Thierno et c'est sa femme qui se déplace vers lui. Après le passage du chef, il annonce d'ailleurs sa retraite, et on ne le voit plus. Il est « exclu » du cadre, loin de la caméra.

Toujours en ce qui concerne l'exercice physique et gestuel du pouvoir, le directeur dessine, sans aucune raison apparente, de nombreux mouvements lorsqu'il sermonne Malo dans son bureau. Le directeur de l'usine dans *L'Aventure ambiguë*, de Jacques Champreux, met en scène exactement les mêmes mouvements. Dans une relation de domination, le dominé est nécessairement immobile, tandis que le détenteur du pouvoir a la latitude de bouger. Les mouvements tiennent ici lieu d'exercice rituel. La personne en position de pouvoir a un avantage spatial, et, dans les deux cas d'espèce, nargue l'interlocuteur qui se trouve réduit à des balbutiements ou, à la rigueur, à la révolte stérile et à la déception. La preuve est que ni Malo ni Samba Diallo, qui tous deux se retrouvent dans ces espaces qui leur sont hostiles, n'ont les moyens de prendre quelque initiative. Malo est contraint de subir, sans réel moyen de défense, la hargne et le mépris de son supérieur. Samba Diallo, qui se rend chez le directeur du chantier, non seulement n'a pas la motivation nécessaire pour sa révolte parce qu'il est hanté par son idylle parisienne, mais est réduit à constater, en quittant le bureau, que le bonheur des Djallinké n'est pas une préoccupation pour l'ingénieur. Tout se passe comme si celui qui a l'avantage spatial le capitalisait pour saper la dignité et le moral de son interlocuteur.

Le cas du directeur est presque pathologique et paranoïaque : il est volontairement cynique, visiblement fier de sa position, et tout son arsenal gestuel concourt à soutenir le programme thématique que constitue déjà son apparence. On se situe là, nous dit André Bazin, dans un de ces cas typiques où « dans une telle mise en scène, la place des personnages, leur façon de marcher, leurs déplacements dans le décor, leurs gestes ont beaucoup plus d'importance que les sentiments qui se peignent sur leur visage » (1959 : 77). On comprend mieux pourquoi, dans le roman comme dans le film, il exige de se faire appeler

« Monsieur le Directeur » aussi bien par les élèves que par le nouveau maître. C'est qu'il est fondamental, pour chaque tyranneau, de faire respecter tous les attributs de puissance actualisés par la « titrologie » et les comportements. Le roman s'y appesantit de manière beaucoup plus explicite que le film, la gestion du pouvoir par le directeur, étendue à la limite du caricatural, a pour fondement essentiel la segmentation infinie de l'exécutif : l'école étant l'État en miniature, le directeur est de ce fait le représentant du chef suprême. Il le lui rappelle, la notion d'État n'existe pas : les hommes, dont Malo, sont au service d'un régime, sinon d'un homme. C'est de ce pouvoir divin[1] que relève toute promotion administrative dont Malo est soupçonné de vouloir déposséder le directeur pendant une de leurs réunions.

La gestuelle des rapports de force est particulièrement mise en place par le directeur dans chacune de ses rencontres avec les autres acteurs, même son épouse. Pendant qu'il est avec Malo, décidément objet de l'exercice et de l'illustration de sa puissance, il ne dessine pas uniquement des cercles par des mouvements précis dans leur signification. Il lui donne ou retire la parole par les seuls gestes de la main. Ainsi, lorsqu'il surgit en classe lors du contrôle inopiné des connaissances et impose une dictée intitulée « Le port de Marseille », il coupe la parole à Malo sans lui adresser un seul mot : le geste suffit, et le pauvre maître est obligé de subir, devant des élèves innocents et effrayés, les sarcasmes du supérieur hiérarchique. C'est également par des gestes faussement bienveillants que le commerçant Honba offre quelques gâteaux au catéchiste qui fait semblant de dénoncer la perversion qu'il répand dans Lébamzib en important des prostituées. Le catéchiste fait semblant de refuser et finit par accepter le cadeau, en fait, la corruption. Le geste vient au secours du pouvoir économique et la foi capitule. Sa vulnérabilité économique place le serviteur de Dieu du côté des trois autres tenants du pouvoir et du surmoi social : le directeur, le commerçant et le chef. Le geste de Honba, ajouté à ses grimaces, indique clairement qu'il est conscient du sujet devant lui : un homme vaincu. La mise en scène place la logique discursive dans le cadre du *gestus* brechtien qui « désigne les rapports entre les hommes ». Il s'agit de « tout un complexe de gestes isolés les plus divers joints à des propos, qui est à la base d'un processus [...] ; ou bien un complexe de gestes et de propos qui, lorsqu'ils se présentent chez un individu isolé, déclenchent certains processus » (1979 : 95).

On observe aisément quels effets ont ces gestes sur Sango Malo et Samba Diallo. Mais le timbre des voix est tout aussi déterminant dans les relations de pouvoir. La Grande Royale l'illustre par son autorité qui transparaît du seul fait de sa voix. C'est une personnalité forte, écrasante, voire envahissante. Cela est beaucoup plus vrai pour le film de Jules-Rosette où le personnage est visiblement plus jeune par rapport à la vieille femme/fille décrite dans le roman et dans le film de Champreux. N'est-ce pas délibéré ? Elle parle sans égard aussi bien au maître qu'à son frère, censé diriger le village. Ce dernier a plutôt l'allure d'un sage, posé dans le ton presque mou, ce qui tranche avec l'agressivité caractérisée de sa sœur. Plus que l'agressivité, c'est la fermeté que traduit le timbre de la voix *off* de *Sango Malo*. La même chose vaut pour celle de Guelwaar lorsque cette voix dénonce la mendicité internationale contre laquelle il lutte jusqu'à perdre sa vie. Quand le président, en voix *over* dans *Xala*, délivre son discours « historique », le ton est emphatique lors de l'évocation de leur prétendu statut d'« hommes d'affaires », là où le narrateur romanesque emploie le style indirect libre ou le style semi-indirect. C'est la même fermeté du ton qui est employée lorsque les mercenaires français avancent vers Lougou, le village de Sarraounia. Cette dernière va d'un endroit à l'autre de son palais bouillonnant d'activités comme une fourmilière. Comme Wango dans *Les Écailles du ciel* de Thierno Monénembo (1986), les paroles qu'elle adresse à ses disciples leur donnent du courage, les incitent à la résistance, à la ténacité contre l'occupant. La fermeté de sa voix épingle ses voisins renégats qui, sous le coup de la couardise, offrent leurs services à un ennemi commun. Dans tous ces cas, le timbre de la voix a valeur de puissance, agit comme une source d'énergie vitale à un moment crucial. Il permet au sujet d'affirmer son identité menacée et, en même temps, de la défendre.

C'est également celui qui détient le pouvoir qui distribue la parole. Michel Foucault l'indique :

> [...] dans toute société, la production du discours est à la fois contrôlée, sélectionnée, organisée et redistribuée par un certain nombre de procédures qui ont pour rôle d'en conjurer les pouvoirs et les dangers, d'en maîtriser l'évènement aléatoire, d'en esquiver la lourde, la redoutable matérialité. (1972 : 10-11.)

Il est dès lors aisé de comprendre pourquoi Malo lutte toujours pour prendre la parole. Pendant qu'il est avec le directeur, celui-ci ne lui permet jamais de s'exprimer. Leur première rencontre, que le film reprend presque dans son intégralité mais resituée par les acteurs, s'apparente à une véritable chasse au mot. L'enjeu du discours, sa (dé)possession est fondamentale. À peine Malo ouvre-t-il la bouche pour répondre à toutes les questions, que le directeur lui coupe la parole avec une rapidité impressionnante. Ce dernier ne semble pas dupe. Le timbre de sa voix, comme son habillement et ses gestes du reste, l'indique : la venue de Malo est en soi l'établissement d'un discours nouveau, c'est-à-dire d'un pouvoir concurrent. Il est donc fondamental de maintenir celui qui arrive loin de « sa place », de « son espace discursif ». C'est que, comme l'indique Foucault, la parole est dangereuse et il est impératif de savoir à qui la prêter. Même plus tard, lors de leurs habituelles rencontres orageuses, le directeur ne permet jamais à Malo de parler. Lorsque celui-ci le fait, l'autre rit aux éclats : sa parole est vaine, quand elle n'est pas dangereuse. Cela légitime, dans tous les cas, la nécessité de la lui interdire. C'est justement ce que fait le chef lorsqu'il convoque Malo pour ce qui est en fait une séance judiciaire : fidèle à son habitude, Malo, comme lors de la réunion de la campagne cacaoyère, arrache la parole, au plus grand désespoir des membres de la structure du contrôle social qui l'écoutent : le commerçant, le catéchiste, le chef et le directeur. Les prérogatives du discours sont d'une portée décisive. Posséder le pouvoir, c'est surtout celui de prendre, d'accorder mais surtout de refuser la parole. C'est le pouvoir de « (faire) taire ». C'est pourquoi Malo est « interdit de discours » lors de toutes les assemblées. La parole est menaçante. Cela explique pourquoi toutes les dictatures musellent leurs peuples et contrôlent les organes de presse. Dans *Sango Malo*, la police des énoncés et des contenus a raison de la témérité du maître et il se retrouve en prison. Il amorce de ce fait un autre geste tout aussi capital dans l'ensemble des textes : un déplacement, même s'il est ici forcé. Si, dans les cas précédents, on peut parler de déplacement, de « marche gestuelle », on pourrait dans ce qui suit parler de « marche narrative » : le déplacement raconte.

2. LES DÉPLACEMENTS

On pourrait à juste titre inclure dans la catégorie du geste tous les déplacements. André Gardies le souligne dans son étude (1989 : 100 et 104), et cela est vrai également pour bon nombre de romans : on marche beaucoup dans le cinéma africain. La (dé)marche narrative se confond avec les itinéraires que parcourt le personnage et les sinuosités que prend le récit. Mais ces déplacements s'effectuent dans le cadre d'aventures personnelles de sujets faisant l'expérience de certains espaces souvent belliqueux comme la ville.

Toutefois, les déplacements ici sont à considérer uniquement à travers leur rôle dans l'exercice du pouvoir. Et il est significatif que dans les textes étudiés, le détenteur du pouvoir effectue ou ordonne les déplacements. Malo se déplace librement uniquement au début du film. Toutes les autres fois, il est contraint de le faire, car ses mouvements sont gérés et contrôlés par les nombreux regards de la communauté. Au contraire, il est régulièrement convoqué, aussi bien dans le film que dans le roman, ce contre quoi il se révolte violemment. Samba Diallo est quant à lui l'objet de toutes les manipulations, simple pantin tragique entre les mains de la Grande Royale. Dans le roman, à peine l'a-t-on précipité dans le guêpier géant de l'Occident qu'on lui ordonne de retrouver le sol des Diallobé : il s'y engage dès le début du film de Champreux.

Dans *L'Enfant noir*, le jeune Baba Camara est impliqué dans un voyage rocambolesque à Conakry où il tentera de s'épanouir, tout comme le personnage romanesque qui se rend jusqu'à Paris. Tant qu'il a de l'argent, El Hadji, dans *Xala*, prend l'initiative de ses déplacements, naviguant d'un lieu à l'autre, selon sa propre initiative. Mais dès que se déclenchent ses problèmes de performance sexuelle, c'est la chute. Il est obligé de se faire conduire chez divers marabouts qui prennent à ce moment le pouvoir. Le pôle de domination se déplace. Quand ses affaires déclinent, il est convoqué par ceux dont le pouvoir n'est pas entamé. Lorsqu'il est radié de la Chambre, il la quitte à pied, alors que dans le roman, Madou, son fidèle chauffeur, lui fait appeler un taxi.

La (dé)marche de Voulet dans *Sarraounia* est celle de la conquête. Comme dans les cas précédents, le récit évolue avec les mouvements spatiaux, « surtout linéaires », du conquérant. Il poursuit avec un entêtement qui lui sera fatal son expédition vers le village de Lougou. Le protocole téléologique fait des initiatives d'un homme le processus mobilisateur du récit. Et il se fait suivre, jusque dans ses suicides, par la plupart de ses collaborateurs. La reine prend les devants dans toutes les séances d'espionnage de l'ennemi. Des sujets la suivent pendant qu'elle harangue ses guerriers dans la cour de son palais. Mais il est un cas pour le moins pervers, et même franchement dangereux de la logique du mouvement : c'est le vrai-faux départ des Blancs.

Christian Zimmer écrit fort à propos, et on pourrait se demander si l'argument relevé ne vaut pas pour le néocolonialisme né de cette équivoque appelée complaisamment les « indépendances » : « [...] le colonialisme a un double visage, l'un meurtrier, l'autre inoffensif, mais [...] son but est unique, qu'il s'agisse d'annihiler physiquement ou de détruire l'identité, l'existence spirituelle d'un peuple » (1974 : 189). Deux textes du corpus notamment, *Xala* et *L'Aventure ambiguë*, portent la thématique du déplacement à un niveau fondamental, à savoir celui du départ réel ou feint des anciens colons. Et c'est ce déplacement, ou plutôt sa négation, qui permet de mieux saisir la pertinence des propos de Zimmer et mieux percevoir les pièges du guêpier (néo)colonial. En effet, la Grande Royale semble avoir volontairement poussé son peuple vers la catastrophe, ainsi que l'énonce clairement le roman :

> On commença, dans le continent noir, à comprendre que leur puissance véritable [celle des Blancs] résidait, non pas dans les canons du premier matin, mais dans ce qui suivait les canons. Ainsi, derrière les canonnières, le clair regard de la Grande Royale des Diallobé avait vu l'école nouvelle. (p. 60.)

C'est donc en connaissance de cause que cette femme au charisme et à la clairvoyance redoutables pousse les siens à l'école, qui se présente comme le danger invisible, la mine qui explosera. Samba Diallo en est l'illustration tragique. Le film de Champreux s'emploie d'ailleurs à mettre en œuvre cet échec, puisqu'elle y reconnaît le danger de son entreprise et se révolte contre la mutation de son neveu. Cette attitude, qui trahit un certain remords est, en fait, rigoureusement inconséquente. Mais la réécriture filmique porte cette guerre sournoise contre le peuple diallobé à une autre dimension plus actuelle, telle qu'elle n'avait pas été abordée par Cheikh Hamidou Kane : il s'agit de l'exploitation économique, qui vient aggraver le catalogue des malheurs.

En effet, le retour de Samba Diallo apparaît comme l'actualisation d'une métaphore thanatique : elle s'ouvre sur la mort et se clôt également sur celle-ci. À peine arrive-t-il qu'il assiste à un accident au chantier. Son compagnon d'enfance, Sidibé, également inexistant dans le roman, décède. Ce chantier, où Lucienne exerce la mort dans l'âme, transforme radicalement la vie de la contrée. Ses camions profanent allégrement les tombes, au plus grand désespoir de Samba Diallo. Le plaisantin Pierre Louis le disait, les Blancs ne peuvent rien apporter en dehors du béton et de la misère. Le docteur Lacroix, « exporté » en Afrique dans le cadre de la réécriture comme tous les autres personnages du roman, le dit à un certain moment : ce chantier lui fait peur.

Il n'aura même plus l'occasion de s'en émouvoir : un camion l'écrase pendant qu'il va déposer une autre gerbe de fleurs sur la tombe de son épouse. Pire : il ne s'arrête même pas. Mais d'où vient ce chantier ?

En l'absence de Samba Diallo resté en France, où il enseigne la philosophie, l'emprise européenne prend son vrai visage : l'expansionnisme et l'entreprenariat tous azimuts. Lorsqu'à son retour, ce dernier va se plaindre de la profanation des tombes, le jeune ingénieur qui dirige l'entreprise mortifère de travaux publics s'excuse naïvement : ce n'est pas lui qui a découvert un gisement de bauxite dans le nord. Après avoir tenté en vain d'acheter la compréhension du Samba Diallo impuissant, il lui signifie clairement qu'une plainte ne le conduira nulle part. Pierre Louis, dont l'attitude faconde et proche de la plaisanterie permanente peut distraire de la pertinence de ses propos, dira d'ailleurs à Samba Diallo, à qui la France semble avoir définitivement lavé le cerveau : ni les gros trusts internationaux, ni les multinationales voraces, ni le gouvernement local à leur solde ne permettraient que la tranquillité des activités du chantier soit perturbée. Autrement dit, dans l'ordre (néo)colonial, les richesses naturelles sont « une malédiction ». Malheur et mort aux peuples dont le sous-sol est généreux. Le cas des Djallinké l'illustre. Il n'y a qu'à voir le destin des peuples colonisés pour s'en convaincre. La mort y sévit sous différentes formes.

On le voit, Jacques Champreux aborde ici un des aspects fondamentaux du discours postcolonial : le faux départ de l'Autre, mais surtout, sa frénésie du gain qui ne laisse pas de place à la moindre considération humaine. Et ce discours est clairement mis en scène dans le film, le chantier n'apporte strictement rien à l'épanouissement social des Djallinké. Bien au contraire, il répand la mort physique après la mort spirituelle dont l'école nouvelle a infesté la communauté. Le premier bénéficiaire est, bien sûr, l'Europe capitaliste. Et pour le cas d'espèce, un gisement de bauxite découvert dans le nord impose de marcher sur les cadavres des Djallinké pour pouvoir l'exploiter. On retrouve, avec ce peuple devant affronter quotidiennement la mort et qui assiste impuissant à l'exode de ses fils, le même schéma que décrit Fanon en parlant du capitalisme colonial. Il a enrichi et continue d'enrichir l'Europe, alors que les peuples vaincus pataugent dans une misère sans nom :

> Les masses luttent contre la même misère, se débattent avec les mêmes gestes et dessinent avec leurs estomacs rapetissés ce qu'on a

> pu appeler la géographie de la faim. Monde sous-développé, monde de misère et inhumain. Mais aussi monde sans médecins, sans ingénieurs, sans administrateurs. Vis-à-vis ce monde, les nations européennes se vautrent dans l'opulence la plus ostentatoire. Cette opulence européenne est littéralement scandaleuse, car elle a été bâtie sur le dos des esclaves, elle s'est nourrie du sang des esclaves, elle vient en droite ligne du sol et du sous-sol de ce monde sous-développé. Le bien-être et le progrès de l'Europe ont été bâtis avec la sueur et les cadavres des Nègres, des Arabes, des Indiens et des Jaunes. (Fanon, 1968 : 54.)

Un Français, le docteur Paul Lacroix, et surtout les morts djallinké payent ainsi le prix du capitalisme sauvage constitutif de toute entreprise occidentale. Voilà pour l'aspect ouvertement meurtrier du colonialisme tel que le formule Christian Zimmer. Mais il en est un autre : le faux départ, de nature plus perverse et plus dangereuse dans ses effets. Elle relève de la surveillance, c'est-à-dire d'une forme sournoise de gouvernement.

Pendant la longue tirade suivant sa radiation de la Chambre, El Hadji Abdul Kader Bèye procède à un joli petit déballage que le film et le roman représentent différemment. Dans les deux situations, le personnage acculé et n'ayant plus rien à perdre lâche quelques vérités dont celles-ci :

> [N]ous ne contrôlons rien. Ici, nous ne sommes que des crabes dans un panier. Nous voulons la place de l'ex-occupant. Nous y sommes. Cette chambre en est la preuve. Quoi de changé, en général comme en particulier? Rien. Le colon est devenu plus fort, caché en nous, en nous ici présent. Il nous promet les restes du festin si nous sommes sages. (p. 154.)

Ce « en nous » peut être étendu à un possible « parmi nous. » En effet, dans le film, Dupont Durand, un personnage du film qui n'existe pas dans le roman *Xala*, a un rôle pour le moins ambigu. D'un calme troublant, il a tout l'air d'un figurant. Pourtant, il devient « conseiller technique » du nouveau président aussitôt qu'il est évincé de la direction de la Chambre. Ce personnage qui prononce à peine quelques mots dans le film où il semble n'avoir rien à faire est bien une de ces mines (antipersonnelles) que le colon laisse derrière lui pendant qu'il entretient le mythe de son départ. En effet, à l'analyse, Dupont est plus dangereux et, du point de vue de la mise en scène, plus fonctionnel et, donc, menaçant pour l'Afrique.

En effet, Dupont Durand et son équipe quittent la salle des délibérations après en avoir été expulsés. Mais ils y reviennent aussitôt et, pire, occupent une position décisive : ils sont debout. En d'autres termes, leur regard occupe la position stratégique de la vérité, du soleil dans le mythe d'Icare, du pouvoir de la caméra, de la caméra-pouvoir. On est en pleine plongée, en plein regard panoptique. Autrement dit, ils « surveillent » du regard et des oreilles tous les manèges du groupuscule d'hommes faisant semblant de diriger la Chambre. D'ailleurs, du point de vue protocolaire, le fait que Dupont et les autres conseillers blancs arrivent dans la salle après les nouveaux membres montre qu'ils sont plus importants. En plus, il circule allégrement dans la salle des délibérations, alors que les pantins nègres sont assis, croupissant sous son regard. Cette position debout, ce silence, ce froid, Dupont le maintient pendant tout le film. Il est présent à toutes les scènes où se trouve le nouveau président de la Chambre, au point de partager le même bureau que lui. Hasard de la mise en scène ou projet conscient du réalisateur?

Difficile de répondre à cette question. Il importe au moins de la poser. En effet, le texte offert au spectateur, surtout dans le cadre d'une réécriture, est une source infinie de significations. Toujours est-il que ce non-départ, cet aller-retour marque une phase importante dans le discours postcolonial. Il révèle le prétexte d'une « coopération » incertaine par laquelle l'Hexagone tient ses colonies comme la corde tient le pendu. Ce qui lui permet de maintenir son emprise sur les anciennes colonies. En effet, ce que montre le film, c'est que Dupont *surveille* les « hommes d'affaires » sans en donner l'impression, comme la France surveille le continent noir. Une autre forme de police prend ainsi forme et, dans tous les cas, aucune circonstance atténuante ne viendrait élucider la catastrophe actuelle de l'Afrique. En effet, la corruption généralisée, la faillite totale du continent se déploient alors qu'il est infesté de patrouilles de « coopérants » et autres « conseillers techniques » comme Dupont Durand.

Mais la mise en scène, du fait de la fonction du regard comme exercice du pouvoir, donne lieu de penser plutôt que la présence de Dupont relève de la surveillance systématique. Un tel constat impose de renverser le panoptisme tel que le concevaient Michel Foucault et Jeremy Bentham. Alors que, dans le dispositif pénitentiaire, il est impératif que le sujet sache qu'il est surveillé en permanence, le néocolonialisme affecte la liberté et l'indifférence, laissant au pantin l'illusion de la liberté et des mouvements. Pourtant, Dupont Durand, toujours silencieux et debout, épie les faits et gestes. Une telle situation est pire que celle décrite dans *Sango Malo* où le maître ne se fait aucune illusion. Le roman est d'ailleurs clair à ce sujet : les autres maîtres subissent la présence (visuelle et auditive) de leur patron réel « partout ». Le personnel se sent surveillé en permanence, à tous les degrés, ainsi que le dit le narrateur.

Par contre, dans *Xala* où Dupont tient le capital, les dossiers importants et où un autre Blanc supervise les services de sécurité, l'assemblée de jouisseurs, en dehors d'El Hadji lors de son sursaut d'honneur après son éviction, ne sait pas ou refuse d'admettre qu'ils sont l'objet d'une habile manipulation. On ne saurait penser à autre chose : l'Afrique est quadrillée par le regard et la technologie de l'Occident. Un dispositif panoptique autrement plus pervers, nous dit Foucault, « subtilement arrangé pour qu'un surveillant puisse observer, d'un coup d'œil, tant d'individus différents [...] la machine à voir [est] une sorte de chambre noire où épier les individus [...] » (1975 : 242). On le voit, les gestes sont des éléments déterminants dans la constitution du pouvoir. Ce dernier est aussi défini en matière de places et d'espaces.

3. L'ESPACE ET LA GESTION DU POUVOIR

À la suite des révélations de Samba indiquant clairement qu'il est passé à l'Autre et devenu définitivement Autre, c'est-à-dire radicalement transformé, la Grande Royale, révoltée et déçue, congédie sans façon son neveu et son frère. Elle appelle alors le griot Achori et lui ordonne non pas de lui raconter d'autres contes et fables, mais de « prendre [sa] place. C'est tout ». Sango Malo, quant à lui, se fait dire par le chef lors de sa convocation que toutes ses activités visent une seule chose : s'approprier le poste, la place du directeur. Ces deux exemples montrent que la notion de place, d'espace, est fondamentale dans la détermination du pouvoir. Il est d'abord une mise en place, exclusion/inclusion, protection/quête de position. Tout relève donc encore ici de la mise en scène, minutieusement calculée à des fins idéologiques.

Achori, qui n'existe pas dans le roman, est en fait toujours au même endroit dans le film de Champreux. Il est assis à même le sol, en face de la Grande Royale qu'il ne regarde jamais pendant la relation des contes : on ne regarde pas son supérieur dans les yeux. La femme, elle, est assise sur un lit surélevé, ce qui la place en position de pouvoir tel que le film et le roman le prouvent. Pendant l'assemblée qu'elle convoque, Achori est paradoxalement assez proche de la Grande Royale dont il ne fait que confirmer les propos. Mais si dans ces scènes il ne parle pas, lui tournant le dos comme le lui impose sa condition de griot, cette proximité n'implique nullement quelque appropriation de pouvoir de sa part, car cela impliquerait une inversion des rôles et des « places ». Peut-il d'ailleurs en être autrement? Alors que beaucoup de personnages exercent leur pouvoir debout et par leurs mouvements, la Grande Royale, dans *L'Aventure ambiguë*, est immobile et impose le respect, la discipline, voire la peur. Sa place n'en est que plus renforcée. Tous ceux qui lui rendent visite, même le chef censé diriger la communauté, s'installent en face d'elle, à même le sol. Jamais à ses côtés. Elle surplombe toujours l'espace, comme la Grande Royale de Benjamin Jules-Rosette, qui tournoie avec aisance devant le maître assis.

Pendant toutes les réunions publiques, la mise en scène élabore une « mise en place » déterminée par le degré d'appropriation des lieux, des discours et des décisions, alors que les textes romanesques procèdent à de simples évocations. Lors des assemblées, le chef, la Grande Royale, le griot et les autres dignitaires djallinké sont assis d'un côté, « en face » des autres dirigeants de la communauté : les détenteurs du pouvoir ne se mélangent pas avec les autres. Des champs-contrechamps ou des plans d'ensemble permettent d'avoir des vues différentes lors de la distribution de la parole. C'est exactement le même procédé qui est à l'œuvre quand la Grande Royale vient interrompre une réunion au cours de laquelle le chef est incapable de maintenir la discipline.

Dans *Sarraounia*, lorsque la reine est dans son palais, elle est assise en face de ses serviteurs, dans la stricte tradition royale. De son trône, elle écoute avec un malaise mal dissimulé le panégyrique de son amant Gogué, à quelques mètres de son père adoptif et de son autre amant, Baka. Serkin Arewa et l'émir de Sokoto occupent le même lieu stratégique lors des réunions qu'ils tiennent. Au cours d'une de ses nombreuses ripailles tropicales, la colonie martiale de Voulet est soigneusement installée sous un hangar. À une distance raisonnable des tirailleurs nègres, Voulet et ses hommes y dévorent de gros morceaux de viande arrosés de bordeaux. Ils devisent en même temps sur leurs sujets favoris : la jungle africaine et ses femmes. Et juste en face d'eux, quelques Négresses jetées en pâture à leurs instincts sauvages. Lorsqu'au début du film Coulibaly vient rendre compte de l'avancée coloniale dans l'assassinat massif des indigènes, le tableau est assez repoussant : Voulet est couché sur un lit surélevé. Sur le sol, une Négresse, certainement épuisée par le labeur nocturne. Comme seuls propos en reconnaissance du plaisir donné, il lui demande d'aller se laver les parties intimes. Logique : la femme n'est qu'un objet. Une Négresse l'est encore plus.

Dans *Sango Malo*, lorsque le maître est convoqué pour répondre de ses actes, le chef, le directeur, Honba et le catéchiste sont tous assis du même côté, en face de Malo qui occupe une position d'accusé au prétoire, et même de prisonnier potentiel. Lors de la campagne cacaoyère, le délégué de l'agriculture et les autres représentants du pouvoir occupent aussi le même espace. Le même dispositif protocolaire s'observe à l'église, lieu supposé de justice. Les juges, les justes, c'est-à-dire les défenseurs/détenteurs de la *doxa*, y compris le servant du chef, à la différence qu'il n'est pas assis comme les autres, sont installés au même endroit. Le discours castrateur du catéchiste sur le « mal » que le montage alterné révèle être Malo a donc pour origine un espace partagé et protégé, c'est-à-dire les occupants de cet espace. La complicité et la conspiration contre le rebelle deviennent donc également illustrées par la mise en scène. Il est procédé à une sorte de divinisation, à une sacralisation du pouvoir politique.

En plus des face-à-face, la position du sujet dans le plan est aussi un indice de détermination des degrés dans les rapports de force. À ce sujet, comme dans le chapitre précédent, la position de la caméra exprime clairement la relation de pouvoir et de subordination. Le domicile du chef, dans *Sango Malo*, est en étages. Ce n'est pas un hasard. Lorsque Sina s'y rend pour répondre à une convocation, le chef est filmé en contre-plongée du sommet de son édifice : c'est de là qu'il profère des menaces contre le paysan. Le domicile du sous-préfet, tout comme l'école où exerce Malo, est situé en altitude. Cette dernière est à juste titre désignée par « colline du savoir ». Le bureau du directeur est non seulement situé à une distance lui permettant d'exercer pleinement sa surveillance oculaire et auriculaire sur toute l'école, mais aussi les escaliers qui y conduisent ont, sur le plan symbolique, une fonction de promotion, d'ascension vers la divinité et le lieu d'où s'origine la vérité du discours, de l'être. Il s'en sert à bon escient, et le roman l'indique magistralement. En témoigne une rencontre avec Malo :

> Le directeur et le maître traversèrent la cour pour parvenir au bureau. Monsieur Nyemb gravit quelques marches de son escalier, s'arrêta sur l'une d'elles, réfléchit quelques instants, puis il se retourna vers Malo qui s'apprêtait à mettre pied sur le premier niveau. De la sorte, il dominait de son piédestal le maître qui se trouvait à même le sol, et Malo pensa que c'était là une autre de ses recettes impériales. (P. 44).

Le film illustre bien ce rite auquel le directeur se consacre avec un plaisir évident. Lorsque Malo et ses élèves effectuent leur première séance de travail manuel, du sommet de la petite pente où il se trouve, les mains dans les poches, le directeur ordonne au maître de penser à chercher du bois pour le chef. Il est également montré assez souvent dans le film devant son bureau où, à partir des escaliers, d'un regard panoramique, il balaie avec la caméra l'espace de son école. Cela s'effectue presque toujours au moment où Malo se dirige vers ses nombreuses randonnées « illégales » et buissonnières.

Sans procéder tout à fait à des plongées, le film *Guelwaar* déploie, dans ses ramifications spatiales, le pouvoir politique et montre l'Afrique dans sa petitesse vis-à-vis l'emprise de l'étranger et des œuvres dont il se sert. À la tribune anormalement surélevée sont installés les dignitaires du pouvoir colonial et de ce qu'il est devenu. En face, des populations assises, mais en réalité couchées, dominées, vaincues par la dictature et la faim. Le symbolisme des scènes opère de manière plus expressive, dénotant la hiérarchie des valeurs et des normes. Les dons alimentaires forment une petite montagne dont la hauteur est supérieure à celle des populations assises, presque au même niveau que celle de la tribune où sont tapis les garants de la mendicité. L'image rappelle un peu celle des avions survolant l'Éthiopie, le Soudan ou d'autres régions sinistrées pour larguer des sacs d'aliments. Les drapeaux de diverses puissances impériales qui entretiennent l'esclavage par la nourriture et la corruption flottent avec arrogance : États-Unis, Angleterre, France, mais surtout, en bonne place, celui d'une certaine Communauté européenne, communauté impérialiste. On peut encore lire sur une banderole plus haute : VIVE LA COOPÉRATION NORD-SUD. On sait quel est le contenu de cette « coopération » : la perpétuation d'une subordination efficacement programmée[2]. Dans *L'Aventure ambiguë*, de Champreux, elle étrangle et assassine. Ici, elle entretient la famine et réduit le Nègre à une fonction biologique qui, avec le sexe, maintiennent certains vieux clichés coloniaux et racistes. Si on admet, avec le mythe d'Icare, que l'altitude est signe de vérité, de supériorité, de pouvoir, de divinité, alors on appréhende mieux cette coopération alimentaire dont le panégyrique domine les populations assises. La vérité, le pouvoir « sur » le Nègre passe par son ventre. Mais il n'y a pas que l'altitude. Il y a aussi l'échelle du plan, la position sur la scène où l'antériorité a un sens.

La dramaturgie permet aussi de mobiliser des scènes de hiérarchie. Le dispositif de l'image, par le jeu des plans et des arrière-plans, implique des effets de disjonction dans le statut des acteurs. Il s'agit même souvent de domination, de contradiction, sinon de conflit. Pendant qu'il marche avec le maître ou son épouse, le directeur dans *Sango Malo* demeure légèrement au premier plan. Lors de tous ses déplacements, le chef est toujours devant. Lorsqu'il va effrayer les hommes avec ses imprécations sur la mort, Samba Diallo est toujours à la tête du groupe, ce qui le positionne comme leader. Dans toutes leurs avancées, Voulet, puis le colonel Klobb se placent en tête du peloton. À la mosquée, lors de l'unique séance de prière à laquelle prend part Samba, d'ailleurs sans suffisamment de concentration, le maître est placé en tout premier plan. L'espace est le sien et la disposition des fidèles sur la scène montre qu'il est le personnage le plus puissant des lieux, le maître spirituel des Djallinké.

Dans *Guelwaar*, Gora, à qui reviennent toutes les initiatives, précède tous les autres personnages sur toutes les images. Même dans la voiture, Barthélemy est assis derrière. Pendant la procession vers le cimetière, c'est également les leaders, l'imam Biram et le vieux Gormag qui sont à la tête de leurs communautés respectives. Les vieillards fatigués, renégats et inconséquents sont, à la fin du film, remplacés à la tête du cortège par les jeunes, Étienne en tête. En substance, l'avenir, le pouvoir est arraché aux bois morts incapables de garantir à l'Afrique un minimum de dignité. Le guide, le leader, le chef, possède toujours un savoir réel ou supposé, mais aussi un pouvoir qui le place en tête, à la tête de toute activité. Il demeure en toutes circonstances la voie, le modèle, le chemin, l'exemple. À cette distribution longitudinale s'ajoute une répartition latérale.

Lors des funérailles à la concession de Guelwaar, les hommes, et surtout les gérontes de la catégorie *moromyi*, sont assis d'un côté, loin du groupe de pleureuses dont beaucoup s'occupent à servir à boire et à manger. Dans *Xala*, alors que le groupe constitué des « hommes d'affaires » est installé à l'intérieur de la villa, les « autres » convives sont dehors, installés en plein air. Tout cela montre simplement que les classes sociales sont étanches et ne se mélangent pas. Il est important, pour la protection de l'ordre social, de maintenir chacun à sa place. Alors que, dans un cas, la mise en scène permet d'illustrer l'importance de monarchies africaines, dans les autres, elles est une manifestation de l'ordre colonial où est déterminée la fortune.

Par contre, dans *Sarraounia*, lors de la première apparition publique de la reine, celle-ci est installée non pas au premier, mais en arrière-plan. Cela n'aliène en rien ses attributs royaux. Simplement, un tel dispositif permet au réalisateur d'installer l'assistance sur des escaliers. Le personnage central, nécessairement le plus puissant, est ainsi filmé en légère contre-plongée : cette structuration permet d'assurer, des points de vue optique et spatial, la démonstration d'un exercice effectif du pouvoir. Déjà d'une stature imposante, Sarraounia domine littéralement l'assistance qu'elle perçoit du sommet de son pouvoir.

On peut le remarquer dans tous les cas précédents, la remise en scène du pouvoir se fait dans la stricte tradition panoptique. Au-delà de la surveillance généralisée, cette représentation illustre surtout, écrit Michel Foucault, la dramaturgie d'un « [e]space découpé, immobile. Chacun est arrimé à sa place. Et s'il bouge, il y va de sa vie, contagion ou punition » (1975 : 229). L'enjeu est de taille et réside dans le maintien du déséquilibre caractéristique de tout système politique. Il exclut toujours des individus en les maintenant dans certains lieux. C'est pourquoi le pouvoir, dans tous les films abordés,

> prescrit à chacun sa place, à chacun son corps, à chacun sa maladie et sa mort, à chacun son bien, par l'effet d'un pouvoir omniprésent et omniscient qui se subdivise lui-même de façon régulière et ininterrompue jusqu'à la détermination finale de l'individu, de celui qui le caractérise, de ce qui lui appartient, de ce qui lui arrive. (Foucault, 1975 : 230.)

On mesure ainsi mieux l'ampleur des répressions qui suivent chaque transgression, toute remise en cause ou toute instabilité des places. Voulet tire sur Klobb dans *Sarraounia*, avant d'être lui-même exécuté par ses tirailleurs nègres pris d'un sursaut de dignité. Guelwaar paye la perpétuation de la mendicité internationale de sa vie. Sango Malo finit sa rébellion en prison. El Hadji est éjecté d'une place dont le déséquilibre et le dépérissement mettent en péril celle des autres rapaces. Dans le film de Benjamin Jules-Rosette, la Grande Royale maintient bien sa place, tout en envahissant régulièrement celle des autres. Celui de Jacques Champreux met en œuvre les dégâts de cette puissance incontrôlée, et même usurpée, dont l'exercice pousse les Djallinké à des catastrophes dont la communauté ne se remet pas. Pire, du trône pour lequel on le prédestinait sans jamais le consulter, ou du turban du maître dont on voulait l'habiller, Samba Diallo se retrouve sous la terre à la fin des divers textes.

Tout cela confirme, on le voit, les procédés de représentation du pouvoir dans les réécritures filmiques. Là où le texte littéraire effectue, lorsque cela arrive, de simples descriptions, le film opère une répartition spatiale qui permet de déterminer la place et le rôle de chaque sujet dans le système social. Chaque personnage, principalement les détenteurs de tout pouvoir, révèle, de par ses seuls gestes, le lieu d'où il parle. Comme l'indique Brecht ainsi que toutes les analyses sur la proxémique, les logiques de pouvoir et de domination enlèvent aux mouvements toute neutralité. Le plus petit geste est toujours indiciel, en ce sens qu'il révèle une classification, une position, une idéologie. Et le cas relevé de l'épouse du chef dans *Sango Malo* est assez significatif à ce titre. Non seulement elle lui masse les pieds, mais aussi est assise sur le sol, alors que les hommes et son époux sont assis sur des sièges. Cette mise en scène est révélatrice des structures sociales et, en fait, patriarcales de tout pouvoir. Quelle est dans ce contexte, à supposer qu'elle existe, la « place » de la femme, la situation du « féminin » dans l'architecture romanesque et filmique en étude ici ? Quel est le regard porté sur le féminin ? Le chapitre suivant aborde ces questions.

Notes

1 À noter que, dans le roman, toute notion relative au pouvoir politique est exprimée par une métaphore divine ou religieuse, rappelant de ce fait le caractère sacré de tout pouvoir, ainsi que l'indique Bertrand de Jouvenel dans *Du pouvoir*. C'est pourquoi les différentes désignations sont « Dieu sur terre », « Ciel sur terre », « Saint de l'éducation », etc.

2 À ce sujet, on lira avec intérêt un ouvrage qui démonte les ruses réelles de diverses « aides » : Tibor Mende, *De l'aide à la recolonisation*, Paris, Seuil, 1968.

Chapitre 8

REPRÉSENTATIONS DU FÉMININ[1]

Le statut de « la femme » africaine a toujours donné lieu à des interrogations brûlantes, et même à des passions. Le discours masculin qui, selon Carole Boyce Davis et Anne A. Graves (1990), se réduit à l'exaltation d'une beauté exotique ou à la protection de l'image d'une femme féconde, comme celui élaboré « ailleurs » et qui considère la femme comme catégorie universelle de création, dégage en permanence un malaise. Et on se demande toujours si elle est une « femme », éventuellement noire, ou simplement une « femme africaine », dont il convient de légitimer la représentation.

Or, il est évident que les femmes africaines ont un vécu « spécifique » que ne peuvent pas toujours élucider leurs « sœurs » occidentales. Davantage : les enjeux sur cette question se métamorphosent quand on passe de Calixthe Beyala (1995) à Molara Ogundipe Leslie (1994), Irène Assiba d'Alméida (1994), Béatrice Gallimore Ranjira (1994) ou Juliana Makuchi Nfah-Abbenyi (1997). Dans tous les cas sont parfois radicalement remises en question les structures de l'édifice patriarcal. Est aussi élaboré un discours sur le corps ou la polygamie. Au-delà des réflexions menées ici et là se trouve mis à jour un portrait au féminin « de l'intérieur, dans une perspective féminine », qui viserait à s'affranchir de la simplification réelle ou supposée de la « fabrication » masculine du féminin. Hélène Cixous (1994 : 55) relevait son incapacité totale à « vivre » des émotions masculines. Inversement, on pourrait, pour le cas de l'Afrique, s'interroger sur la « possibilité, le discours et l'interprétabilité d'un regard masculin » sur le féminin.

Le problème se repose au cinéma. Dans une étude, Farida Ayari regrette ceci :

> [Que] l'image de la femme dans le cinéma africain reste essentiellement masculine. L'écran africain, tout modeste qu'il soit, nous offre

> certes une mosaïque assez représentative de personnages féminins. Mais ce sont des femmes fabriquées dans l'imaginaire des hommes qui réalisent les films. Un imaginaire qui, pourtant, dans la plupart des cas, est directement en prise avec la réalité. (1983 : 137.)

Même si elle note des exceptions, elle relève ensuite qu'il n'existe presque pas de modèle d'héroïne positive, elles ont presque toujours un sort tragique.

Sheila Petty (1996), quant à elle, manifeste d'autres préoccupations : il ne faut pas se tromper sur l'illusion « féministe » de certains cinéastes. Cela n'est qu'accidentel, car ils ont en fait d'autres projets qu'elle ne nomme pas. Autrement dit, la « femme » ne préoccupe pas vraiment le cinéaste africain. Il se servirait simplement d'elle pour diffuser son discours anticolonial.

Cela est plus vrai que jamais, la question du féminisme est politique, sociale et pluridisciplinaire. Elle traverse tous les domaines. Le discours « féminin » sur le « féminin » fonde son jugement de vérité sur l'appartenance au sexe, catégorie biologique instable et « construite » par un discours millénaire. Mais lorsque certaines théories cherchent à exclure la femme du regard masculin ou à disqualifier de fait ce dernier, quelle alternative proposent-elles? La sexuation du regard et de la représentation ne consiste-t-elle pas, en fait, à étouffer les véritables questions? Quelle crédibilité accorder à cet étonnant ralliement sollicité par Calixthe Beyala qui, dans la ligne des schémas hallucinés dans le discours impérial triomphant, demande « secours » à ses « sœurs occidentales » afin qu'elles « [s'occupent] des conditions de vie des femmes d'autres continents! C'est le seul droit d'ingérence qui mérite d'être vécu » (1995 : 103-104)? Ne peut-on pas y voir un héritage de cette stratégie d'infiltration que relève Frantz Fanon, par laquelle l'occupant, dans le but de miner la culture nationale, multiplie et diffuse des hallucinations sur « la femme humiliée, mise à l'écart, cloîtrée... » (1959b : 19) par des hommes dont on démontre avec acharnement la culpabilité? Dans le cadre de la création cinématographique africaine, les films de Souleymane Cissé par exemple, comme ceux de Sembène Ousmane, ne peuvent-ils pas atténuer certaines divagations d'école chez les théoricien(ne)s de la « prise de parole », cette sorte de messianisme, de nouvelle genèse, véritable mythologie des origines et de l'« exactitude » du regard? La femme africaine est-elle seulement la représentante et la victime d'une tradition archaïque, à savoir la polygamie et le « primitivisme » des mœurs?

Ces interrogations semblent importantes dans leurs prérogatives. D'autant plus que tous les textes abordés ici, littéraires et filmiques, sont écrits ou réalisés par des « hommes » : *Sango Malo, L'Aventure ambiguë, Sarraounia, Guelwaar* et *Xala*. Autrement dit, le regard sur le féminin est masculin. Or, dit Hélène Cixous, le véritable sexe, c'est le cœur. Bien plus, selon Jacques Derrida :

> [D]ès qu'il y a de la différence sexuelle, il y a des mots ou plutôt des traces à *lire*. Elle commence *par là*. [...] dès lors, la différence sexuelle reste à interpréter, à déchiffrer, à désencrypter, à lire et non à voir. Lisible, donc invisible, objet de témoignage et non de preuve – et du même coup problématique, mobile, non assurée, elle passe, elle est de passage, elle passe de l'un à l'autre, par l'un et l'autre, de l'une à l'autre comme une fourmi [...]. (1994 : 74-75; souligné par l'auteur.)

Ce chapitre évaluera donc ces perspectives : celles du « discours, du contenu du regard masculin ». Il ne s'agit pas de (se) conférer une légitimité visuelle, mais d'en évaluer les perspectives révélées par certains romans africains et les films qui en sont tirés. Ceux-ci, plus encore que les textes littéraires considérés, mettent en difficulté les arguments de Farida Ayari et de Sheila Petty, ainsi que le désespoir grimaçant de Beyala. Ces textes constituent un véritable plaidoyer pour les hommes, pris dans les contradictions des structures régissant leur « domination ». On se retrouve, d'une manière ou d'une autre, dans l'engrenage d'une représentation problématique de la femme dont le « sort » mérite d'être (re)considéré, jusque dans ces paradoxes.

1. LE FÉMININ EN SITUATIONS

L'un des aspects les plus critiqués de la « tradition masculine » dans les écritures en Afrique a surtout été le rôle social de la femme. Le discours patriarcal en ferait un « personnage » marginal, le réduirait à un « rôle ». Autrement dit, elle serait ramenée à ce qu'Assiba d'Almeida (1994 : 6), dans le sillage du discours occidental conquérant, considère comme une fonction primaire : la production économique et la procréation. Juliana Makuchi Nfah-Abbenyi va dans le même sens :

> *One facet of this male tradition that has come increasingly under attack has been the subservient image that the African male writer has given of African women. They* [les femmes] *are portrayed as passive, as always prepared to*

do the bidding of their husbands and family, as having no status of their own and therefore completely dependent on their husband. [...] *These men have been criticized for providing few images of African women as heroic characters as self-determined subjects with agency*[2]. (1997 : 4.)

En dépit de ce qui a l'air d'une exagération, on peut relever, dans le corpus romanesque et filmique à l'étude, une mise en œuvre de ce discours masculin exclusif et « dominateur ». Les images et les mots permettent, dans une certaine mesure, d'asseoir et de conforter le discours phallocratique. Les textes du corpus représentent la femme à divers degrés, suivant divers paramètres. Une scène du film *Sango Malo* est particulièrement parlante : assise à ses pieds, la jeune épouse du chef lui masse les orteils. Bassek Ba Kobhio est simplement conséquent avec lui-même. Au-delà de cette apparente mise en exergue du pouvoir masculin, c'est plutôt sa disqualification qui est opérée, ce qui permet de légitimer toutes les revendications féminines. Dans le roman, les hommes sont parfois désignés par une métaphore parfois zoologique. Ils sont des « seigneurs », des « mâles » paresseux qui passent leur temps à dormir. Le roman le dit, la femme vit « à l'ombre » de son époux. Le dispositif langagier et iconique le confirme.

Le film va plus loin. Le père Bakang, comme dans le roman, administre une bastonnade à son épouse qui serait responsable du mariage sans façon de sa fille. Scène troublante : lasse de fuir, l'épouse obéit aux injonctions de son mari et revient se mettre à genoux pour recevoir la bastonnade. Si elle est rendue responsable de ce mariage clandestin, c'est parce qu'il incombe à la mère de « soumettre » les enfants au discours de la communauté. Les images, les gestes et les propos de l'époux sont la mise en œuvre de cette idéologie.

L'attitude de Mata, l'épouse du directeur, est caractéristique du même cadre idéologique. Comme la mère Bakang, elle se sent coupable de la faillite de ses enfants. Pourtant, entre les deux, il est évident que le mari fait la loi et le film le place toujours au premier plan. Ensuite, alors qu'il appelle toujours son épouse par son nom, Mata, celle-ci l'appelle toujours « Sango », ce qui signifie « Monsieur », ou alors « Honorable ». Cela n'a l'air de rien, mais témoigne en fait d'une pure relation de subordination, là où on se serait attendu à des signes précis d'affection. En dépit de l'improbable « émotivité » senghorienne, le sentiment et l'affection ressortissent du féminin, surtout dans sa « vocalisation ». L'Africain aurait des difficultés particulières à exprimer ouvertement ses sentiments, comme l'illustre le cas d'Okonkwo dans *Le monde s'effondre*. Le cinéma africain est avare de comportements sentimentaux, et les confessions embarrassées de Samba Diallo à Lucienne dans le film de Jacques Champreux constituent une exception. Le personnage ne conjugue d'ailleurs pas le verbe aimer. Le Nègre n'a pas la réputation d'afficher trop ouvertement ses sentiments[3]. Et lorsqu'il le fait, semble nous dire Laurent Chevalier dans sa version filmique de *L'Enfant noir*, il faut s'en méfier : c'est de la ruse ou une autre forme de gouvernement.

En effet, dans ce film, la seule fois où Moussa appelle son épouse « ma belle » au lieu du titre habituel « Madame », c'est lorsqu'il s'apprête à lui annoncer sa décision de prendre une deuxième épouse. Autrement dit, il convient de se méfier des discours affectueux. Ils peuvent relever d'une « stratégie, d'une tactique ». Étant donné la situation de son épouse écrasée par le travail, la polygamie est présentée comme un recours. Le réalisateur complique cette question posée autrement dans le roman. L'oncle du jeune Laye, qui s'y appelle Mamadou, est déjà polygame lorsqu'il arrive à Conakry. De plus, nous dit le narrateur romanesque, il s'agit « d'une famille fort unie et dont toute criaillerie était bannie » (Laye, 1976 : 173).

Or, le film de Chevalier procède à deux opérations majeures. D'abord, il mélange les deux familles dans une cellule déjà surchargée : exactement sept enfants. C'est, en métaphore, l'internat du roman où se rend Camara. De lents panoramiques présentent les enfants entassés les uns sur les autres, dans un cadre où les chambres sont séparées du reste de l'appartement par de simples rideaux. Le surpeuplement de la famille est à l'image qu'on construit du continent africain, mal nourri et croulant sous la promiscuité.

Ce surpeuplement « filmique » semble légitimer, en arrière-fond, le malthusianisme triomphant en cette fin de siècle. Il faudrait peut-être sauver la femme et l'Afrique d'une fécondation anarchique et incontrôlée… par l'Occident ! Même en alignant tant d'enfants, semble nous dire le film, Mme Keita n'améliore pas son sort, perpétuellement mis à mal par des appétits brutaux et des prétentions culturelles. Le discours implicite ne peut être plus clair. Il est donc impératif qu'une certaine image, contenue dans les films de Chevalier et de Sembène Ousmane, disparaisse : toutes les femmes, même lorsqu'elles sont en train de travailler, ont toujours un enfant dans les bras, sur le dos ou dans le ventre. Chevalier n'est pas loin des théologies que Calixthe Beyala formule pour ses personnages. Comme Lætícia dans *Seul le diable le savait*, il faut « réclamer la pilule. Ensuite l'avortement libre. Ne plus être gonflées d'enfants. Ce n'est pas aux hommes de nous faire des enfants. Notre corps nous appartient » (Beyala, 1990 : 197). La question semble assez importante pour qu'on s'y attarde.

Il s'agit dans cette réécriture filmique, d'une « représentation ». Comme le dit Derrida, il est question de « lire » ce qu'elle implique. Or, dans ce cas, il ne s'agit pas seulement d'un homme : il s'agit aussi d'un homme « blanc ». Ne faut-il pas y lire un transfert d'idéologie? En « accentuant » la procréation « filmique » de Mme Keita, en y présentant des signes évidents de misère aggravée par la promiscuité, ne peut-on pas y lire, en plus du fantôme de Malthus, une mise en œuvre du discours hégémonique occidental qui critique la femme au statut de « mère forcée » et l'hétérosexualité comme identité « obligatoire » ? Que dire par ailleurs de cette culpabilisation évidente du masculin ? La question du regard semble ici fondamentale, car, dans son film, Chevalier renverse la perspective du roman, notamment en ce qui concerne la femme. Un tel discours est problématique, car la procréation n'est pas en Afrique une persécution :

> *Whereas many Western women [and men] may view multiple childbirth as both oppressive and restrictive (to their work, careers, economic well-being, et cætera), most African women find empowerment in their children and families. They use their status as mothers to challenge some of the demands their cultures place on them. They even use this status to demand and obtain tangible concessions for themselves*[4]. (Juliana Makuchi Nfah-Abbenyi, 1997 : 24.)

L'enjeu du regard est important ici. Par ailleurs, le film fait de la polygamie un malaise. Comme tous les autres textes, même africains, la polygamie est toujours un nid de malheurs. Dès la seconde journée du mariage, Moussa demande à sa seconde épouse de se rendre à son travail avec le jeune Baba Camara, cela pour échapper à la hargne de la première, pourtant visiblement innocente. Et la griotte, qui n'existe pas non plus dans le roman, délivre une chanson qui est en fait une sévère diatribe contre la polygamie justement en train d'être célébrée. Paradoxe : l'assistance rit tout le temps. Les Africains sont-ils donc si écervelés ou alors incapables de s'attarder sur un discours aussi critique à cause des circonstances ludiques dans lesquelles il est délivré ?

Encore une fois, il est urgent, dans la logique de Derrida, de « lire » ce regard. En effet, ce qui est mis en jeu n'est pas seulement une différence sexuelle. Il est aussi question d'une « différence culturelle ».

On le sait, l'identité culturelle occidentale est hégémonique, mais son exportation est problématique. Puisque la polygamie en crise dans le film est en Afrique une « garantie de liberté », aussi paradoxal que cela puisse paraître. Elle a certainement des avantages qu'on ne peut reprocher au réalisateur de n'avoir pas présentés, mais qui existent, lesquels sont compatibles avec le féminisme et le bien-être de la femme africaine. Selon Carole Boyce Davis :

> [*African feminism*] *sees the positive aspects of the extended family and polygamy with respect to child care and the sharing of household responsibility, traditions which are compatible with modern working women's lives and the problems of child care but which were distorted with colonialism and continue to be distorted in the urban environment*[5]. (1986 : 9.)

La question est encore développée par Buchi Emecheta :

> [...] [*I*]*n many cases, polygamy can be liberating for the woman, rather than inhibiting her, especially if she is educated. The husband has no reason for stopping her from attending international conferences... from going back to University and updating her career and or even getting another degree. Polygamy encourages her to value herself as a person and look outside her family for friends*[6]. (1988 : 178.)

Le regard de Chevalier suscite des interrogations, tout comme le statut de la femme, étant donné que, en fait, l'une des inscriptions filmiques de Chevalier est celle de la domination dont serait victime la femme africaine. Avec Sembène Ousmane et Bassek Ba Kobhio, il consacre ce qui ressemble à une création médiatique et qui est en vérité une invention coloniale. En effet, les « féministes » citées plus haut relèvent avec justesse que la femme avait un statut social défini et précis avant l'ère coloniale, qu'il existait des divinités féminines servies par des hommes. *L'Enfant noir*, de Chevalier, représente la mère de Laye dans une perspective complètement différente de celle du roman. Il s'agit d'une véritable rupture. Non seulement elle y est de loin moins vieille que son époux, mais elle est d'un calme, d'une douceur, d'une dignité, et même d'une mollesse qui rompent radicalement avec la mère décrite dans le roman. Elle n'a pas le doigté, la capacité de manœuvre et de manipulation de la Grande Royale dans *L'Aventure ambiguë* par exemple. Mais, dit le narrateur, elle jouit d'une autorité que personne ne lui conteste et qu'elle exerce avec bonheur, et on se demande s'il n'est pas nécessaire de revoir cette culpabilisation facile du masculin :

> Je sais que cette autorité dont ma mère témoignait paraîtra surprenante; le plus souvent, on imagine dérisoire le rôle de la femme africaine [...] mais l'Afrique est grande, aussi diverse que grande. Chez nous, la coutume ressortit à une *foncière indépendance*, à une *fierté innée*. On ne brime que celui qui veut bien se laisser brimer. Mon père, lui, ne songeait à brimer personne; ma mère, moins que personne; il avait un grand respect pour elle. [...] Cela tenait, je crois, à la personne de ma mère, qui imposait. Cela tenait encore aux pouvoirs qu'elle détenait. (Laye, 1976 : 73; je souligne.)

Ce passage assez ancien confirme la nécessité de relativiser le discours quant à « l'asservissement » de la femme africaine qui serait corvéable à merci. Puisqu'il est question ici de regard, ce qui nous intéresse dans la réécriture de Chevalier est le type de femme mise en scène. La mère du film est le type de « femme traditionnelle » qui, pour beaucoup, est conforme au schéma phallocrate : une ouvrière pondeuse. Lorsqu'elle apparaît pour la première fois, la voix *over* indique, en dépit de l'intention visiblement élogieuse, que Kouda est une machine : elle travaille toujours. Et on la voit justement à l'ouvrage : un enfant sur le dos, elle crépit une case en terre. Et au contraire de la mère du roman qui fait preuve d'une rare autorité, elle s'oppose, sans conviction, au départ de son fils pour Conakry. Elle y est tout en larmes, alors que le même fait ne semble pas beaucoup émouvoir le personnage romanesque. Et la même voix *over* indique que, « chez nous, c'est toujours les hommes qui décident ». Qu'en conclure?

La métamorphose que connaît le personnage féminin lors de son passage au film est une indication de l'origine même du malaise féminin. Le regard de Chevalier, dont la réécriture asservit un personnage ayant une forte impulsion romanesque, pourrait autoriser l'hypothèse que le sort de la femme africaine est en fait une excroissance ou une création du colonialisme. Chevalier serait-il l'instrument involontaire de la perpétuation de cette stratégie d'infiltration autrefois menée par l'occupant? La question est importante. Et il est à se demander si la fin du néocolonialisme ne favoriserait pas la décadence du patriarcat. Avec Sembène Ousmane, la logique est tout autre.

Quels sont les fondements d'un « féminisme masculin » dans les (ré)écritures en Afrique? Le discours est-il à évaluer dans son contenu ou dans l'identité de son auteur? Il est pour le moins étonnant que Sheila Petty soutienne que la place de la femme est purement accidentelle dans le cinéma africain. Déjà, dans ses textes littéraires, notamment *Les Bouts de bois de Dieu*, Sembène Ousmane donne la pleine initiative aux femmes qui initient et conduisent une sédition victorieuse. On se souvient des images du film *Ceddo* où les hommes fuient les combats et implorent les dieux de les protéger, alors que les femmes affrontent les armes des conquérants. Dans *Emitaï*, ce sont toujours elles qui élaborent des stratégies pour soustraire leur récolte de riz de la convoitise des Français. Cette thématique n'est pas gratuite et relève en fait de l'un des projets favoris du réalisateur : la femme est le moteur de la société, et l'Afrique ne saurait se passer d'elle sans risquer son propre avenir. Il soutient notamment :

> C'est toujours les hommes qui vont en guerre, mais qui assume l'éducation des enfants, l'entretien des cultures, la protection des animaux et du cheptel, qui pile? Ce sont les femmes. L'Afrique ne se développera pas sans la participation concrète de la femme. La conception que nos pères avaient de la femme doit être enterrée une fois pour toutes. La femme est l'élément le plus solide d'une communauté, d'une société. C'est pour elle qu'on crée ce qu'il y a de plus beau. (Dans Gadjigo et coll., 1993 : 99-100.)

Ces prises de position, qui mettent en difficulté certains postulats faciles, sont davantage actualisées dans la réécriture romanesque de *Guelwaar*. De manière plus étendue, le roman revient sur les véritables circonstances du refus des dons alimentaires. C'est une femme absente du film, Angèle, qui profite d'une rancœur mal contenue pour humilier son mari qui, avec ses congénères, se complaît dans la mendicité. Les propos que lui prête le romancier pourraient tenir lieu de véritable traité du féminisme, par un étonnant renversement des pôles du pouvoir : le « maître » devient en réalité esclave. Il est important, dit Angèle, comme son créateur, d'inverser le schéma de la domination :

> Par la radio, on nous répète qu'il faut libérer les femmes. Mais libérer les femmes de quoi?... Des travaux champêtres?...Des enfants que nous mettons au monde?... Ceux qui disent cela sont des ignorants. Moi, je vais vous dire ceux qui doivent être libérés : ce sont les hommes qu'il faut libérer, les libérer de leur mentalité de phallocrates; les libérer de leur mentalité de mendigot; les libérer de leur

> subordination aux tubabs. En fin de compte, les libérer d'eux-mêmes. (Sembène Ousmane, 1996 : 61.)

Cette réplique cinglante, prononcée en public, provoque un fou rire général dans le roman. À ce tableau, il faut ajouter le sort des femmes qui, à l'image d'Oumy et d'Aminta, veuves de Meyssa Ciss, croulent sous le poids de la tradition. Oumy, aussi rebelle que son homonyme de *Xala*, décide d'interrompre sa période de viduité pour abandonner enfants et amant. Une fois de plus, le romancier, comme le réalisateur, donne l'initiative historique au sexe dit faible, investi d'une incroyable capacité de nuisance. Cela rappelle la révolte des femmes de *Sango Malo* qui, pour récupérer leurs maris conquis par les prostituées importées par un commerçant sans scrupules, décident, à l'initiative de Ngo Bakang, de s'attaquer à un bordel de fortune. Comme dans toutes les révolutions, les dégâts sont immenses et une époque est révolue : celle de la femme-kleenex ou de la femme servante, ainsi que l'indique le narrateur romanesque. Qu'en conclure?

La démarche thématique de Sembène Ousmane et de Ba Kobhio montre que la femme a même une meilleure vision de l'existence. En effet, il est mis en évidence dans *Guelwaar* que le sens de l'honneur est vite perçu par elle. L'Afrique du XXIe siècle est pilotée par Angèle qui pousse les hommes à la dignité. Il serait problématique de soutenir que les femmes ont une meilleure représentation du féminin. Le regard semble presque identique à celui d'une Mariama Bâ, par exemple. Cela n'a pas du tout l'air d'un accident, mais d'un programme puisque, dans ce cas, il est évident que le masculin est en déclin, pour ne pas dire plus.

2. LE DÉCLIN DU POUVOIR PHALLIQUE

Au-delà de ce qu'il considère comme l'implication concrète de la femme dans le développement de l'Afrique, on note, discrètement mise en œuvre dans les textes de Sembène Ousmane, une disqualification de toute structure phallocratique. En effet, ce qui est exposé dans *Xala*, par exemple, est plus que l'impuissance sexuelle : c'est le déclin du pouvoir phallique, du pouvoir tout court. En dépit de tous ses attributs, le masculin est présenté comme la victime de ses propres errements, un peu à la façon dont Marx disait du capitalisme qu'il porte les germes de sa propre destruction. Une sorte de confrontation. Or, cette dépossession se fait au profit des femmes. L'ampleur du déclin est telle qu'on pourrait retourner à Luce Irigaray cette préoccupation : « [l]a question est donc de savoir si nos civilisations sont encore prêtes à considérer le sexe [masculin] comme une pathologie, une tare, un résidu d'animalité ou si elles sont enfin adultes pour lui donner un statut culturel humain » (1990 : 39). En effet, comment lire la crise, pour ne pas dire plus, de la masculinité dans les textes de Sembène Ousmane ? Le cas de son personnage El Hadji Abdul Kader Bèye véritable pantin, est révélateur de cette dérision.

En effet, le roman *Xala* déploie la capacité de manipulation de Yaye Bineta, la Badiène, mais surtout montre que sa victime El Hadji, pris par sa mégalomanie, est corvéable à l'infini. Fine stratège, elle conditionne l'homme, n'hésite même pas à user des arguments religieux en faveur de la polygamie pour pousser sa nièce dans les bras du commerçant. Toutefois, cette manipulation par le féminin peut poser problème. En effet, Sembène Ousmane se sert d'une femme pour argumenter en faveur de ce que la gent féminine combat dans certains contextes. C'est donc dire que le regard est toujours un peu complexe et qu'il est difficile de le ramener à des dichotomies. Mais cette habile modalité dont fait preuve la Badiène, celle du « faire faire », n'est mise en œuvre que dans le texte littéraire. Le film, comme le roman, insiste sur la dérision permanente qu'expérimente le personnage.

El Hadji a en fait très peu de moments réels d'exercice du pouvoir. En dehors de la claque qu'il administre à sa petite fille rebelle, rarement il est « homme », si cela signifie une prise d'initiative discursive. Tout le film, comme le roman du reste, est la chronique d'une dépossession irréversible et générale de tous ses attributs masculins. Le procès de la polygamie, fatalement malheureuse dans de nombreux « textes fictionnels », est amorcé dès le début du film où le premier conflit naît avec Rama. La digne et ferme résistance de sa première épouse, Adja Awa, qui refuse de descendre de la voiture le prolonge. La dramaturgie vient plus tard au secours de cette déconstruction du patriarcat. Le discours de l'image et sa géométrie est assez parlant.

Oumy écrase pratiquement El Hadji lorsqu'il se rend dans sa chambre : non seulement elle lui parle presque en criant, mais elle lui arrache de l'argent pendant qu'il essaie de gesticuler dans la pièce. Au moment de sortir, elle le pousse comme un enfant en lui criant sa rage contre la première épouse. On le voit : l'homme n'est qu'un objet qu'elle tourne en dérision. Incapable de choisir qui devrait s'asseoir derrière, position de pouvoir, Oumy décide qu'ils s'y installeront tous les trois. Un plan rapproché montre El Hadji coincé entre les deux épouses : l'image du marteau et de l'enclume, une figure cocasse de double contrainte (*double bind*). La dimension de petitesse, et même l'effacement du pouvoir phallique, est encore mise en scène lorsque Oumy se rend au « bureau » de son mari réclamer son argent de poche. Elle investit littéralement l'espace. La caméra la prend dans toute la majesté de son invasion. Ce qui est impliqué est la nécessité de démonter l'espace, c'est-à-dire le pouvoir masculin, et tout pouvoir en général. Le déclin du pouvoir phallique, au bénéfice de l'initiative féminine, est aussi mis en œuvre ici par les gestes, la voix et les initiatives de Rama. On se situe très loin de la femme soumise et procréatrice qui serait la seule construction masculine possible.

L'entreprise de déconstruction est ensuite assumée par Rama, qui, lorsqu'elle se rend dans le même bureau, prend toutes les initiatives de mobilité, refuse toutes les offres de son père. Le fait que ce dernier reste cloué sur sa chaise, ainsi que la maladresse de ses attitudes, l'abattent davantage. On peut donc le voir, même si toutes les femmes participent à la réification de l'homme, elles ne le font pas toujours pour de bonnes causes. Ce qui reste mis en évidence est la démystification et le ravalement du masculin. La construction de l'identité féminine ne semble pas reposer sur une recherche de la justice. On observe plutôt une sorte de nihilisme, des ruses multiples. Peut-on légitimement avancer que le regard de Sembène Ousmane pose problème, du moins pour les femmes ? Quels acteurs faut-il en réalité plaindre dans ses textes ? N'est-ce pas l'homme, ainsi que le dit l'épouse du vieux Guignane ? Le cas de la Grande Royale est plus pertinent encore.

Le titre « chef des Diallobé » a-t-il un sens dans les différents textes que recouvre *L'Aventure ambiguë* ? Qui est le véritable chef des Diallobé ? À qui revient la réalité du pouvoir dans ces textes ? Que dire de ce bicéphalisme à l'Aggripine en place dans le royaume ? Le roman l'implique :

> La Grande Royale était sœur aînée du chef des Diallobé. On racontait que, plus que son frère, c'est elle que le pays craignait. [...] le souvenir de sa grande silhouette n'en continuait pas moins de maintenir dans l'obéissance des tribus du nord, réputées pour leur morgue hautaine. Le chef des Diallobé était de nature plutôt paisible. Là où il préférait en appeler à la compréhension, elle tranchait par voie d'autorité. (Kane, 1961 : 31.)

En outre, sa conception du pouvoir s'apparente à un véritable traité machiavélique[7]. Les films réalisés par Jacques Champreux et Benjamin Jules-Rosette à partir de ce roman s'emploient à mettre en œuvre ce pouvoir qui n'est plus implicite, mais réel. S'il signifie privilège dans la représentation et dans l'initiative, s'il est souvent associé au genre masculin, alors ce pouvoir n'existe pas dans *L'Aventure ambiguë*. Ou alors il est inversé, conquis par le sexe dit faible. Toutes les initiatives, ainsi que certains mouvements précis de caméra, concourent à magnifier la Grande Royale. Chez Jules-Rosette, par exemple, lorsque, comme dans le roman, elle convoque une réunion où elle convie aussi les femmes, la caméra la suit plus tard lors de ses déambulations dans la ville. Le film est le sien, car les autres n'existent que dans son ombre, ainsi que cela advient pour les films classiques. La Grande Royale « est [le personnage] avec qui la caméra se déplace : il lie l'espace, dans la mesure où il fait le lien entre les différentes séquences ou les plans d'un film. Il est ce qui assure à la fiction à la fois sa durée et sa continuité » (Marc Vernet, 1977 : 177-178).

C'est sa voix s'adressant aux Diallobé qu'on entend en voix *off*, alors que l'image sacrifie les masses censées assister à l'assemblée pour ne montrer que la femme. On ne saurait mieux suggérer : le féminin est en position de pouvoir. Davantage : le masculin est émasculé, absent, éclipsé, dévirilisé, comme c'est le cas avec *Xala*. La Grande Royale détient la réalité d'un pouvoir qui fait l'objet d'une usurpation apparemment innocente et tolérée de tous. Le timbre de sa voix et les mouvements qu'elle dessine en plaidant pour Samba devant le maître en disent long sur les pouvoirs qu'elle s'approprie. De plus, comme par hasard, les figurants observés dans les rues où la caméra l'accompagne sont essentiellement des femmes. C'est l'âge d'or de la femme, et principalement de la Grande Royale dont les manœuvres poussent les Diallobé au désastre. Nous restons dans le cadre d'un regard masculin, même s'il est celui d'un Français.

Dans *L'Aventure ambiguë*, de Champreux, le spectateur ne tarde pas à être fixé sur le statut de la Grande Royale. Le film s'ouvre sur une audience n'existant pas dans le roman sous cette forme, car elle y est mentionnée rapidement et la Grande Royale ne l'interrompt pas. Après un verdict, le second cas est exposé et les plaignants, en même temps que l'assistance, engagent un vacarme que la Grande Royale perçoit de sa chambre. Au milieu de ces bruits, le chef tente maladroitement d'imposer l'ordre. La vieille femme se lève péniblement, repousse sans façon une servante qui essaie de la soutenir, accompagnée par la caméra, va interrompre la réunion. Elle ordonne en outre aux plaignants et aux curieux de déguerpir, dans un style dont elle est friande, et qui se répète bien des fois dans le film, dévoilant toute l'ampleur de sa force : « Moi, la Grande Royale, je vous chasse. »

Le chef reste abasourdi, et même honteux. Elle fait montre de la même fermeté, emploie le même ton et la même première personne lors de toutes les assemblées auxquelles elle participe : un ego fort, sinon étouffant. Il s'agit d'affirmer son autorité, surtout lorsque les hommes se révèlent des indolents incapables de maintenir l'ordre, ou de tenir chacun à sa « place », comme elle le fait avec le griot Achori. Elle le maintient définitivement où il est, à la même position assise, au même poste, dans la même fonction. Plus tard, lorsqu'elle réalise que toutes ses ambitions pour Samba Diallo se révèlent complètement noyées, elle congédie avec le même désespoir son frère, le chef et son neveu, lequel semble d'ailleurs l'accuser de l'avoir acculé à la tragédie qu'il vit.

Ce qui précède s'appelle-t-il domination de la femme africaine? Ou alors héroïne négative? Si le réalisateur est un homme, quoique français, la représentation du féminin est-elle, dans ce cas, différente de celle que met en œuvre Sembène Ousmane? Ou alors des romancières qui « donnent la parole aux femmes »? Dans tous les cas, la conquête du pouvoir est à l'œuvre, vu l'échec du mâle. *L'Aventure ambiguë* marque les limites de la gestion de la cité par le sexe dit fort et rappelle qu'il a bien existé en Afrique des femmes impératrices et déesses aux pouvoirs réellement politiques. C'est exactement le cas avec *Sarraounia* : la femme exerce et détient effectivement un pouvoir qui lui revient, remettant ainsi en cause le mythe colonial de la femme incapable de gouverner.

Dans son étude sur « la représentation des femmes dans le cinéma africain », Sheila Petty estime que « la femme est trop présentée comme victime de la société pour devenir une héroïne individuelle convaincante ». Et parlant spécifiquement de *Sarraounia*, elle soutient que « le réalisateur sacrifie le personnage de la reine au profit du capitaine français et du peuple de la reine » (1991 : 128). Si la première position peut sembler vraie pour certains films, il demeure évident que minimiser la représentation de Sarraounia dans le film est un peu réducteur. Une telle approche ignore complètement la structure du film qui tient de plusieurs programmes narratifs concurrents. Cependant, mieux que la Grande Royale, Sarraounia incarne un certain nombre d'idéaux.

Les rapports de la reine au sexe masculin sont, pour le moins, inhabituels. Dès le début du film, son tuteur lui apprend le mépris de la chair et de l'homme. Ce n'est plus la femme le catalyseur de désirs brutaux, mais l'homme que des enseignements lui apprennent à dominer. Dawa le lui dit dès son jeune âge, elle est destinée à dominer ses plaisirs et se servira des hommes qui ne lui infligeront aucune maternité. Dans le film comme dans le roman, ces directives sont clairement articulées :

> Car ton corps ne connaîtra pas les affres de l'enfantement. […] Ne te laisse pas distraire par le plaisir puéril des sens. *Quand le moment sera venu, tu connaîtras l'homme comme ton serviteur et non comme ton maître. Le mâle te sera un instrument de détente et de plaisir éphémère et non un seigneur arrogant et égoïste.* (Mamani : 1980, 23 ; je souligne.)

Y a-t-il meilleure recommandation pour la protection du corps tel qu'il est à l'œuvre en Occident ? Sarraounia l'applique à merveille en se réservant les charmes de deux hommes qui se connaissent et se côtoient : son griot Gogué et Baka, son meilleur soldat. Le narrateur romanesque parle de la liaison avec le griot en termes élogieux, car Sarraounia démocratise les castes et met ainsi un terme à l'exclusion dont les griots sont victimes. Par contre, en matière de rapports professionnels, cela s'appelle de la bassesse, et même de l'abus de pouvoir. La volonté de glorifier la femme semble sanctifier un rapport impropre. Et ce qu'il faut aussi pouvoir mentionner à propos de ces éloges problématiques, c'est qu'entretenir deux hommes fait preuve d'une certaine indiscipline, car l'un des combats des femmes est contre la dispersion sexuelle masculine. Mais nous restons, il faut le rappeler, dans la logique d'un regard masculin. Il convient toutefois de mentionner, au vu de ce discours, qu'y sont exprimées des recommandations précises relatives au « corps féminin », lequel serait, selon Béatrice Gallimore Rangira, l'objet de désirs incontrôlés. Un corps que la femme africaine ne posséderait pas, car mutilé par les exigences culturelles, la procréation et la prostitution. Un regard masculin qui met fin au règne du « corps féminin objet ». Le corps de Sarraounia échappe à ces déterminismes.

Mais, en dépit de ces liaisons qu'elle entretient, le pouvoir de Sarraounia ne souffre pas de la plus petite contestation. Elle est perçue non comme une femme, mais comme une reine. Autrement dit, le statut a la préséance sur le sexe, même avec ses amants. Elle dirige avec autorité son royaume, comme ne peut le faire le chef des Diallobé.

Elle organise la résistance, harangue les populations et les soldats. Faut-il en conclure que les femmes sont meilleures leaders que les hommes ? On peut le penser. Elle est en effet la seule du corpus à mener avec succès le contre-programme de résistance. En effet, le roman, comme le film, est récit de conquête. On ne saurait dire que la reine est sacrifiée. Et, à supposer qu'elle le soit d'ailleurs, le film et le roman sont en fait de simples hymnes en son honneur.

Il est pourtant vrai que Sarraounia peut sembler absente. Néanmoins, il existe ce qu'on pourrait appeler une « insistance par effacement ». Et c'est ici qu'il est possible d'évaluer ce qu'on peut appeler les « stratégies du regard masculin ». Bassek Ba Kobhio a relevé dans *Sango Malo* que les femmes agissent dans l'ombre. L'action est-elle aussi importante que le lieu d'où on l'exécute ? Ce qui est censuré, maintenu hors du cadre, n'est pas exclu de la diégèse, et c'est une stratégie majeure au cinéma. Le fantôme de Sarraounia plane partout, dans la mesure où il détermine toute la mécanique textuelle. À ce titre, on peut penser que Sarraounia bénéficie d'une certaine ubiquité. Elle est présente jusque dans les hallucinations des soldats. La réécriture filmique, qui n'a pas toujours les possibilités du texte littéraire, opte pour la mise en scène d'une déroute, celle du mercenaire français Voulet. Le réalisateur ne magnifie pas moins la Sarraounia qui, il faut pouvoir l'observer, est soutenue par des hommes : Dawa, Serkin Boka Baka, Gogué. Un peu comme les déesses qui se faisaient aider dans leurs tâches par de fidèles « serviteurs ». Qui détient donc en fait le pouvoir politique ? Mais ces hommes agissent dans l'ombre, comme les femmes le font dans *Sango Malo*. Le regard de Med Hondo, qui suit celui d'Abdoulaye Mamani, est-il aussi problématique et stéréotypé qu'on pourrait le penser ? Peut-on interdire le regard masculin, et même quelque regard que ce soit ? Toute la question semble se situer ailleurs : le contenu du regard, sa légitimation, ce que l'on peut en inférer.

On a pu s'en rendre compte dans les analyses qui précèdent, il est possible de nuancer le discours sur la représentation de la femme dans la littérature et le cinéma en Afrique. Les films et les romans retenus emploient diverses stratégies pour exposer une femme africaine selon des projets propres aux auteurs et aux réalisateurs. Comme l'indique Derrida, le véritable enjeu est celui du regard. Cixous restitue la prolématique en sortant des dichotomies réductrices : le véritable sexe est dans le cœur. Il est vain de chercher à imposer à la femme africaine une identité factice et artificielle qui peut même lui être strictement nuisible. À partir de ces prémisses, il devient possible d'éviter les prétentions de monopole de légitimité dans la représentation. Le véritable enjeu est celui du regard : sa direction et son contenu. On a pu voir que Chevalier ne regarde pas dans la même direction que Sembène Ousmane, et que Med Hondo ne tient pas un discours très éloigné de celui de n'importe quelle romancière « féministe ». Au total, la représentation du féminin est plus complexe qu'il n'y paraît, et il est important de sortir de certains schémas. En effet, à l'analyse, on se rend compte que l'oppression possible de la femme est liée à l'oppression coloniale. Tout se résume donc finalement au combat pour toutes les libertés. Si cette lutte s'impose pour les femmes, c'est essentiellement parce qu'elle fait partie de l'une des nombreuses couches sociales marginalisées.

Notes

1 Une version de ce chapitre a été publiée dans la revue *Présence francophone*, n° 57 (2001) : 34-52, sous le titre « Hégémonie, féminin et paradoxes de la représentation ».

2 « Un aspect de cette tradition masculine de plus en plus critiquée est l'image de la femme africaine asservie. Elle est présentée comme passive, toujours prête à faire la volonté de son mari et de sa famille, comme n'ayant pas un statut propre et, donc, complètement dépendante de son époux. [...] Ces hommes ont été critiqués pour avoir fourni peu d'images de personnages féminins héroïques, ou de sujets féminins déterminés par leurs propres actions. »

3 En ce qui concerne cette difficulté à dire des choses du genre « je t'aime », dans un film camerounais *Quartier Mozart* (Jean Pierre Bekolo, 1992), Mon Type est incapable de dire son amour pour Samedi. Quand celle-ci lui demande de dire qu'il l'aime, il déclare « je te dis alors », avant de conjuguer sans conviction le verbe plus tard. Mais, on remarque que ce verbe se conjugue assez facilement dans les films d'Idrissa Ouegraogo, par exemple.

4 « Alors que beaucoup de femmes occidentales [et d'hommes] pourraient considérer la procréation à la fois comme oppressive et restrictive (pour leur travail, leur carrière, leur bien-être économique, etc.), la plupart des femmes africaines fondent leur pouvoir sur leurs enfants et leurs familles. Elles se servent de leur statut de mère pour remettre en cause certaines des exigences de leur culture. Elles utilisent en outre ce statut pour formuler des exigences et obtenir des concessions tangibles pour elles-mêmes. »

5 « [Le féminisme africain] perçoit les aspects positifs de la famille étendue et de la polygamie en ce qui concerne l'éducation des enfants et le partage des responsabilités conjugales, les traditions qui sont compatibles avec la vie des femmes modernes détenant un emploi, mais qui ont été déformées par le colonialisme et continuent de l'être dans les environnements urbains ».

6 « La polygamie peut, à plusieurs égards, libérer la femme au lieu de l'asservir, surtout si elle est éduquée. Le mari n'a pas de raison de l'empêcher d'assister à une conférence internationale [...] de retourner à l'université et de revaloriser sa carrière, ou même d'obtenir un autre diplôme. La polygamie l'encourage à se valoriser comme personne et à créer des liens en dehors de sa famille. »

7 « Mon frère n'est pas un prince, avait-elle coutume de dire. C'est un sage. » Ou bien encore : « Le souverain ne doit jamais raisonner au grand jour, et le peuple ne doit pas voir son visage de nuit » (p. 31-32).

Chapitre 9

MARGINALITÉ ET FONCTIONNALITÉ

Dans son analyse des systèmes textuels, Christian Metz élabore la question d'une vision du monde en ces termes :

> Le système d'un film, c'est entre autres choses une utilisation singulière, propre à ce film, des ressources offertes par le langage cinématographique, mais c'est aussi bien une vision du monde, *une certaine thématique, un ensemble de configurations obsessionnelles* qui ne sont pas moins propres à ce film, et qui pourtant ne sont pas inséparables du fait cinématographique [...] (1971 : 70; je souligne.)

L'observation attentive des réécritures filmiques à l'étude montre qu'en dépit de la diversité de leurs origines et de leurs préoccupations, les réalisateurs manifestent une certaine attention pour (et même y sont sensibles) une certaine séduction des personnages socialement marginaux, car marginalisés. Mais, dans cette représentation, ils opèrent, en même temps qu'une doublure titulaire, une gémellité fonctionnelle sur le plan de la répartition des acteurs dans l'espace et dans le temps du récit filmique; ce qui n'est pas tout à fait le cas dans les récits littéraires. Par exemple, Sango Malo est presque toujours talonné par Voit Tout, qui, on l'a déjà relevé, porte bien son nom : il « voit tout », donc/et « sait tout ». Le fou de *L'Aventure ambiguë* est, dans le film de Jacques Champreux, toujours présent aussi bien auprès du maître que de Samba, surtout lors des scènes décisives. Il « connaît » toujours, comme par enchantement, tous ses faits et gestes. Dans *Xala*, l'armée des mendiants hante l'espace visuel et sonore du film, suit la trajectoire tragique d'El Hadji. Dans *Guelwaar*, les jeunes sont les compagnons privilégiés et les plus fidèles amis du rebelle défunt. Cette thématique de la transgression, cette apologie de l'efficacité impliquée par l'exclusion mérite attention. Tout se passe comme si la marge était remise au centre, et le centre à la périphérie.

Étonnamment, plus que les romanciers, les réalisateurs font de ces personnages ou groupes de personnages des figures aux multiples fonctions. Autrement dit, des éléments importants de la trame narrative leur sont dus. Ces manœuvres esthétiques portent, dans une perspective structurale, « leur action du point de vue de sa signification dans le déroulement de l'intrigue » (Vladimir Propp, 1970 : 31) à un degré sémantique et idéologique fondamental. Ce sont ces catégories renforcées par les réécritures que ce chapitre va explorer. Il s'agira de voir dans quelle mesure le film accentue ou, plus rarement, amoindrit la « fonctionnalité » et le rôle sémiologique de certains personnages dont le statut social, au premier abord, ne les prédispose pas à jouer quelque rôle que ce soit. On explorera aussi les hypothèses sur la surfonctionnalité que la réécriture met en place. Celle-ci semble valoriser les *outsiders* et tous les types de marginaux qui, du fait de formes discrètes, mais très efficaces de l'exclusion, sont mis au ban de la société. Parmi ces marginaux, le cas du fou dans le texte de Jacques Champreux est significatif.

1. LE FOU

Le parcours qu'accomplit la figure du fou, du roman d'Hamidou Kane au film de Jacques Champreux, est assez révélateur de la nature des mutations opérées à travers la réécriture. Alors que, dans le roman, le fou apparaît vers la fin, quand est amorcé le déclin du maître, on le voit dans le film dès la quatrième séquence. Certes, dans les deux cas, le retour de Samba Diallo constitue le même élément catalyseur. Par contre, dans le roman, même si le narrateur ne s'y attarde pas, il y a une certaine familiarité entre les deux acteurs. Le premier fréquente le second dès qu'il est mis au courant du retour : ce retour ressemble à un échec du séjour en Occident tel que lui-même l'a connu. On pourrait donc envisager une parenté métaphysique entre les deux. Tel est du moins le sens qu'on pourrait attribuer au partenariat que semble solliciter le « fou ».

Le premier élément pouvant permettre de définir le « fou », au sens où l'entend Philippe Hamon dans son étude sur le statut du personnage, est son habillement. Alors que, dans le roman, il est dit « sanglé » dans une vieille redingote que cachent des boubous, il est dans le film uniquement habillé d'une vieille veste. Le plus important est la singularité de cette tenue, l'un des signes distinctifs de la révolte muée en folie. Il s'agit, plus que d'une singularité, d'une menace physique par le physique. Michel Foucault analyse la question :

> Chose curieuse : cette déraison qui avait été mise à l'écart dans la distance de l'internement, et qui s'était aliénée progressivement dans les formes chargées de nouveaux périls est comme douée d'un autre pouvoir de mise en question. [...] ce n'est pas l'interrogation secrète, c'est seulement la défroque sociale : le vêtement déchiré, l'arrogance en haillons, cette insolence qu'on supporte, et dont on fait taire les pouvoirs inquiétants par une indulgence amusée. (Michel Foucault, 1972 : 373.)

C'est certainement cette tenue et la manière dont le personnage surgit qui intriguent Samba. La conversation révèle que, au contraire du roman, les deux protagonistes ne se connaissent pas. Plus tard d'ailleurs, Samba Diallo demande à Lucienne qui est ce sujet bizarre. L'attitude de Samba Diallo à son égard montre d'ailleurs quel est en Afrique le traitement dont bénéficie le fou. Homme libre de ses mouvements, il ne suscite pas de peur chez le jeune Parisien, mais simplement de la surprise. Le discours qu'il tient à Samba Diallo, d'une cohérence étonnante, est absent du roman. Comme ceux auxquels le narrateur littéraire fait allusion, c'est un véritable traité de métaphysique où foisonnent des symboles riches et expressifs. Pour mieux apprécier le rôle de ce personnage marginal, promu par le film au rang de philosophe et de mage, on reproduira en intégralité la teneur de ses propos lors de sa première rencontre avec Samba :

> Ils ne veulent pas m'écouter. Ils ne veulent pas savoir la vérité. Parce que ce qui se passe chez les Blancs, ça va se passer ici maintenant, avec tout ça (geste montrant la forêt environnante). [...] Les Blancs, moi j'ai travaillé chez eux. Et je sais, ils ne savent plus prier. Alors, ils passent leur temps à se fabriquer des coquilles pour s'enfermer, se protéger. Des coquilles de fer, de pierre, de ciment, de plastique (accent de fermeté, mais aussi de détresse). Ces coquilles se resserrent autour d'eux, petit à petit. Ils ne se rendent même pas compte. Mais moi, je l'ai bien vu. C'est pour ça que j'ai filé. Les coquilles se resserrent. Bientôt, ils ne pourront plus bouger. Ils seront prisonniers. Ils deviendront eux-mêmes pierre, ciment, plastique (il se lève rapide-

ment). Parce que Dieu (fermeté de ton) leur aura repris leurs âmes. Et nous aussi, il nous reprendra nos âmes, nous enfermera dans du fer, du plastique. Parce que nous ne prions pas assez. Il faut prier, tu m'entends, prier. Il faut prier. Moi, ceux qui ne prient pas… (le dit fermement en touchant la poche droite contenant le couteau). Ceux qui ne prient pas… (Extrait de *L'Aventure ambiguë*.)

Au-delà de la profondeur du langage prophétique, des images et des métaphores, il convient surtout de s'interroger quant au rôle nouvellement dévolu à ce personnage marginal(isé)[1]. L'insistance avec laquelle le fou rappelle à Samba son devoir de prière, la précision presque menaçante de son timbre, viennent compléter la nature conflictuelle implicite dans la réécriture du fait d'une possibilité de coopération entre les deux personnages. Samba est « immédiatement » perçu comme une menace. Dès le début du film, la mise en scène suggère que l'enjeu narratif se situe entre le fou et lui.

On l'a compris, la dialectique du pathologique joue à fond : le fou n'a pas du tout le discours d'un malade. Certes, il est disqualifié par le consensus social, mais la suite du film montre qu'on est en présence d'un visionnaire, d'un sage. À propos de la folie, les indications de Michel Foucault sont d'une rare pertinence pour ce personnage : le fou est dépositaire d'un vaste savoir dont le contenu eût certainement sauvé les Djallinké :

> Qu'annonce-t-il, ce savoir des fous? Sans doute, puisqu'il est le savoir interdit, il prédit à la fois le règne de Satan, et la fin du monde; le dernier bonheur et châtiment suprême; la toute-puissance sur terre, et la chute infernale. [...] Ce faux bonheur, c'est le triomphe diabolique de l'Antéchrist, c'est la Fin, toute proche déjà. (1972 : 32.)

Sans trop exagérer, on pourrait raisonnablement, reprenant ce discours de Michel Foucault, l'appliquer à notre film en remplaçant « Satan » et ses synonymes par « les Blancs ». On comprendra mieux l'inquiétude et les rares qualités visionnaires de ce personnage, le seul à avoir perçu l'ampleur du précipice vers lequel les Diallobé ont été poussés par les manœuvres et les espérances de la Grande Royale. La suite de la narration filmique semble d'ailleurs illustrer ces prédictions, dangers à conjurer. Le peuple djallinké est progressivement écrasé par du béton et du fer. Les ravages sont nombreux. Le chantier, une malédiction comme l'entrevoit le docteur Lacroix, est pour Samba

Diallo le signe de la mort. Son ami d'enfance Sidibé y laisse la vie. Les camionneurs du « chantier » profanent sans remords les cimetières qui sont pour Samba Diallo un lieu de recueillement. Le fou, dont le discours et la personne sont marginalisés et, dans une certaine mesure, Pierre Louis, perçoivent ce malheur. Le premier veut l'éviter et sauver ce qui peut l'être vis-à-vis la montée effrayante du mercantilisme qui démobilise les âmes, démolit le psychisme et réduit les hommes à de simples pantins « mangés par les objets » (p. 182), comme c'est le cas en Europe. Pour le « fou », la solution est métaphysique et réside dans la prière.

En effet, Jacques Champreux, assez magistralement, accentue dans son film ce qui, dans le roman, ressemble fort à une banalité : l'impératif du recueillement. Après sa rencontre avec Samba à l'hôpital, le fou retrouve ce dernier alors qu'il soutient Thierno pour le conduire à la mosquée. Les salutations entre Samba et le maître sont-elles à peine terminées qu'il dit au débarqué : « Il faut prier. » Plus tard, à la réunion que convoque la Grande Royale, au moment où tout le village a déjà silencieusement, ainsi que l'indique le roman, fait le choix qu'elle a effectué, le chef des Djallink*é* demande son avis au maître. Alors que celui-ci indique humblement ne rien savoir, le fou répond, calmement, mais fermement : « Il faut prier. » (extrait de *L'Aventure ambiguë*).

La distanciation opérée entre le fou et Samba advient en même temps qu'un rapprochement avec le maître. Le fou prend ainsi la figure de deux doubles, de deux doublures : l'une, idéale, représentant la voie et la voix, à savoir le lien avec Thierno ; l'autre, à opposer à cet « idéal », représentant l'inquiétude, le péril, la perdition et la véritable folie, à savoir Samba Diallo. Il oscille donc entre ces deux figures et la mise en scène procède à un renforcement de son rôle : il est toujours près du maître, le soutient jusqu'à sa mort. Alors que, dans le roman, il n'assiste pas à l'enterrement et que son attitude implique une dimension psychonévrotique du fait qu'il refuse de croire à la mort de Thierno, le film de Champreux le maintient « avec » le maître, jusqu'à la mort de ce dernier.

Alors que le rapprochement entre le fou et le maître est physique puis métaphysique, il est uniquement physique avec Samba Diallo. Ce rapprochement est ici porteur de menaces et constitue un danger, la source fertile d'un conflit insoluble. D'autant plus que Samba Diallo, en qui toute la communauté place ses espoirs, se sent désormais étranger. Le séjour en France, en dépit de sa fausse modestie, le transforme complètement. Il confie à Lucienne, une des sources de sa déchéance, que, s'il ne boit pas d'alcool, c'est seulement par dégoût. Autrement dit, et il le signifie à Lacroix, Dieu et l'islam ne sont plus au centre de sa vie. De plus, le fou qui, comme les autres Djallinké, le considère comme le seul sauveur du peuple, le voit se rendre avec une Blanche dans ce que Pierre Louis appelle un « lieu de perdition ». Tous ces faits le culpabilisent et radicalisent l'attitude du fou qui s'impose un devoir de justice. C'est pourquoi, à la fin, il actualise ce qu'il amorce lors de sa première rencontre avec Samba : après une ellipse qui suit le geste, le couteau du fou agit, on voit du sang. Ainsi, le fou, remodalisé selon une cohérence plus marquée, n'est nullement un malade. Au contraire : il est, comme maître Thierno, une sorte de détenteur de la vérité, une figure du juste. Il est seul à voir le malheur des Djallinké, de l'Afrique. Et, faute de pouvoir les soustraire au désastre, il punit les complices ayant adhéré sans réserve, capitulé vis-à-vis les mirages de l'ennemi. Dans un tel contexte, qui est fou? Qui détient la vérité? Certainement, le fou. C'est ce que laisse entrevoir Champreux, lequel élève la folie à une catégorie presque sacrée :

> Ce ne sont pas les anges du Triomphe de la réconciliation, ce ne sont pas les hérauts de la justice sereine; mais des guerriers échevelés de la folle vengeance. Le monde sombre dans l'universelle Fureur. La victoire n'est ni à Dieu ni au Diable; elle est à la Folie. (Foucault, 1972 : 33.)

On perçoit donc mieux le sens que vise la réécriture filmique de Jacques Champreux par rapport au roman de Cheikh Hamidou Kane. Si, de nos jours, la maladie mentale, du fait de la prolifération des dictatures et de la misère, fait des ravages en Afrique, il est possible que ce soit la folie qui sauve le continent de tous les périls[2]. D'où l'impératif, paradoxal certes, d'écouter le fou et de mieux considérer les malades qui, comme les mendiants, sont des produits du malaise social.

2. LES GUEUX

On l'a relevé au début, les textes à l'étude semblent montrer une certaine prédilection pour des personnages qui, en général, n'attirent pas l'attention. Mais c'est justement sur eux que se noue la trame narrative. Dans *Xala*, Sembène Ousmane attribue à un aveugle mendiant la solution des problèmes de performance qui assomment El Hadji. Il constitue, avec d'autres mendiants, une légion qui hante l'espace visuel et sonore du film. Le fait qu'ils soient toujours ensemble confirme à un certain degré l'opinion de Tahar Cheria selon laquelle « le personnage principal [du film africain] est toujours le groupe, la collectivité, et c'est là l'essentiel » (1984 : 109).

Le réalisateur ne modifie pas fondamentalement les fonctions dévolues à ces personnages dans le roman. Simplement, dans le film, il est ajouté à la colonne de gueux un paysan qui n'existe pas dans le texte littéraire. Son infortune permet d'illustrer les mécanismes qui régissent les groupes d'intérêts en Afrique. En effet, alors qu'il vient de vendre les récoltes de tous les habitants de son village, il est volé par un fripon, Thielli, qu'on retrouvera à la fin du film à la Chambre de commerce, remplaçant d'El Hadji : le cycle de la corruption est donc interminable, circulaire.

En outre, là où le roman se fait rapide indicateur par une phrase presque innocente, le film procède à un montage dialectique qui marque un certain conflit au sein de la même scène. Ce dispositif lie, en les opposant, El Hadji à la patrouille de gueux. Ceux-ci s'installent toujours en face de sa boutique. Lors du mariage, lorsque El Hadji arrive sur le lieu des cérémonies, il lance avec une satisfaction cynique des piécettes de monnaie aux mendiants installés juste devant son portail. Ces derniers se jettent dessus avec rage, alors qu'un gendarme s'approprie l'une d'elles. Est ainsi désignée une certaine opposition classique, manichéenne, riche/pauvre, honnête/malhonnête. Ce dispositif spatial est en soi parlant, et même accusateur.

Sur le plan de la dramaturgie, Sembène Ousmane met en place une série d'indices pouvant permettre de soupçonner le rôle fonctionnel du groupe de mendiants qui imposent leur présence à la fenêtre d'El Hadji. Lorsque, désespéré, celui-ci revient dans son bureau et décide de solliciter le président afin qu'il le soutienne dans la reconquête de son pouvoir d'érection, ce dernier est étonné. On ne peut pas perdre ses compétences du jour au lendemain si cela n'est pas provoqué par un esprit malfaisant. Il lui demande qui peut en être la cause. Pour toute réponse, El Hadji, furieux, sort, se dirige vers le portail de son magasin, observe ses voisins mendiants. Il demande aussitôt à son collègue si on ne peut pas débarrasser le trottoir de ces « déchets humains » (extrait de *Xala*). Une ironie en somme. Après un coup de fil, des cars de police viennent les embarquer, ils séjournent en prison. L'hygiène sociale, purement discriminatoire comme l'indique Foucault, purifie ainsi la cité de sujets à qui le romancier et le réalisateur confient la solution pour les tourments d'une masculinité caricaturée, vainement prétentieuse et en crise.

Mais, ce qui est à préciser ici est la gratuité du transfert qui se joue, lequel est celui du bouc émissaire. Sur le coup, El Hadji « fabrique » une victime, innocente au premier abord. En effet, son acte n'a rien à voir, *a priori*, avec la question que lui pose le président. En outre, il est habitué à cette présence, à ce voisinage qui lui permet de s'affirmer socialement et le conforte dans sa hiérarchie. La soudaine hostilité qu'il manifeste s'apparente, au départ, à une victimisation gratuite. Mais la suite du film laisse croire qu'il s'agit d'une « préparation » construite par la dramaturgie.

En fait, cet épisode donne au spectateur, ce qui n'est pas exactement le cas dans le roman, un indice sur la source du *xala*. En effet, le texte romanesque, qui ne comporte pas la scène de purification urbaine opérée par la police, fait chaque fois mention, comme c'est le cas au moment où arrive le président, de la chanson des mendiants, chant prenant dès lors une forme presque rituelle : « Lentement, apaisé, le cerveau vide, El Hadji retrouvait par à-coups le sommeil. À chaque réveil en sursaut se lovait le chant du mendiant[3] » (p. 100).

Le narrateur romanesque évalue souvent la funeste mélodie produite en octaves. Le rythme auquel reviennent ces occurrences se trouve transposé dans le film en une forme musicale. La parole romanesque est « resituée » par le son qui ressemble à une mélodie funèbre. Sa monotonie, sa lourdeur et sa régularité créent une atmosphère de deuil, de désastre. Assez étonnamment, la légion des mendiants est accompagnée d'un musicien qui distille en permanence cette musique funèbre. Mis à part les saxophones et les guitares lors de la cérémonie du mariage impossible, elle hante tout le film. On l'entend en fond sonore, même lorsque le musicien n'est pas souvent montré. Le méganarrateur filmique l'impose comme une forme de surgissement de l'inconscient textuel, lequel est fait de tristesse. Autrement dit, derrière tout le cérémonial et le parcours narratif, cette mélodie de nature mélancolique constitue le fil conducteur du récit filmique entier. Sada Niang (1996) a pu d'ailleurs écrire à ce sujet que, pour ces marginaux, le seul mode de socialisation est la littérature orale[4]. En fait, il y a mieux que cette socialisation par une oralité qui demeure toujours discrète, presque effacée dans le film : ici, les mendiants se révèlent les véritables acteurs du drame qui se (dé)noue.

En effet, après avoir réalisé que le chèque d'El Hadji est sans provision, Serigne Mada sort de chez son client et s'installe aussitôt sur une terrasse à quelques mètres. Un bref moment d'incantation suffit à réactiver le *xala* chez le mauvais payeur. Devant le désastre, Modu parle à l'un des mendiants qui promet d'y remédier gratuitement. Alors que, dans le roman, il surgit avec son équipe dans la rue qui mène chez son « client », dans le film, Modu joue un rôle d'intermédiaire entre le malade et son guérisseur. Une autre métamorphose a lieu lors de la réécriture, laquelle renforce la fonctionnalité des personnages marginaux : dans le roman, la réactivation du *xala* s'effectue dans un taxi, alors que dans le film, l'homme exécute sa malédiction juste devant la boutique. On se rend compte ici, comme dans le cas de la ménagère qui y déverse de la pourriture, que le mal ne prend pas sa source loin de la boutique d'El Hadji. Ce qui confirme la symbolique du face-à-face, de la confrontation entre bien et mal, vertu et perversion.

Il se réalise ensuite une mise en œuvre rapide de l'épisode de la guérison. Après avoir dit à Modu qu'il sait où le consulter pour la cure, la séquence suivante montre plutôt l'aveugle, en compagnie de ses partenaires, en train de se rendre chez El Hadji où il n'est pas attendu. L'expédition est ainsi décrite par le romancier :

> De front, occupant la largeur du talus, avançaient en procession éclopés, aveugles, lépreux, culs-de-jatte, unijambistes, hommes, femmes et enfants sous la conduite du mendiant. Un bruissement d'insectes planait. La progression avait quelque chose d'horrible, laissant traîner une senteur fétide de leurs hardes variées. (p. 179.)

C'est cette laideur effrayante qui est porteuse de guérison. Lorsque l'équipe arrive chez El Hadji, le récit de celui qui est mentionné dans la plus grande partie du roman comme « le mendiant » fait la lumière sur une ellipse de contenu extrêmement fonctionnelle. Il s'agit d'un frère d'El Hadji qui a été, dans le passé, victime de la filouterie traditionnelle du commerçant. Le surgissement de cet homme qui, dans tout le film, est le seul des aveugles exerçant la parole, ainsi que la révélation de son pouvoir curatif, permettent de mieux comprendre le sens des divers calculs techniques qui ont précédé la scène.

Sur les plans du cadrage, de la prise de vues, des images et du son, le personnage semble bénéficier d'un certain privilège. Ainsi remarque-t-on qu'il domine l'écran, toujours assis ou en marche au premier plan, et qu'il est le seul à dialoguer avec Modu. En général, la caméra semble lui donner une place prépondérante dans l'espace visuel. Cet indice de fonctionnalité et de détermination du pouvoir n'est confirmé et pleinement illustré qu'à la fin du film : le « leader » des aveugles est l'instigateur du *xala*. On se rappelle, que dans le roman, Serigne annonce à El Hadji que celui qui cause son impuissance est « quelqu'un de [son] entourage ». La nuance et l'ambiguïté sont de taille. Elles provoquent, dans le roman comme dans le film, une série de fausses pistes. La stratégie est celle du texte policier où la narration conduit toujours assez loin des traces du « criminel » avant de revenir à lui comme par miracle. Le contexte culturel étant celui de la polygamie à problèmes, l'écriture filmique et romanesque cible un acteur « dans l'entourage ». Il s'agit de la deuxième épouse, Oumy, présentée comme un véritable « tourbillon ». Et pourtant, on le voit, Sembène Ousmane place le point de vue critique et la solution de l'intrigue chez des marginaux et des laissés-pour-compte. Apologie ou critique de la marginalité? Difficile à dire. En effet, comme l'indique Michel Foucault, tout le problème de la société réside dans la définition de la marge. Bassek Ba Kobhio effectue la même distinction, mais à un degré moins décisif.

Le statut narratif de Voit Tout, lequel se substitue à l'ivrogne du village dont il est question dans le roman, prend une dimension plutôt comique et cognitive dans le film. Comme avec le « fou » de *L'Aventure ambiguë*, c'est son costume, symbolique et représentatif, qui permet une esquisse de définition et de classification du personnage. En effet, « le costume a avant tout la mission de traduire symboliquement des caractères, des types sociaux ou des états d'âme » (Marcel Martin, 1985 : 68-69). Alors que le roman ne s'attarde pas vraiment sur sa tenue vestimentaire, c'est celle-ci qui le singularise à l'écran. Des plans rapprochés montrent sa culotte déchirée et mal rafistolée, avec des morceaux de tissus pendants. Il porte en outre un vieux chapeau et tient perpétuellement une gourde contenant sa ration de vin de palme. Mais plus que par ce physique singulier, on est surpris qu'il soit paradoxalement dans un perpétuel pôle de « savoir » attribuable à son privilège de « vision », cette puissance d'« ocularisation », comme le dit François Jost (1987) dans son livre *L'Œil-caméra*[5].

Voit Tout est le premier villageois à « voir » Malo arriver chez lui, le premier à lui parler au bar, le désignant par son nom. Comme par hasard, « chaque fois » que Malo entreprend une action décisive ou discrète, il est « vu » par Voit Tout dont le « regard », dans le film plus que dans le roman, semble surveiller les mouvements de Malo. Quand Ngo Bakang arrive au jardin scolaire et que s'engage l'une des scènes un peu intimes que le spectateur doit parfois deviner, mais sur lesquelles le roman s'attarde, Voit Tout est aperçu en arrière-fond. On dirait qu'il surveille les mouvements du maître. Le clochard est aussi témoin de la scène de rébellion ouverte de Sina devant le chef. Ce dernier voit son sujet lui répondre fermement, après le reproche qu'il lui adresse d'avoir cédé son terrain à un étranger, Malo. Juste après les promesses de représailles par le chef humilié, une plongée montre Voit Tout qui éclate de rire. Le scénario est semblable lorsque le commerçant Honba tente de séduire l'orpheline Erna en lui promettant monts et merveilles. Vis-à-vis le refus de la fille qui fait rire Commando, l'employé du commerçant Honba, un plan montre Voit Tout rejoignant ce dernier dans le rire. À la mort du père Bakang, on le voit à la tête de la procession qui va descendre le pendu. Conclusion : c'est lui qui « voit », qui découvre le corps du suicidé. Ce « regard » est d'un enjeu majeur.

Le statut de ce personnage permet de poser la fonction d'un autre « œil », d'un autre « regard ». On a relevé que la caméra opérait aussi une « attribution oculaire » en permettant, notamment par l'intermédiaire des plans subjectifs, de confier le regard à un personnage. Mais le cas de Voit Tout est assez spécifique. Ni œil-caméra, ni œil-narrateur, ni vraiment œil diégétique. En effet, le film le montre surtout comme « regard double », regard opposé, et même « concurrent » de celui de la caméra. Étant un personnage marginal, son statut lui permet de « voir », mais son regard n'est pas médiatisé par la caméra. Autrement dit, celle-ci ne l'informe pas, ne l'aide pas à acquérir son savoir. Il est sa propre caméra, s'il n'est pas celle de la société. Il joue le même rôle informatif que l'appareil de vision.

Voit Tout se révèle être aussi le conseiller social d'Erna, autre personnage inventé pour le film. Son histoire tragique est racontée par l'ivrogne qui lui conseille de partir pour l'étranger : le sort des parents de la jeune fille, assassinés pour avoir tenté de constituer une coopérative, est prémonitoire de ce qui pourrait arriver au maître rebelle. Par ailleurs, l'hypothèse d'une solidarité idéologique entre Voit Tout et le maître est en quelque sorte renforcée dans le film. Il est le seul à accompagner Malo au bois sacré pour effectuer les premiers déboisements, alors que tous les autres villageois se sont dérobés. Ils sont arrêtés ensemble et embarqués dans le véhicule des forces de répression. On se retrouve là devant une illustration supplémentaire de la proposition émise au début du chapitre : non seulement les réécritures filmiques opèrent une valorisation de la marginalité, mais aussi elles couplent les marginaux avec d'autres personnages dont le sort est similaire. Voit Tout est ainsi couplé avec Malo, comme l'était le fou avec Samba et le maître, et les mendiants de *Xala* avec El Hadji et Modu. Cette dualité mérite quelques hypothèses herméneutiques.

Les couplages qu'opèrent les réécritures filmiques semblent relever d'une sorte de paradoxe. Le cas de Voit Tout, comme celui des gueux de *Xala* et du « fou » de *L'Aventure ambiguë*, relève de ce qu'on pourrait appeler une « marginalité asociale ». Entendons par là qu'ils sont exclus de la communauté, constituent une marge *de* l'« extérieur ». Il s'agit dans ces cas d'une marge « passive », mais que les réécritures « activent ». Le cas de Malo relèverait d'une marge « sociale », qui confère l'illusion d'appartenance à un « système ». Politiquement, cela indiquerait une stratégie subversive, un entrisme, un noyautage de l'intérieur. Alors que son compagnon Voit Tout se situe à l'extérieur, point d'où il observe la déchéance du monde qui détruit Malo. On pourrait, dans ce cas, se demander si l'ivrogne n'est pas la face « diabolique », la force occulte du maître, lequel est en réalité à un stade moins avancé de la subversion. Dans tous les cas de figure, on constate une solidarité pertinente entre les deux figures. Mais elle prend dans le texte romanesque une forme décisive non reprise par le film.

En effet, l'une des actions les plus osées de Malo consiste à s'attaquer au capitalisme international. S'il recommande et pratique les cultures vivrières, c'est parce que le cacao et le café, mal vendus, car mal achetés par les puissances mondiales, ne représentent plus une issue pour la résolution des problèmes existentiels du paysan africain. Malo provoque un scandale lors d'une réunion au cours de laquelle un délégué de l'agriculture s'épuise en discours sur la nécessité d'augmenter la production. Cela, ni le chef ni le sous-préfet, en tout cas, l'ordre social, ne le lui pardonnent.

Dans le roman, l'ivrogne du village qui, selon le narrateur romanesque, « était tout, sauf un fou », opère une action décisive : il met le feu aux plantations de cacao et de café. Il vient d'ailleurs d'adhérer à la coopérative. Sa réaction vis-à-vis l'incendie est toute singulière : alors que les autres personnages sont scandalisés, le « désastre » le fait rire. Bien plus, l'ivrogne exécute devant les flammes une danse guerrière de victoire avant de s'y jeter :

> Ils arrivèrent et s'arrêtèrent, stupéfaits, abasourdis par le spectacle féerique et dantesque d'une forêt de caféiers et de cacaoyers qui s'em-

> brasaient comme paille sèche sous le soleil. Mortifiés, apeurés par cette fantasia de flammes qui gagnait en intensité chaque instant passé, le village se taisait, laissant la scène au feu, aux flammes, au crépitement et au ricanement de plaisir de l'ivrogne qui exécutait maintenant une danse guerrière, pratiquement à la lisière du feu. (P. 204)

On le voit, les films et les romans remettent les *outsiders* au premier plan. Il ne s'agit pas d'un hasard, mais d'un projet idéologique qui exhume les spécimens de certaines classes exclues pour les valoriser. La « vérité », ici presque biblique, ne viendra-t-elle pas de ce qu'on considère comme étant la « marge » ? Le « centre » a-t-il les moyens de survivre dans les textes qui nous occupent ? Ne faut-il pas prêter plus d'attention à la « périphérie » ? Les réécritures filmiques autorisent à se poser ces questions, surtout quand on y observe le statut et l'essor des jeunes.

3. L'ESSOR DES JEUNES

On observe depuis quelques décennies chez les écrivains africains un renouvellement du personnel romanesque. Aux histoires de « vieux Nègres » s'offrant en spectacle à quelques colons ou de celles de sujets pris dans les tourments et les délires d'un « monde » qui « s'effondre », ont succédé celles de jeunes protagonistes devant arracher leur destin à l'histoire[6]. Il est à cet égard remarquable que dans sa version de *L'Aventure ambiguë*, Benjamin Jules-Rosette non seulement ait regroupé des personnages jeunes, mais surtout ait métamorphosé, en la rajeunissant nettement, la Grande Royale. Personnage romanesque entré dans le troisième âge, elle est dans ce film une jeune fille pleine de vie, de vigueur et de violence. Quelques signes : son maquillage un peu outrancier pour une princesse, son attitude peu révérencieuse à l'égard du maître, mais aussi un habillement qui laisse douter qu'elle porte un soutien-gorge… Autrement dit, il s'agit d'un personnage neuf sorti d'une réécriture qui légitime, par l'allure des acteurs, la logique de la victoire qui est celle de cette vigueur dans le film.

Tout aussi remarquable est le fait que les réalisateurs, qu'on soupçonnerait peu de s'être consultés, vieillissent les personnages qui capitulent dans leurs films. Ainsi, alors que la Grande Royale parade victorieusement dans les rues de la ville, le maître, beaucoup plus vieux, est assis. Chez Jacques Champreux, si Thierno est proche du vieux que fait imaginer le roman, l'allure de la Grande Royale laisse entrevoir le désespoir dans lequel elle finira par capituler. Autrement dit, elle est bien plus vieille, plus fatiguée que la femme vigoureuse qu'on redoute dans le roman. Elle affiche des difficultés motrices, se lève avec peine quand elle va interrompre une audience présidée par son frère. En témoigne le désespoir qui l'accable lorsqu'elle découvre que Samba Diallo est complètement métamorphosé et qu'il a presque rejoint l'ennemi. Tous les « bois morts » se voient ainsi balayés par les mécaniques narratives, les maquillages et le choix des acteurs. Tout se passe donc comme si, dans leurs réécritures filmiques, ces réalisateurs français voulaient rendre aux jeunes la place qu'ils occupent dans les écritures africaines. Il importe d'examiner les raisons et les formes de cet essor.

Les vieillards, à l'image de Meka dans *Le Vieux Nègre et la médaille*, subissent avec une exceptionnelle résignation toutes les humiliations. Dans le film de Bassek Ba Kobhio, le commerçant Honba augmente ostensiblement les prix et insulte ses clients. Lorsque la mère de Meng se plaint, le jeune garçon lui dit clairement que la clientèle du boutiquier, constituée de parents, est responsable de la situation : ils pourraient le forcer à améliorer les prix en refusant d'acheter. La réponse de la mère : « Qu'y pouvons-nous? C'est notre seule boutique. » (extrait du film). Celle du père : « Chasser les moustiques est plus facile que tout cela. » (extrait du film). Insultée par l'employé de Honba, la mère avait déjà prophétisé que Dieu donnerait à Lébamzib une nouvelle boutique. Une véritable démission!

Vis-à-vis ce défaitisme intégral, les jeunes, qui ont le privilège de bénéficier des enseignements de Malo, savent désormais lire et analyser les phénomènes socio-économiques. Ils développent en conséquence une conscience sociale et économique étonnante. Un banal incident donne lieu à la mise à sac de la boutique de Honba. Ce sont les jeunes qui sont les premiers à inventer de nouveaux gestes, suivis des femmes. Au-delà des vertus éclairantes de l'éducation et de la fréquentation de Malo, le discours porte sur la cession du pouvoir et les espoirs de changement de la jeunesse. Le réalisateur grossit délibérément et allonge ce qui est un banal incident dans le roman : l'apologie de la « juvénophilie » est à ce prix. En ce sens, Bassek Ba Kobhio rejoint Sembène Ousmane.

Dans la plupart des discours qu'il tient pour justifier son engagement idéologique et l'usage des langues africaines dans ses films,

Sembène Ousmane parle de la vocation didactique du cinéma, « école du soir ». Qui faut-il éduquer ? Les vieux paysans ou les jeunes enfants qui devront affronter les désastres hérités des vieillards ? Il semble important, pour le cinéma africain qui s'attribue une responsabilité didactique, de redéfinir son public et ses cibles. Les textes de Sembène Ousmane, comme ceux abordés plus haut, semblent exprimer clairement où se situe l'espoir. Les jeunes et surtout, bien sûr, conformément à une idéologie qui discrédite la polygamie, la jeune femme. Les deux groupes devront avoir l'énergie nécessaire pour catalyser les changements ; le refus de la polygamie devrait peut-être permettre de transformer les rapports entre les hommes et les femmes, d'établir de véritables rapports de respect et de parité. Pour Sembène Ousmane, la figure de la jeune femme est par excellence figure d'avenir meilleur. On le voit avec Rama.

Rama, dans le film et le roman *Xala*, représente le lieu où se cultive un des espoirs majeurs de la jeunesse et d'un certain type de femme. Son franc-parler lui vaut un soufflet de la part de son père qui, dans le roman, lui indique clairement que sa révolution se fera à l'université ou dans la rue, et non chez lui. À 20 ans, elle réunit un ensemble de caractéristiques qu'on peut admirer ou redouter. Selon une théologie facile, elle conseille à sa mère de divorcer au lieu d'endurer la polygamie. Dans le roman, elle est à la fois d'un franc-parler et d'une tendresse infinie à l'égard de son fiancé supprimé par la réécriture filmique. Dotée d'une maturité exceptionnelle pour son âge, elle s'oppose farouchement à la venue de ses frères consanguins dans la maison qui, elle le rappelle toujours, appartient à sa mère. La polygamie appelle le capitalisme dans son acception brutale : la propriété privée. Tout se passe comme si la présence d'une autre épouse réveillait, ou alors activait une conscience de la possession, de l'exclusivisme, de la crainte du partage. Elle suscite un radical instinct de conservation. Rama est d'ailleurs suffisamment éveillée pour tenter de protéger sa mère selon ses moyens.

En effet, dans le film comme dans le roman, Rama se rend au « bureau » de son père pour tenter d'attirer son attention sur le sort de sa mère, visiblement malheureuse. Elle ne lui parle qu'en ouolof, alors qu'El Hadji s'efforce de lui parler en français. Elle refuse de boire de l'eau minérale française. De plus, la caméra lui donne une certaine prééminence dans le cadrage : elle domine son père assis. Dans le film, elle dispose plutôt d'une motocyclette, alors que le roman lui attribue une voiture. La réécriture efface une autre de ses médiations majeures, celle qu'elle entreprend entre son grand-père catholique et sa mère qui a le malheur, aux yeux de son père, d'avoir épousé un musulman. Les initiatives que le romancier et le réalisateur lui attribuent semblent indiquer la voie à suivre pour l'Afrique : l'heure des vieilles casseroles est révolue. La scène terminale de *Guelwaar* est plus expressive en ce sens.

À la fin du film et du roman de Sembène Ousmane, à peine terminée la bataille pour récupérer le corps de Guelwaar, et alors que la procession des chrétiens rentre, la vue d'un camion transportant des vivres rend subitement les parents amnésiques. Devant le corps de Guelwaar, un « vieux », Gormag, par ailleurs « aîné des anciens », proteste maladroitement contre la spontanéité de l'action qu'engage Étienne : il arrête le camion, les jeunes vident son contenu sur le sol et marchent dessus. Gormag proteste et implore même le secours de la veuve pour arrêter la folie des enfants car, dit-il, « la nourriture est sacrée ». Nogoy Marie lui rend la réplique qu'il mérite en lui rappelant que le sacrilège réside justement dans leur amnésie : la vue de la nourriture décérèbre. Ainsi, même la mort de Guelwaar n'a rien accompli. Mais les gestes des jeunes indiquent clairement que les vieillards n'ont plus les moyens physiques, intellectuels ou moraux d'engager une telle bataille pour l'avenir. Les gestes sont précis et ne trompent pas.

Lorsque Étienne voit le camion arriver, il l'arrête. Mentionnons d'abord que ce sont ces jeunes qui sont « en tête » de la procession. Il passe ensuite la croix qu'il tient à celui qui le suit dans le rang. Ces enfants ne se consultent pas. Le projet et la démarche sont transmis comme par enchantement. La croix va s'immobiliser devant l'abbé Léon, qui ne la transmet plus au suivant : les gérontes arrêtent, empêchent les mutations sociales décisives. Morale envisageable : l'action, le désir de changement, le sens de l'honneur s'arrêtent devant les vieux, sont sacrifiés par eux. Ils méritent donc d'être sacrifiés pour pouvoir réaliser ces mutations. Le discours de Gormag et l'embarras du prêtre en témoignent. Évidemment, puisque le romancier et le réalisateur s'appellent Sembène Ousmane, une femme, Nogoy Marie, remet les pendules à l'heure, et le discours de Guelwaar est repris pour conclure le film.

Dans le roman, cette initiative jeune est exprimée différemment. Les enfants ne sont pas seulement des éclaireurs. Ce sont même des guides, car eux seuls connaissent désormais le chemin. Au lieu de servir l'image traditionnelle, une « jeune femme », Yandé, compagne d'Étienne, est présentée à la fin du film comme actrice du changement juvénile : « *Elle* prit le poignet de l'abbé et le guida vers les dons qu'ils allaient piétiner. Ensemble, tous trois rejoignirent les autres » (p. 163; je souligne pour marquer le rôle du féminin).

Ces scènes, il faut le dire, représentent simplement le résultat d'une certaine éducation, la logique d'une éducation à laquelle sont exposés les jeunes comme dans *Sango Malo*. Étienne assiste en effet, très discrètement, debout devant la tribune, au discours iconoclaste de Guelwaar, prononcé sans le moindre bruit. Des plans montrent le garçon en train d'écouter religieusement l'orateur. C'est aussi avec Étienne et Yandé que Guelwaar va déposer sa plainte chez Gora. Ces enfants, d'un calme et d'une discrétion remarquables, ne se manifestent qu'à des moments décisifs : ils prennent tout le monde de court. Tout cela, eu égard au trajet thématique à l'œuvre dans ces textes, suggère une conclusion : les jeunes ne se sauveront pas seuls. Ils ont aussi besoin de quelques modèles. Malo, moins ses excès et l'ivresse de son pouvoir; Guelwaar, moins lubrique; le fou, moins radical; mais surtout le maître, Aja Awa et Nogoy Marie dans toute leur dignité en sont les figures. Mais l'efficacité de leur fonction dans la démarche narrative présage des lendemains meilleurs, après le nettoyage d'une gérontocratie paralysante.

Le système textuel des romans et de leurs réécritures porte donc le procès et l'action narrative vers des horizons actanciels pour le moins singuliers. Les réalisateurs et les auteurs déploient de ce fait une esthétique de la déception et de l'inattendu. Le savoir devient ainsi mutant et inverse de pôle. Il devient, ainsi que l'indique Michel Foucault, une prérogative des marginaux. Ce qui implique une rupture fondamentale dans la constitution des schémas évaluateurs des chemins de la vérité et du salut. Le monde à l'envers, en somme, ce qui est le fond de toute révolution. Mais ainsi qu'on l'a observé avec le cas de Voit Tout, le marginal prend un avantage de son exclusion. Pour son cas comme pour beaucoup d'autres, la marginalité semble aussi liée au comique. Ce personnage fait aussi rire. Mais il s'agit d'un rire tout aussi fonctionnel qui n'altère en rien son statut textuel. Ce qui fait du cinéma africain une sorte de divertissement, mais un genre particulier de divertissement dont il convient maintenant de rendre compte.

Notes

1 On peut également se demander s'il ne se marginalise pas pour pouvoir énoncer la vérité.

2 Pour une compréhension plus étendue de la question, se référer à mon étude : *Esthétique et folie dans l'œuvre romanesque de Pius Ngandu Nkashama*, Paris, L'Harmattan, 1998.

3 La même allusion à la chanson surgit dans la narration aux pages 58, 64, 135, 163, 169 et 178 du roman.

4 « *Through orality, the marginalized characters in society redefine themselves as citizen, charting a new course for themselves against the literate law-makers* » « Orality in the Films of Ousmane Sembene », *A Call to Action. The Films of Ousmane Sembene*, Wesport (Conn.), Sheila Petty, 1996, p. 59-60.

5 Dans le film, au bar, il déclare d'ailleurs à Malo qui s'en étonne : « On m'appelle Voit Tout. L'homme aux yeux de partout. Je *vois* tout. J'*entends* tout. Je *sais* tout » (je souligne). Noter que la disposition syntaxique infère le « savoir » comme conséquence du « voir » et de l'« entendre ».

6 Dans les romans de Pius Ngandu Nkashama, Bernard Nanga ou Mande Alpha Diara et de bien d'autres, les jeunes sont au centre de toutes les révolutions. Dans *Finye/Le Vent* (Souleymane Cisse, 1982), ce sont également les jeunes qui s'imposent comme catalyseurs du changement.

Chapitre 10

COMIQUE ET RIRE :
ÉCRITURES DU DIVERTISSEMENT

On a relevé que le cinéma africain se construit sur le sentier idéologique de la littérature, laquelle fait d'abord de l'art un instrument. Autrement dit, il se constitue avant tout comme outil de compréhension, de transformation et de conscience sociale. C'est pourquoi, libéré de l'argent, sa pauvreté est à la fois sa chance et sa malédiction. Cette exception permet ainsi de faire contre mauvaise fortune bon cœur, situation qui le différencie fondamentalement du cinéma occidental noyé dans le lucre qui permet de diffuser une culture marchande de masse. Ce qui fait dire à Félix Guattari que le cinéma est « une drogue à bon marché » (1975 : 101) qui aide divers sujets sociaux à compenser leurs frustrations et à conjurer divers fantasmes. C'est en cela que le divertissement pascalien et la grande querelle anglo-saxonne de l'*escapism* trouvent leurs fondements. On comprend dès lors pourquoi la plupart des théoriciens et des cinéastes africains se méfient de la hantise de la rentabilité qui pourrait banaliser, voire ruiner toute tentative artistique qui se limiterait à une fonction ludique du cinéma. D'où une dichotomie assez rigide de Férid Boughedir : le cinéma qui réveille et celui qui endort. Les images industrielles en Afrique devraient, pour lui, relever du premier. Pour lui, le cinéma occidental, essentiellement commercial,

> est le cinéma de la fuite, de *l'évasion hors du réel* et des problèmes de ce réel. C'est le cinéma opium, c'est le cinéma qui endort. 90 % du cinéma commercial participe de cette opération, et c'est pourquoi le cinéma est universellement considéré avant tout comme *divertissement*. Divertir signifie aussi faire *diversion*, éloigner de la réalité, permettre une *fuite* provisoire qui retarde la prise de conscience. (1974 : 123-124 ; souligné par l'auteur.)

Un tel discours a été certainement enfanté par la Charte d'Alger, sorte de bible et de programme idéologique du cinéma africain. Elle décommande expressément le mercantilisme prononcé, au moment où le continent affronte des difficultés vitales. En effet, le danger du spectacle est qu'il donne la primauté à la sensation et à la fascination sur la réflexion. Pourtant, en Afrique, la production culturelle a des prétentions pragmatiques : la réflexion, et même l'action. Cependant, le comique comme effet d'écriture et le rire comme manifestation d'une émotion sont en fait des formes d'« évasion » et de « divertissement » que tente de combattre le cinéma africain. Le cinéma et surtout les réécritures faisant une large part au rire et au comique, le projet idéologique ne risque-t-il pas de se saborder? Le rire n'est-il pas un péril pour la fonctionnalité espérée du cinéma?

La question est d'autant plus importante que l'utilisation du rire dans le cinéma en Afrique a d'abord eu pour objectif l'aliénation. Pour conforter sa vocation hégémonique, l'ordre colonial a prescrit à un moment le spectacle filmique. Le Nègre ayant été réduit à des émotions anarchiques, le colonel Marchand recommande le rire et l'hypnose des images industrielles :

> L'emploi du cinématographe par l'explorateur peut produire sur l'indigène d'Afrique noire et de bien d'autres contrées à faciès moins foncés des effets d'impression escomptés par Viator. À condition toutefois que les films soient soigneusement choisis pour l'amuser et non pour le terrifier. *Il n'est qu'une façon sûre de désarmer le primitif : le faire rire*... La seule apparition du Blanc avec ou sans escorte armée au milieu des peuplades moins accoutumées est pour celles-là un sujet d'inquiétude. C'est cette première impression qu'il s'agit de détruire, non pas d'augmenter. (Dans Pierre Haffner, 1995 : 83; je souligne.)

Le déclenchement du rire peut être le résultat d'une ruse, d'un piège. L'inclusion du rire dans le cinéma a donc à son origine un projet impérial d'aliénation. Il ne s'agit ni d'instruire l'Africain ni de le faire réfléchir. Ce qui élucide cette préoccupation de Christian Zimmer, qui pourrait bien s'appliquer au cinéma africain : pour déconstruire l'idéologie capitaliste et bourgeoise, le cinéma politique doit, selon ses promoteurs, combattre le spectacle paralysant qui se présente comme un nouvel opium. Les loisirs doivent cesser de servir à préparer des générations de moutons. Pour cela, une rupture devrait s'opérer chez le spectateur. En déployant de plus en plus de séquences proprement cocasses et de séquences drôles, comment le cinéma et la littérature restent-ils dans le registre idéologique du discours pour la transformation sociale ?

L'interrogation se justifie d'autant plus que les réécritures considérées ici impliquent, inventent même des séquences ludiques où le rire côtoie le sérieux, le cocasse suit les malheurs. Autrement dit, le spectateur, comme les acteurs, sont amenés à éclater de rire, ce qui situe proprement le procès filmique dans le registre du divertissement dont Christian Zimmer et les théoriciens du cinéma africain conseillent de se méfier. Il importe pourtant d'opérer un recentrage théorique et surtout idéologique : le rire n'est pas gratuit. Il demeure fonctionnel, a sa visée propre, s'inscrit dans une efficacité calculée et semble, dans les films étudiés, « libéré » de toute pesanteur paralysante. Il impose donc une relecture tant de la part du spectateur que de celle des théoriciens. Les scènes qui les suscitent sont organisées, programmées par le réalisateur et il est important pour le spectateur amusé de les prendre pour ce qu'elles sont : des productions idéologiques. Selon Christian Zimmer :

> [T]oute histoire a un sens, toute fiction est porteuse d'idéologie. Parce qu'elles sont l'une et l'autre des *formes*, et qu'elles *informent* une vision du monde. L'action naturelle, immédiate exercée par l'image sur le moi n'est pas fatalement fascination : toute image rencontre en moi-même d'autres images qui lui donnent un sens particulier, un sens qui m'est personnel. La fascination serait plutôt un moyen d'interdire cette rencontre, d'investir totalement la conscience, de l'obturer, de la paralyser, et de la priver finalement de cette faculté de recomposer elle-même ses propres images intérieures. (1974 : 16-17; souligné par l'auteur.)

C'est donc ce parcours inverse que prend cette étude. Au-delà de la fascination et du comique, il importe de prendre du recul pour reconsidérer le rire. Si tout ce qui est noté est notable, comme l'écrit Barthes, pourquoi les films africains font-ils tant rire et pourquoi y rit-on ? Comment et quand ce rire survient-il ? Quelles sont ces formes d'humour et de jouissance partagée ? Et, surtout, que cachent-elles ? Telles sont les questions à considérer. Tout semble partir d'une certaine forme de comique qui cache mal une ironie, laquelle est opérée par la réalisation et prise en charge par les personnages.

1. LE COMIQUE

Envisager le fonctionnement des ressorts du comique dans la perspective comparative impliquée par les réécritures conduit à considérer ce qui, dans le spectacle filmique ou dans le texte romanesque, relève d'un autre spectacle. Autrement dit, comment les situations et les personnages sont-ils offerts en spectacle ?

Les articulations du comique sont essentiellement pragmatiques. Henri Bergson, qui en a très utilement explicité les modes d'apparition, soutient qu'il « s'infiltre dans une forme, une attitude, un geste, une situation, une action, un mot » (1910 : 135). Dans *Le Filmique et le Comique* (1979), Jean-Paul Simon indique que le film comique est essentiellement transgressif. C'est un ordre, une institution et un code qui sont remis en cause par l'irruption du comique au cinéma. Le gag en est la forme principale. L'effet comique est dû à la surprise, car l'institution cinématographique, et cela est plus vrai pour le cas de l'Afrique, n'a pas pour objectif principal de faire rire. À la suite des formulations de Bergson, on distinguera le comique de situation, le comique de gestes et, éventuellement, le comique de mots. On verra aussi quel est l'« œil » comique, ainsi que les principales formes que déploie l'entreprise comique. Le procès du comique diffère du roman au film.

C'est le directeur de l'école, M. Nyemb Paul La Fontaine qui est, dès le premier abord, la cible comique du narrateur de *Sango Malo*. L'ouverture du roman offre une scène assez étrange par laquelle les maîtres, comme des élèves, exécutent des instructions. La fascination du directeur pour la culture française, dont témoigne le contenu des enseignements, est exposée sous un angle qui fait de lui un sujet comique. Le dispositif textuel conduit le lecteur à se distancier d'un adulte incapable de se libérer des avatars psychologiques de la colonisation. Le narrateur semble ici manipuler idéologiquement le lecteur.

Mais le film le transforme un peu. Ce qui est mis en scène, ce sont surtout ses mots et ses gestes. Les insultes contre les enfants qui auraient de la pâte d'arachide à la place de la cervelle, la bataille discursive qui lui fait couper la parole à Malo juste après la lui avoir attribuée, ses mouvements interminables dans chaque espace qu'il contrôle, etc. Les plus comiques sont certainement les panoramiques qui le surprennent en train d'espionner les enseignements de Malo : le geste et l'expression faciale, culturellement, déclenchent automatiquement une séance de fou rire. Il est exposé, devient avec le mouvement de la caméra la victime alors justement qu'il exerce un pouvoir, celui du bourreau. Le renversement ici est essentiel : l'homme est ramené dans le cadre et montré comme abattu, impuissant, ridicule. Il est victime du regard du spectateur, alors qu'il tente justement d'exercer un droit de regard. La victime Malo est, du fait de la réalisation, plutôt le bourreau du directeur. Le panoramique et le retour dans le cadre sont ici des « exécutions » que l'expression faciale du directeur, code culturel important, permet d'appréhender.

Le sérieux avec lequel Mbog refuse d'être paysan avant de se laisser séduire par l'idée de coopérative relève aussi d'un effet comique : il n'a pas le droit d'être paysan après avoir été à l'école. Le niveau : cours élémentaire deuxième année (4e année du primaire) ! Au-delà de cela, il faut lire un état d'esprit répandu : l'agriculture en Afrique est une profession d'illettrés et de ratés. Voilà peut-être une des raisons de sa précarité. Cela est renforcé par ce qui est considéré par le personnage comme forme de lettrisme et d'éducation : la quatrième année du primaire. Le spectateur camerounais ne s'empêche pas dans ce cas de rire. La cause est le comique et le paradoxe de cette situation.

La réaction du coiffeur lorsque Mbog se plaint de la dérive autoritaire de Malo relève de la parodie. N'avait-il pas été averti que la coopérative n'était que le paravent du communisme? Cela rejoint le jugement du pasteur lorsqu'un villageois vient le consulter : c'est du communisme. En plus des grimaces du coiffeur ou du sérieux du catéchiste, le dispositif filmique mis en œuvre ici est surtout la juxtaposition des scènes et des séquences. Elles arrivent toutes au moment où on ne les attend pas. D'où la transgression relevée par Jean-Paul Simon et l'« arrangement mécanique » de Bergson, lesquels consistent en la jonction syntaxique de deux situations en réalité contradictoires. La parodie communiste révèle non seulement l'ignorance des populations, mais aussi rappelle, pour le cas du Cameroun, une certaine étiquette qu'on collait à toute association nouvelle : c'est le péril rouge.

En outre, Bassek Ba Kobhio choisit de manière précise ses noms : la voiture qui transporte Sango Malo dans le roman s'appelle simplement « S'en Fout La Mort ». Le coiffeur qui abandonne son client en tempêtant contre le « communisme » se nomme Sans Rival. Le tailleur est Chaud Gars et le manœuvre de Honba, Commando. Il s'agit là de noms assez communs qui font d'abord rire le Camerounais moyen. Tout cela témoigne non seulement d'un besoin de cibler son public, mais aussi d'un discours implicite qu'il est important de déceler. Mais, dans tous les cas, le projet de dérision est évident. Tout tient d'un principe stratégique, d'un calcul. C'est aussi l'art de Sembène Ousmane qui expose comme figure comique celle du débarqué.

Dans *Guelwaar*, aussi bien dans le roman que dans le film, Barthélemy connaît une sorte de parcours initiatique. Il s'agit au départ d'un fanfaron qui se comporte avec arrogance lorsqu'il apprend la mort de son père : langage un peu ampoulé, timbre artificiel, démarche presque aérienne. Il répond d'abord systématiquement en français, alors que ses interlocuteurs lui parlent ouolof. Ses nombreuses exclamations : « quelle Afrique! », « vous me faites chialer, moi », etc., trahissent plus une prétention acquise lors d'un séjour en France qu'un souci de transformer la société qui l'a vu naître. Le plus amusant : il brandit son passeport français, devenu brevet de personnalité.

Le cas de Barthélemy permet de retrouver là un motif déjà prégnant chez Bassek Ba Kobhio : le fantôme de la métropole dans l'inconscient du Nègre, ainsi que l'avait montré Fanon dans *Peau noire, masques blancs*. Erna, personnage inventé par le film, y manifeste un plaisir et un rêve étonnants, non pas seulement de « voyager », mais surtout de « prendre l'avion ». Non pas pour visiter le pays, mais pour aller « en Europe ou en Amérique ». Disciple d'Ulysse, en somme. Si on ajoute à ce tableau le fait que, dans *Xala*, El Hadji ne boit que de l'eau d'Évian et semble s'en glorifier, la réaction de sa fille inverse également le pôle de la dérision. Son refus de boire de l'eau importée aplatit le triomphalisme et la fierté de son père qui semble trouver dans la consommation de ces produits un motif de satisfaction. Encore une fois, le comique fait du détenteur apparent du pouvoir une victime, un faible. En effet, le ridicule est du côté du père à qui la fille administre une leçon d'humilité. Le spectacle filmique offre des personnages en spectacle, l'écriture et la mise en scène renversent sensiblement les structures du pouvoir, sous une espèce de contradiction propre à l'ironie. La victime, le sujet comique, celui dont on se moque est le plus riche. C'est lui qui gère l'illusion de divers types de pouvoir.

Une scène étrange dans le film *L'Enfant noir* entre dans le même registre. À Conakry, Baba Camara qui vient d'arriver mange à table avec ses doigts. La réaction de son oncle, assez étonné et très sérieux : « Dis donc, Baba. Un peu d'effort! Regarde tes petits cousins qui mangent avec la cuillère. Arrête ça et mange à la cuillère. Ici ce n'est pas Kouroussa. C'est la capitale, mon vieux » (extrait de *L'Enfant noir*).

Baba, tout triomphant et glorifié dans son village pour avoir eu le privilège de voyager, devient impuissant en ville. Il est la victime d'un environnement qui lui est étranger. Il est une vedette chez son oncle, mais une vedette négative, car son naturel est perçu comme un fait comique. Une fois encore, le détenteur du pouvoir, la vedette devient la cible du comique. Mais il s'agit ici d'une perspective, celle de l'oncle. En effet, où situer véritablement le comique ? Qui le détermine ? Le personnage ou le spectateur ? Il est possible dans ce cas, en restant dans la figure du « débarqué », de considérer plutôt l'oncle comme le personnage comique.

On le situerait alors dans le même registre que Barth dans *Guelwaar*. En effet, pour l'oncle, manger avec les doigts comme c'est souvent le cas à la campagne, ne pas utiliser la cuillère, ne pas adopter ce qui est admis comme code de modernité, c'est « être en retard ». Tout cela relève, nous dit Frantz Fanon, d'une constellation névrotique inscrite par des siècles d'aliénation. C'est que le Nègre, qu'on a convaincu de son infériorité et de sa malédiction, a désormais une seule option : s'identifier au Blanc. L'aspiration et le désir, signes de consécration pour le sujet, sont présentés comme un discrédit. D'où cette séduction et cette appropriation castratrices, pathologiques et culturellement dévastatrices :

> Tout peuple colonisé – c'est-à-dire tout peuple au sein duquel a pris naissance un complexe d'infériorité, du fait de la mise en tombeau de l'originalité culturelle locale – se situe vis-à-vis du langage de la nation civilisatrice, c'est-à-dire de la culture métropolitaine. Le colonisé se sera d'autant plus échappé de sa brousse qu'il aura fait siennes les valeurs culturelles de la métropole. Il sera d'autant plus Blanc qu'il aura rejeté sa noirceur, sa brousse (Frantz Fanon, 1959a : 14.)

La dernière figure du comique est celle de la marionnette. Pourquoi est-elle utilisée dans le cadre du discours contre la polygamie ? La question est difficile. De quoi le personnage masculin est-il la marionnette ? De ses désirs et tendances phallocratiques ou de ses femmes ? On est tenté d'envisager la déconstruction du masculin dans les deux sens. El Hadji, par exemple, est un véritable pantin que manipulent ses femmes et ses collègues. Oumy, sa « volcanique » seconde épouse, le traite comme une petite poupée. Il est incapable de défendre son projet polygame, est tout ridicule devant sa seconde épouse qui le pousse vers la porte et la voiture dans laquelle il est coincé entre les deux femmes comme entre le marteau et l'enclume. Ici, la caméra opère un gros plan sur l'homme, silencieux et visiblement dépassé par les événements : le pouvoir polygame, comme les autres pouvoirs, est en pleine décadence, fragilisé par une réalisation et une mise en scène qui noient le personnage dans le ridicule. La situation est cocasse, et le sujet est « livré » à l'antipathie du spectateur. La réalisation « fabrique » le comique, « dresse » le spectateur contre certains types de pouvoir, notamment ce qu'on considère comme le pouvoir masculin. Un cas intéressant se trouve dans *L'Enfant noir*.

Comme je l'ai déjà souligné, le jour où Moussa se résout à appeler sa femme « ma belle », sans aucun accent d'affection, c'est pour lui annoncer qu'il prendra une seconde épouse. La maladresse de son accent et de ses gestes le trahissent. Si le comique consiste surtout en la « transgression », c'est bien le cas de dire qu'avec ces exemples, le masculin est réduit à la dimension la moins honorable, à une simple caricature. S'agit-il de revendiquer l'humain dont parle Bergson ? Un humain bien réduit. Le masculin est embourbé dans des contradictions que programment des récits dont le procès comique n'est pas directement observable. Et à ce sujet, il faut relever que les réécritures aggravent le degré de la dérision. Mais si le registre du comique est dans ces textes beaucoup plus marqué, il n'en est pas de même dans ceux de Cheikh Hamidou Kane et de Jacques Champreux.

L'Aventure ambiguë comporte un personnage que maintient le film : Pierre Louis. Bavard à souhait, il rencontre Samba Diallo dans une rue de Paris et l'invite chez lui. Envahissant et volubile, il est parfois désigné comme le fou, par un lexique psychiatrique. Mais c'est lorsqu'il se révèle d'une étonnante faconde qu'on se rend compte de l'importance de son discours et de ses attitudes comiques. Comme les autres personnages, Jacques Champreux l'exporte en Afrique où il joue son rôle à merveille, racontant sans fin les mêmes histoires. Le film, plus que le roman, met surtout en scène la répétition de ses nombreuses grimaces. Ce que le film ajoute à son actif est son traité senghorien sur la fraternité universelle, l'illusion d'un monde où les peuples se côtoieraient sans préjugés. Ici, la caméra vient plutôt au secours du discours du personnage : des changements de plan montrent des Blancs et des Noirs en train de danser joyeusement sur la piste. Une véritable symbiose est à l'œuvre, la fin des discriminations, en quelque sorte. Sous son œil, plusieurs races se côtoient fraternellement. La mise en scène du comique, comprise aussi bien dans les gestes que dans les situations, n'expose pas le personnage. Elle suscite même une certaine sympathie.

Toutefois, en dépit de son bavardage qui peut sembler incontrôlé, Pierre Louis est, comme le fou, survalorisé dans le film par rapport au roman. C'est dans ce qui a l'air de gesticulations et de délires bruyants qu'il révèle la vérité qui va assommer les Djallinké. Samba Diallo s'en rend compte, le peuple pèsera très peu vis-à-vis les gros trusts internationaux qui financent, sous couvert de « coopération » économique et de « développement », l'assassinat de la nature et l'expansion de la mort. Il faut se rappeler cette phrase qui se révélera d'une exceptionnelle prophétie : « Et eux [les Blancs] ? Qu'est-ce qu'ils ont à nous offrir en dehors du béton et de la mort? » Le docteur Lacroix en fera les frais. Tout cela est dit par Pierre Louis dans son style comique et débonnaire qui pourrait occulter, comme dans le cas du fou, sa fonctionnalité. Qu'en conclure?

Qu'il est important de dépasser l'idéologie immédiate qui se cache dans l'allure innocente du spectacle. Il faut se régaler des grimaces de Pierre Louis, de Barthélemy, de La Fontaine ou d'Erna. Là s'arrête la dimension de l'idéologie capitaliste qui réduit le spectacle à la simple contemplation et à la sensation. Mais le film politique loge son discours au-delà de cette façade qu'il importe de « reconsidérer », et même de prendre au sérieux, si on admet avec Jean-Paul Simon que le film comique participe d'un processus permanent de « transgression ». Il s'agit de transgresser la tradition cinématographique, l'idéologie bourgeoise et le divertissement, constitué comme une véritable religion. Il est donc nécessaire, dans le cadre d'une reconstruction théorique sur la conception du ludique dans le cinéma africain, de surmonter cette apparente contradiction que relève Christian Zimmer : « Le divertissement est ainsi une création *directe* de l'idéologie. Il est donc toujours aliénation en puissance. Se divertir, c'est se désarmer. Prendre l'art, l'imaginaire au sérieux, est déjà s'assurer une défense » (1974 : 138; souligné par l'auteur).

On peut donc articuler cette proposition : le cinéma africain, comme l'illustrent les réécritures considérées ici, est bien un divertissement. Mais il cache un discours latent. C'est pourquoi il doit divertir sans désarmer, à la seule condition qu'il soit pris au sérieux. Autrement dit : « Se divertir, c'est s'armer. » C'est en ce sens seulement, dit Pierre Haffner (1978), que le cinéma de masse, dont voudrait faire partie le cinéma africain, n'est pas nécessairement un cinéma d'abrutissement, même s'il fait rire. Le colonel Marchand, qui voulait aliéner en divertissant, s'est trompé et le cinéma africain peut divertir sans aliéner. Olivier Barlet le perçoit très nettement, « pour ces cinéastes engagés, le rire et l'oubli ne se confondent pas » (1996 : 144-145). On touche là à un ressort essentiel du comique qui en est la conséquence : le rire, souvent accompagné par la musique.

2. LA MUSIQUE ET LE RIRE

L'analyse des fonctions de la musique, non seulement dans les textes romanesques, mais aussi dans leurs réécritures, conduit à situer la problématique du son en général. Il s'agit de la musique en tant que mouvement thématique mis en scène, et principalement de la danse. Autrement dit, on examine ici une des formes de jouissance mises en œuvre et dont les acteurs sont les premiers vecteurs. On l'a relevé, le cinéma et la littérature en Afrique se méfient du simple divertissement. D'où vient donc que les mouvements narratifs transportent les personnages dans des bars? Simplement, on l'a vu avec le bruyant Pierre Louis dans le film de Champreux, le « lieu de perdition » peut être un lieu d'expérimentation[1]. En plus, la musique et la danse peuvent tenir d'une métaphysique. On relèvera à ce sujet une différence entre la musique sacrée et la musique profane.

Chaque fois que Sarraounia prend la parole pour haranguer la foule et la mobiliser contre les aventuriers qui avancent, elle est suivie par des musiciens qui battent les tam-tams. La musique accompagne la séance de lutte traditionnelle au début du film. C'est également avec sa musique que Gogué séduit la reine au cœur de pierre. Dans ces différentes circonstances, la musique sert à soutenir un discours et une cause. Elle ne permet pas l'exercice d'une réjouissance quelconque, ne constitue en aucun cas une distraction. Il s'agit là d'un élément inclus dans la mise en scène pour soutenir un discours.

Dans *L'Enfant noir*, la nature sacrée de la musique est encore plus prononcée. Toutes les cérémonies initiatiques, notamment le *Kodén Diara* et le *Soli*, sont accompagnées par des sons de tambours et de tam-tams. Le vieux Lansané, que Madou va consulter avant le voyage de son fils pour Conakry, joue longuement de sa kora après avoir parlé à ses ancêtres. La musique permet ainsi de maintenir le contact avec les morts, et même de les louer pour la protection qu'ils assurent aux vivants. Dès le début du film, lorsque le marchand d'or va chercher Madou à la rizière, la scène montre des jeunes filles en train de chanter en dansant pendant que les hommes récoltent du riz. Tout cela peut sembler exotique pour le spectateur occidental non averti qui y verrait un décor. Mais l'enjeu culturel est de taille, car il existe en Afrique un type de musique pour chaque cérémonie. La musique qui semble accompagner innocemment la scène est en elle-même un discours.

Sur une dimension beaucoup moins ludique, le griot du grand-père de Laye, présenté dans un retour en arrière, exécute silencieusement des chansons et des mélodies à la gloire du forgeron. C'est que la musique participe d'un rituel social, démontre une espèce de participation métaphysique à l'activité de production. Celle-ci est faite « jouissance » suscitée par un « savoir ». Il faut relever ici, comme dans les cas précédents, la mise en place d'un équilibre entre le corps et le rythme, l'espace et le temps, le physique et le métaphysique. Dans le film, cela peut sembler gratuit, et surtout exotique. Mais le lecteur du roman corrige rapidement ce vide herméneutique, car le musicien fait partie de la structure traditionnelle de production :

> Au vrai, le griot participait curieusement – mais j'allais dire : directement, effectivement – au travail. Lui aussi s'enivrait du bonheur de créer; il clamait sa joie, il pinçait sa harpe en homme inspiré; il s'échauffait comme s'il eût été l'artisan même, mon père même, comme si le bijou fût né de ses propres mains. Il n'était plus le thuriféraire à gages [...] il était un homme qui crée son chant sous l'empire d'une nécessité toute intérieure (P. 34).

Seule cette musique sacrée échappe à la poétique de la dérision qui émaille le corpus. Elle n'a rien à voir avec les gigotements qui ont lieu dans les bars ni avec les oraisons et les chansons de guerre entonnées allégrement par les tirailleurs nègres dans *Sarraounia*. Il ne s'agit plus dans ce dernier cas d'une musique uniquement profane : elle est le signe d'une persécution et d'une ironie féroces.

En effet, dans la réécriture filmique de *Sarraounia*, Med Hondo ne retient pas seulement l'extrême brutalité de l'expansion française en Afrique. Il aggrave la criminalité coloniale en la portant à un niveau psychique, par son intériorisation. Fanon l'a montré, il est important de déstructurer psychologiquement le Nègre, de le rendre heureux de subir le martyre des ravages de la « civilisation » impériale. C'est pourquoi Med Hondo actualise et répète plusieurs fois ce qui est uniquement suggéré dans le texte littéraire. Bien plus, il l'aggrave. Il s'agit de la trompette militaire française.

Pour ceux à qui la colonisation française est familière, le générique du film de Med Hondo déploie un son connu dans toute l'Afrique. Ces trompettes sont rapidement évoquées dans le roman comme accompagnant l'expédition des troupes ivres. Mais systématiquement, et non pas seulement au début du film, cette musique est exécutée chaque fois que Voulet progresse dans sa marche vers Lougou. Davantage : les soldats nègres entonnent des chansons à la gloire de la France, exécutées en « petit nègre ». Qu'est-ce à dire?

La musique est ici signe de la persécution. Alors que, dans *L'Enfant noir*, *Xala*, ou *L'Aventure ambiguë*, de Champreux, elle est librement exécutée en des circonstances précises, elle est faite ici sous la contrainte. On la fredonne parce qu'elle est imposée par le maître pour contraindre l'esclave à se réjouir de son sort. En effet, il est important que le Nègre soit heureux d'être colonisé et qu'il chante à tue-tête la gloire de la France. Autrement dit, la musique et la chanson militaire, ici, sont des formes d'oppression et concourent à soutenir l'emprise coloniale. Persécutés par la France, les soldats exécutent quand même des chansons à sa gloire. Ce qui occulte le poème tout mélancolique de Soly Dembelé, poème fredonné une seule fois dans le roman et le film où la partition prend l'allure d'une véritable oraison funèbre. En effet, lorsqu'ils s'arrêtent dans un camp après des journées de marche, les tirailleurs se mettent à jouer de la musique pour se consoler, exactement comme les esclaves noirs chantaient dans les caves de navires pour échapper psychologiquement aux supplices dont ils étaient victimes. L'oralité ici est stratégie de survie et même de résistance, car elle implique une « prise de conscience » :

> Parti à la guerre
> Parti derrière les Blancs
> Parti chercher femmes
> Parti loin, loin, loin
> Guerrier
> Tu ne verras plus ta maison
> Parti loin, loin, loin
> Tu ne verras plus le fleuve. (*Sarraounia*, p. 79.)

C'est à partir de ce moment que la sédition des tirailleurs va se sédimenter, et Soly Dembelé se révélera plus tard comme l'un des leaders du soulèvement. On le voit, la musique, si elle participe de la jouissance, peut être le lieu d'un paradoxe ou, comme toujours, l'expression d'un discours latent. Elle est à la fois métaphore, contrepoint et polysémie. Mais si les soldats sont contraints de se divertir pendant l'exercice même de leur état d'esclaves, les autres acteurs le font par choix. On pourrait parler d'esclavage à un autre niveau, et notamment de la dépendance vis-à-vis de Bacchus. Il est toutefois un fait, c'est que la musique et la danse demeurent souvent régies par le profane.

Laurent Chevalier multiplie les séances de danse qui n'existent nullement dans le roman de Laye. À son arrivée à Conakry, Baba participe à une croisière. On voit sur le bateau des masses de jeunes en train de danser du rap. Plus tard, lors d'une prestation des Sirènes de Guinée, on aperçoit Baba en train de regarder avec convoitise la petite Marie Fofana qui vient peu après lui faire une bise. Lors du mariage, la griotte exécute son morceau choisi contre la polygamie pendant que les gens applaudissent. Le temps est aux réjouissances. Et comme est enclin à l'affirmer Roland Barthes sans être vraiment spécifique (1973 : 38-39), la jouissance peut générer du savoir. La preuve : le réquisitoire discret de la griotte fait rire et applaudir l'assistance. *Castigat ridendo mores*, pour ceux qui admettent avec Chevalier que la polygamie est une catastrophe.

En dehors du début du film où on voit des femmes en train de danser avec frénésie devant la Chambre de commerce, ainsi que de la scène déjà relevée du mendiant qui hante l'espace sonore du film, la musique dans *Xala* est un signe de distinction : un orchestre joue lors du mariage d'El Hadji. De longues scènes sont consacrées à ces réjouissances. Il ne s'agit pas là de musique traditionnelle, loin s'en faut. Les « hommes d'affaires » méritent mieux que des instruments en bois. Mais, fidèle à ses options, Sembène Ousmane ne rate pas l'occasion d'infiltrer entre ces plans quelques critiques : le compliment intéressé du président à Oumy toute seule, l'agitation de cette dernière vis-à-vis les manœuvres de La Badiène, l'inculture d'un « homme d'affaires » qui demande très sérieusement à un serveur comment se dit en anglais « week-end », ou alors cet autre qui se fourre le doigt dans la narine avant de se souvenir qu'il peut le faire à l'aide d'un mouchoir. On demeure dans la même perspective : toutes les scènes dissimulent un non-dit qu'il est important de définir. La scène comique, comme toutes les scènes, est toujours un écran. Au-delà du cocasse et de la cible possible, c'est un discours qui est élaboré.

Sango Malo, dans le roman et dans le film, rencontre Voit Tout au bar où il se rend dès son arrivée au village. Des gens y dansent et s'abreuvent d'alcool. Comme dans les cas précédents, il importe d'être attentif à ces scènes : Ba Kobhio les filme plusieurs fois en plongée ; des gros plans font voir des pieds sales et des vêtements usés. En outre, le discours de Voit Tout indique clairement que le bar de Honba est un malheur, car il sert à ruiner tout le monde. La preuve, Honba propose au maître de lui ouvrir un « cahier ». La culture, le divertissement dans ce hameau perdu se limite donc à la fornication et à l'alcoolisme. Ce n'est pas un hasard si, dans ses deux textes, Bassek Ba Kobhio répète la trouvaille de Honba : pour relever ses affaires qui périclitent avec l'ouverture de la boutique de la coopérative, il ne trouve rien de mieux à faire que d'importer des prostituées de la capitale. Alors que le film s'arrête à la fausse indignation du catéchiste et aux réjouissances mal dissimulées des villageois, le roman s'étend sur l'épidémie de maladies vénériennes qui s'abat sur Grand Village. La musique, ou le lieu où elle est jouée, peut donc véhiculer le mal. Cela peut valoir aussi pour le film de Champreux, qui fait vieillir Samba Diallo de 20 ans avant de le transporter dans une société musulmane où l'alcool coule à flot. C'est sous ces ondes que se joue en quelque sorte le destin de Samba qui, au moment de s'y rendre, est vu par le fou que révèle un rapide mouvement de caméra. Pour ce dernier, le lieu est celui de la perdition et du péché. Tout est donc finalement question de perspective, de focalisation. Le comique Pierre Louis voit dans la musique une réjouissance métisse et fraternelle, alors que pour le fou, et vu le destin de Samba, elle est profane et signe de déchéance. Le spectacle révèle ainsi une certaine complexité dans laquelle le spectateur peut finir par se perdre.

Cependant, il faut se méfier des dangers de l'égarement total de la contemplation et du spectacle. En effet, nous dit Christian Metz (1971 : 84), il convient de partir du sensoriel vers l'idéologique. Toute image, de même que les éléments auditifs qui l'accompagnent, est discours. Même si toutes ces scènes semblent inutiles du fait qu'elles sont des segments autonomes dont la temporalité n'a pas grand rapport avec les événements diégétiques, elles ont au moins une fonction : elles permettent de souffler. Étienne Souriau (1953) le soutenait, il existe une limite à l'attention du spectateur. Les réalisateurs incorporent donc ces ruptures qui permettent d'insérer du ludique dans du sérieux. Mais tout cela est motivé, consécutif à un calcul idéologique. C'est pourquoi il est important de déchiffrer le contexte émaillant l'apparition de la musique, de considérer les images qui l'accompagnent, de se demander non seulement ce qui fait rire les personnages, mais aussi pourquoi on se surprend en train de rire avec eux. Derrière chaque sourire se cache le drame d'un peuple trahi et un code transgressé.

La dimension ludique du cinéma est beaucoup plus prise en compte chez Bassek Ba Kobhio. En effet, le nombre de scènes comiques qu'il ajoute à la réécriture filmique de *Sango Malo* est beaucoup plus élevé. Surtout, la sélection des acteurs semble fortement guidée par une telle motivation. Non seulement elle est probablement liée au type de public visé, mais surtout, les rôles qui leur sont attribués permettent de coller à la réputation de clown qu'ils ont pu constituer dans la société[2]. Or, écrit Christian Metz :

> [L']acteur obscur fonctionne au bénéfice du personnage, puisqu'on ne peut pas l'en détacher en direction d'autres personnages, ou d'une vie privée ébruitée par les magazines, etc. L'acteur connu [...] impose au public une sorte d'interrogation sur les raisons mêmes de son choix, raisons évidentes, [...] ou souvent énigmatiques [...]. Il y a plus : l'acteur connu [...] va importer dans le film l'écho des autres films où il a joué, il va mettre du tremblé, du multiple et du virtuel dans son personnage. (1991 : 90.)

Il se trouve que les acteurs de *Sango Malo* sont des comédiens bien connus au Cameroun, et, particulièrement, le tailleur Chaud Gars, rendu célèbre par une série télévisée à succès, *L'Orphelin*. Le rôle de l'acteur enrichit celui du personnage et crée chez le spectateur camerounais un conditionnement, et ce dernier n'est probablement pas déçu. Leur apparition est en soi une « promesse », sinon « un programme de comédie et d'humour ». Sous forme de gags, ces scènes sont nombreuses et presque identiques. Il s'agit des scènes rocambolesques avec l'employé de Honba à qui le coiffeur Sans Rival demande plusieurs fois d'apporter de la bière qu'il promet toujours de payer. Bien sûr, il ne le fait jamais, et l'employé en apporte toujours. Les séances de danse qui accompagnent cette demande répétée semblent être uniquement un prélude à la manipulation de cet employé. Le fou rire qui éclate peut bien contaminer le spectateur. Ces séances ne sont pourtant pas les seules.

L'arrivée et la démonstration de Telli n'existent pas non plus dans le roman. La séquence constitue en soi une mise en scène de la capacité de mystification dont est capable le « débarqué » fanonien, tout comme la persistance du complexe de la métropole chez le colonisé. Steward de profession, Telli annonce avec suffisance à des villageois admiratifs que les pilotes sont sous ses ordres. Les questions des villageois sur les prouesses d'un avion, mais surtout une « interrogation » émanant du chef, déclenchent un fou rire général. Le monarque aimerait savoir si son statut lui conférerait une place réservée dans l'avion. En plus du rire, ce qu'il faut relever ici encore est l'inversion des pôles du pouvoir par la force du comique : rire permet de prendre une revanche sur le politique. Mais au-delà de ces rires, ce qui est donné à voir, c'est l'inculture des villageois. Leurs horizons culturels sont extrêmement limités, ce qui a évidemment une influence sur le contenu de leur culture générale. Mais l'élément qui persiste ici est le mythe de la France. Se rappeler ce villageois dont le seul rêve est de vendre son pauvre cacao, prendre l'avion et voir Paris. Voici ce qui se dit au Cameroun : « Voir Paris et mourir. »

Le comique de ces scènes est d'autant plus marqué qu'elles sont inattendues. Elles relèvent de cet « arrangement mécanique » dont parle Henri Bergson, car elles introduisent un moment nouveau, une certaine relâche dans le cours du récit. Autrement dit, du point de vue de la temporalité, ces segments répétés sont des segments autonomes, en ce sens qu'ils n'ont pas grand-chose à voir avec l'enjeu narratif du texte. Cela renforce l'hypothèse selon laquelle les ressorts essentiels du comique, tels que l'illustrent en outre les textes de Ba Kobhio, sont la répétition, la surprise et la discontinuité. Enrico Fulchignoni écrit à cet effet :

> Privé de continuité, le seul rapport qui peut s'établir entre deux instants discontinus est la surprise, élément traditionnel du comique. Ce qu'on attendait ne se produit pas, et, au contraire, ce qu'on n'attendait pas du tout arrive. La surprise et la répétition sont donc deux éléments essentiels de la temporalité comique, car, dans des milliers de cas, il a été opportun de répéter plusieurs fois le même *gag*, sans nuire nullement à l'histoire elle-même, l'effet général s'en trouvant au contraire renforcé. Le temps comique est marqué continuellement par des interruptions, sans passé ni futur[3]. (1969 : 155; souligné par l'auteur.)

Si Ba Kobhio inclut ces scènes comiques dans le film, il en supprime par contre beaucoup d'autres du roman. Il s'agit notamment de la révolution qui voit les femmes prendre d'assaut le bordel monté par Honba. Les hommes détalent devant cette violence inhabituelle. Ou alors l'humiliation du chef par sa jeune épouse. Le réalisateur est ici fidèle à l'idéologie déjà relevée : le rire et le comique ont pour cible unique… le masculin ! Mais il y a plus.

Même le petit Baba Camara n'échappe pas à la dérision dans le film de Chevalier : il sursaute dans la maison de Moussa dès que le ventilateur est mis en marche. Il s'agit d'un broussard qui n'a jamais vu une machine pareille, se diront les spectateurs. Heureusement pour lui, pour rester dans la logique que semble développer le film, la rencontre non élucidée avec Marie Fofana lui permettra d'être moins maladroit en ville. Également, lorsqu'il se rend à son école, interrogé sur la profession de son père, il répond avec enthousiasme que ce dernier est mécanicien. Il répare les voitures et, ajoute-t-il, « même les montres » (extrait du film). Délire dans la salle. La classe de jeunes Européens, d'Africains « évolués » et d'Asiatiques rit aux éclats. L'apologie d'une expertise provoque donc plutôt une réaction proche de la moquerie. Puis, réponse presque tout aussi naïve du frère directeur : « En Afrique, les mécaniciens réparent même les montres » (extrait du film). Tout innocemment, voilà comment se présente la « Guinée d'aujourd'hui » dont parle le générique du film. Lorsqu'on sait que cette scène non plus n'existe pas dans le roman, il est impératif de se poser des questions sur les motivations de cette inclusion comique, comme celles relatives au statut filmique de la polygamie. Les élèves présents en classe et probablement les spectateurs français rient. Le spectateur africain pourrait le faire aussi, avant de s'apercevoir qu'il s'agit d'un vrai cliché. Une expertise rare, telle qu'on la trouve uniquement dans la « débrouillardise » dont seuls sont capables les Africains : réparer à la fois les voitures et les montres. Mais il est des cas où l'humour est plutôt noir.

Dans les deux versions de *Sarraounia*, Tiémoko Traoré, dont le film ne montre pas la nudité totale évoquée dans le roman, poignarde un rival. La raison en est qu'il l'a surpris en flagrant délit avec sa *mousso*, une femme qu'il a « héritée » de son supérieur français décédé. Il lui taille une oreille. Le tirailleur qui vient l'annoncer en courant à Voulet le dit en riant. La scène est la même dans les deux textes. La foule éclate de rire devant le spectacle de la femme adultère en train de s'enfuir, loin de la caméra qui esquive soigneusement sa nudité. Une telle scène a-t-elle vraiment de quoi faire rire? En plus, il est difficile de savoir ce qui fait rire : l'homme, la situation ou la femme? Et comme les autres cas relevés, il s'agit d'un simple épisode narratif indépendant. Tout comme dans *Guelwaar*.

Dans la réécriture romanesque, Sembène Ousmane s'étend sur l'humiliation que fait subir au doyen Guignane sa femme, véritable instigatrice du refus des dons. En plein cimetière, Alfred détend l'atmosphère lorsqu'il raconte un des nombreux épisodes des prouesses lubriques de Guelwaar. Mort ou vivant, l'homme est exceptionnel. Les chrétiens écoutent l'histoire avec plaisir. En plus de la situation d'attribution narrative déjà relevée, la relation entre le récit d'Alfred et l'histoire n'étant pas explicite, ce récit second joue, nous dit Gérard Genette, une « fonction de distraction » (1972 : 243). Ces scènes rompent totalement avec le contexte de l'histoire qui est celui du malheur. On est au cinéma, mais les réalisateurs trouvent l'opportunité de divertir, en dépit de la gravité des situations narratives.

On avait posé comme proposition initiale la contradiction que doit surmonter le cinéma africain. Il demeure fonctionnel et didactique en dépit des éclats de rire qu'il déclenche. Le rire est d'autant plus important que des réalisateurs rajoutent des scènes absentes du roman. Mais il importe, dans le maintien de la spécificité africaine, d'échapper à l'idéologie du divertissement, style *escapism* qui fait du rire une banalité et du spectacle une fascination, et même une religion. Le spectateur, mais surtout le cinéaste, pourrait pour cela se mettre à la dramaturgie de Bertolt Brecht, celle de la distanciation ainsi définie :

> Distancier, c'est transformer la chose qu'on veut faire comprendre, sur laquelle on veut attirer l'attention, de chose banale, connue, immédiatement donnée, en chose particulière, insolite, inattendue. Ce qui se comprend tout seul est, d'une certaine manière, incompréhensible, mais à seule fin d'en permettre ensuite une meilleure compréhension. Pour passer d'une chose connue à la connaissance claire de cette chose, il faut la tirer hors de sa normalité et rompre avec l'habitude que nous avons de considérer qu'elle se passe de commentaire (Bertolt Brecht, 1973: 345).

Cette démarche semble particulièrement vraie dans la mise en œuvre du comique. Le cinéma africain parvient ainsi à soutenir une double perspective : divertir pour armer, faire du rire un art de vivre qui permet aussi d'affronter le délire quotidien. Le rire devient « libéré ». Les réécritures opèrent ainsi de multiples fonctions idéologiques, esthétiques et sociales dont il semblait utile de relever quelques aspects dans une étude comme celle-ci.

Notes

1 On peut, dans ce cas, opérer un rapprochement avec la pièce d'Aimé Césaire, *Une saison au Congo* (Paris, Seuil, 1971) où Lumumba organise la résistance au bar. Et les colons sont loin de s'en rendre compte.

2 En réalité, il faudrait, ici, procéder à une véritable étude sur la réception de ces films par le spectateur camerounais. Certains arguments relevés sont limités à quelques spectateurs et à quelques observations. Leur portée théorique est donc forcément limitée.

3 Henri Bergson écrit à peu près la même chose. Lire, à ce sujet, *Le rire. Essai sur la signification du comique*, Paris, Didier Alcan, 1910, p. 73 et 91.

CONCLUSION

Au terme de cette étude, une conclusion est-elle possible ? Tâche difficile sans doute, vu la complexité et la diversité des questions soulevées et les enjeux impliqués dans l'appropriation des œuvres littéraires par le cinéma. Une appropriation similaire à celle ayant lieu sur les écrans africains pose d'énormes défis car, de part et d'autre, la question réside en fait dans la gestion d'un héritage littéraire et dans la formulation de nouveaux discours. On l'a vu avec le cas de Sembène Ousmane, la prise en charge des œuvres littéraires par le cinéma fait partie d'un projet précis, à savoir « la décolonisation et l'utilitarisation des écrans ». Il ne s'agit nullement, avec les films étudiés (les réflexions de Paulin Soumanou Vieyra le confirment), de capitaliser par le cinéma, comme c'est la tradition à Hollywood ou ailleurs, sur la fortune d'un best-seller dont le titre est vendu d'avance. Dans le cadre précis de l'Afrique, la parenté entre l'institution littéraire et l'institution cinématographique ne tient pas seulement de l'antériorité de la première sur la seconde. Il s'agit d'une entreprise plus globale, liée à la « décolonisation du texte africain » en général.

En effet, le cinéma, on l'a dit, est l'héritier des canons idéologiques ayant orienté la production des textes littéraires. On comprend donc que les romans repris à l'écran, pour la plupart, restent dans le registre du discours militant, en dépit de quelques innovations esthétiques et de ruptures idéologiques d'une « nouvelle vague[1] » dont il est prématuré d'évaluer l'influence et le succès. Le film africain et, qui plus est, le film écrit à partir d'un roman, demeure « politique ». Il reste un outil de compréhension et de transformation sociale. En un mot, il se veut « utile ». Pierre Haffner l'écrit tout à fait à propos : « Le cinéma est une arme aussi puissante dans [les mains] de la révolution que dans celles de la réaction. » Il peut servir à quelque chose, doit servir à quelque chose, du moins dans le sillage de la Charte d'Alger. Bien plus, en dépit de ce qui pourrait apparaître comme la concurrence des autres médias, justement le cinéma pourrait, dans la perspective d'Alger, devenir le lieu où l'intelligence politique se met enfin en marche. Il est, plus que la presse que peu de gens peuvent lire, plus que la radio que l'on écoute plus ou moins distraitement, plus que les grandes assemblées dont on n'apprécie pas toujours la démagogie, cet initiateur de la conscience nationale (Pierre Haffner, 1978 : 152). Davantage : le cinéma se confirme dans sa dimension culturelle et spécifiquement africaine et cible son public, ainsi qu'en témoignent les innovations de Jacques Champreux, de Laurent Chevalier ou encore de Mansour Wade et Joseph Gaye Ramaka dans leurs récentes productions.

L'analyse de Haffner rejoint de nombreuses professions de foi qui peuvent sembler chimériques et expliquent les options prises dans les réécritures filmiques étudiées. Cela est notamment vrai en ce qui concerne l'hypertrophie évidente dans la reprise des éléments romanesques, ainsi que des ajouts relevés et des transformations opérées. Dans le cas de Med Hondo et de Sembène Ousmane, par exemple, l'écriture se fait précisément incisive contre le colonialisme et les États prédateurs lui ayant succédé. L'inventivité, les métaphores et les stratégies énonciatives déployées dans *Sarraounia* permettent au cinéma de mieux « resituer » la problématique première de toute entreprise culturelle : la liberté, la désaliénation. La France en particulier, comme toute puissance impériale du reste, est mise à l'index. Le réquisitoire n'épargne pas le personnel parasitaire ayant pris en mains le destin du continent africain. El Hadji Abdul Kader Bèye dans *Xala* en est l'illustration. La question prend des dimensions psychologiques plus dramatiques avec le directeur d'école dans *Sango Malo* et Barthélemy dans *Guelwaar. L'Aventure ambiguë*, de Jacques Champreux, quoique réalisé par un Européen, se situe dans le même registre.

L'enjeu premier est donc, on le remarque, celui des « contenus ». Il est d'abord question de présenter à l'écran une Afrique à laquelle s'identifierait le spectateur, sans nécessairement se « confondre » avec elle. Il est surtout aussi question de faire voir le continent tel qu'il est, tel qu'on ne voudrait pas qu'il soit, pour pouvoir amener le spectateur à construire le continent tel qu'il voudrait qu'il soit désormais. C'est cette démarche qu'envisageait George Bernard Shaw : voir les choses telles qu'elles sont, puis se demander « pourquoi ? » ; puis les imaginer telles qu'elles ne sont pas ou n'ont jamais été, et se demander

« pourquoi pas ? ». Le cinéma, à la suite de la littérature, se situe ainsi dans une perspective pragmatique. Il s'agit aussi surtout, ne l'oublions pas, d'une herméneutique. Mais d'une herméneutique entre le film et son spectateur. Elle est toutefois seconde, car consécutive à une autre herméneutique dans son rapport réfléchissant avec le texte littéraire dont il tire son existence.

En effet, au-delà de la spécificité africaine du corpus à l'étude, l'une des propositions cardinales envisagées, puis élucidées dans cet ouvrage, est la détermination des rapports possibles et réels entre le texte tuteur, littéraire, et le texte dérivé, filmique. Les diverses polémiques entourant cette opération sémiotique s'illustrent par la multiplication des néologismes. De l'« adaptation » à la « transécriture », divers arguments semblent se situer dans une perspective de « pouvoirs créateurs » conférés au code sémiotique.

Or, il est évident, même si les films du corpus maintiennent leur spécificité africaine, par la mise en œuvre du patrimoine oral par exemple, que les récits littéraires portés à l'écran connaissent de nombreuses métamorphoses. Ainsi, le récit romanesque *Sango Malo* peut-il commencer par les motifs d'une suite possible du film. Dans *L'Aventure ambiguë*, de Jacques Champreux, Samba Diallo vieillit de 20 ans et commence dans cette version filmique un parcours qu'on pourrait situer loin après ce qui a lieu dans le roman de Cheikh Hamidou Kane. Le film de Laurent Chevalier transforme le voyage romanesque vers Paris en une initiation de Camara à Conakry. La réécriture filmique bouleverse de manière sensible les rapports syntagmatiques, rompant de ce fait les rapports entre la consécution et la conséquence. Le texte filmique, comme le texte littéraire à l'occasion, établit une relation métaphorique entre ses divers segments. Sur le plan paradigmatique, on se rend compte que le film est en lui-même l'objet poétique par excellence de la réécriture : le choix, la sélection, c'est-à-dire, au total, l'exclusion et l'idéologie. Et comme c'est le cas avec le cadrage, ce qui est rejeté est tout aussi important que ce qui est maintenu. Dans le même axe, on remarque que tous les films traités, « sans aucune exception », comportent des scènes qui n'existent nullement dans le texte tuteur. Qu'en déduire ?

Le récit porté à l'écran est nécessairement « métamorphosé », comme on a pu s'en rendre compte. Mais les modalités de cette métamorphose varient avec les projets personnels et les positions idéologiques des réalisateurs, ainsi qu'avec leur compréhension du récit filmique. S'il est vrai que toute technique suppose une métaphysique, on peut remarquer que le récit en tant qu'art n'est pas immuable. Il est le lieu d'un conditionnement culturel et idéologique. On comprend donc que le film de Chevalier ne se termine pas de la même façon que ceux de Sembène Ousmane ni ne déploie les mêmes arguments. Dans un tel contexte, la disqualification de toute poétique de l'équivalence est indispensable. En effet, ce qui se dévoile sur l'écran n'est pas l'image d'un autre texte, mais un texte autonome qui a des rapports « différentiels » avec celui qui l'a inspiré. Le texte filmique se constitue comme « altérité, autre identité, identité autre ». Ce qui fait alterner sans fin les pôles entre « l'un et l'autre ». La démarche poétique à l'œuvre est une « écriture », une « réécriture ». Une autre compréhension du phénomène est-elle possible et rationnellement envisageable? Telle est en substance la question que se pose Jacques Samson :

> Comment comprendre le texte adapté autrement que comme réécriture, refaçonnement d'une identité sous l'espèce d'un démarquage dont on ne pourra s'empêcher de pointer du regard les lieux et les éléments de démarcation? Ainsi, du point de vue de celui qui reçoit l'adaptation, l'attente [...] s'établit sous le régime d'une déception appréhendée. La « vérité » de cette première écriture peut-elle se dire autrement, sans subir d'altération radicale, sans devenir autre chose? (1998 : 235.)

La crise identitaire, à l'origine de maints jugements de fidélité, est justement due à l'hégémonie du code sémiotique, perceptible dans le vocable suspect qu'est « adaptation », tout comme dans les autres termes substitutifs. Ils ne semblent pas toujours prendre en compte le fait que tout film tient d'une « écriture », ou alors, pour les cas abordés ici, d'une « réécriture ». C'est dans le cadre de celle-ci que se relancent toutes les thématiques dont on ne peut définir la profondeur au premier abord. Cela seul explique les « métamorphoses » intervenues lors des divers passages à l'image. Reprendre un roman à l'écran ne constitue pas une obligation de ressemblance ou de souvenir, mais une « promesse herméneutique ». Les cas de Laurent Chevalier et de Jacques Champreux l'illustrent à plus d'un titre et méritent une attention toute particulière.

D'abord, l'inclusion de leurs films et la permanente référence, dans cet ouvrage, au « cinéma africain », fût-il francophone, peut poser problème. C'est que, pour moi, la question de l'origine, déjà récusée dans les polémiques conceptuelles sur l'« adaptation », manque de pertinence. La « nationalité culturelle » et l'« origine » d'un film ne me semblent pas liées à la nationalité civile du réalisateur, et je considère comme « africains » les textes qui adoptent l'Afrique comme « catégorie de création ». Une telle option me rapproche de la perspective herméneutique et discursive de Teshome H. Gabriel, car ce qui importe est moins la « signature » (par ailleurs toujours problématique) que le texte, ses signifiants, ses marques et ses signifiés.

Ensuite, comme relevé tout au long de cet ouvrage, considérer Laurent Chevalier et Jacques Champreux dans un travail sur le « cinéma africain » suscite des interrogations qui méritent une étude plus détaillée : les enjeux esthétiques et idéologiques des « transferts culturels ». C'est que l'appropriation des images de l'Afrique révèle deux perpectives fort différentes, et non moins intéressantes, de la problématique de l'altérité et de la représentation. En effet, les modalités de réécriture varient de manière sensible de Chevalier à Champreux, et leurs films offrent respectivement des métamorphoses astucieuses qui révèlent la nature conquérante du discours colonial, puis une reformulation raisonnée de l'« expérience postcoloniale » après 40 ans d'« indépendance ». *L'Aventure ambiguë* et *L'Enfant noir* nous le rappellent fort bien, par la réécriture : le transfert culturel et la représentation de l'Autre sont des actes esthétiques et « politiques ».

Ce qui apparaît aussi remarquable dans le corpus à l'étude est la stratégie de présentation des motifs narratifs au cinéma. Et c'est sur ce plan qu'on a pu déterminer l'efficacité et l'enjeu de l'idéologie impliquée dans la reprise filmique. On l'a vu avec les ressorts du montage et de l'appareillage technique, la réécriture instaure une plus-value sémantique dont la profondeur n'est pas évidente. La disposition syntaxique intervient ici à un niveau inférieur pour inférer des métaphores et d'autres discours. La « remise en scène » du pouvoir permet aussi de décrire les mécanismes déterminatifs de la spécificité de l'écriture filmique : les mouvements des personnages, leur accent, leur position sur la scène, tout cela concourt à démontrer que la diversité des langages cinématographiques implique en fait une diversité de « voix ». En d'autres termes, le texte filmique se révèle un ensemble essentiellement « pluriel », irréductible à un sens, à une origine. C'est pourquoi même l'analyse des voix narratives, ainsi que de la distribution et la gestion impossible du savoir, se révèlent essentiellement, « approximatives ». Cela tient de l'ouverture de l'œuvre, de l'infini herméneutique tel qu'envisagé, puis élucidé. Mais surtout, en dépit de la spécificité des techniques proprement cinématographiques, la différence du texte dérivé tient de la « reprise ».

En effet, s'il est une proposition articulée au long de cette étude, c'est la nécessité de recentrer le débat sur la reprise filmique des textes littéraires. L'entreprise créatrice à l'œuvre est moins la reconstitution d'une identité toujours perdue et altérée que la mise en travail d'une poétique, celle de la réécriture, de la répétition. Or, elles sont essentiellement mobiles et varient d'un réalisateur à un autre. Dans une optique paradigmatique, il appert notamment que les récits filmiques, dans le registre de l'hypertrophie, semblent revaloriser les sujets marginaux. Se relance ainsi le débat éternel sur la détermination du centre, de la norme du sujet social, à la suite de celle, amplement déconstruite dans cet ouvrage, de l'origine, du texte source comme noyau, comme référence. Mais surtout, la question de l'axe des choix et de leur efficacité narrative. Ramener au centre du récit filmique ce qui, dans le roman, est à la périphérie, c'est effectuer un bouleversement majeur dont il importe d'évaluer la portée idéologique. Comment lire la mutation que Jacques Champreux fait subir au personnage du fou, par exemple ? Le repentir de la Grande Royale n'est-il pas un aveu de l'échec total de l'aventure éducative en Afrique, ou alors une culpabilisation du personnage féminin ?

Ce qui semble important est moins la réponse à ces questions que la simple perspective de leur mise à jour. Et cela n'est rendu possible que par ce regard « différent » que porte le film sur le roman, par la subversion radicale en travail. En effet, le statut féminin par exemple, tel que mis en œuvre dans les récits filmiques, autorise de nuancer les tableaux figés construits au sujet de la femme africaine. Plus que les textes tuteurs, les films relancent et dévoilent l'extrême fragilité de l'institution patriarcale/coloniale, ainsi que de toute forme de pouvoir qui fonde son régime sur l'oppression. La prise d'initiative féminine dans les films apporte parfois des ruptures aux articulations thématiques du texte romanesque, au point que toute comparaison se fondant sur une recherche d'équivalence perdrait tout fondement. Même si le regard porté sur le féminin est d'origine masculine, les interrogations qu'il suscite sont du même ordre et fondent leur régime de vérité sur la démarche que suscite chaque lecture. Ce qui est mis en œuvre, par ces réécritures, c'est justement une « lecture », une herméneutique. Elle ne peut être codifiée ni réduite à un processus rétroactif qui consisterait à reconstituer une identité posée comme immuable. N'est-ce d'ailleurs pas le but de toute « réécriture » ? Cette démarche en aller-retour, multidirectionnelle, en est justement le fondement. Ainsi la définit Marie Claire Ropars-Wuillemier :

> Ruinant toute perspective d'équivalence entre le livre et le film, [la réécriture] s'attaque au texte, par effraction, rupture et relance ; loin de chercher à retrouver l'essence de l'œuvre, elle entame son identité et sa cohésion ; et ce que la copie vient alors extraire de l'original est précisément ce qui, dans l'original, témoigne d'une inquiétude d'origine : non le noyau rayonnant, mais les seules voies d'irradiation ; non pas visage unifié, mais bien un masque sous les traits. L'apport de la réécriture est en cela, lorsqu'elle se réalise matériellement : soustraire l'œuvre à toute suffisance, la faire entrer, par capture et par ruse, dans le circuit du désœuvrement à venir, dont l'œuvre ne s'avère contenir le principe que si le contact d'une autre œuvre vient l'y rendre lisible. [...] Le film *agit* sur le livre dont il s'empare, il fait lire, dans un texte encore classique, l'aptitude du déclassement ; il s'engage ainsi une conception problématique de la modernité qui tiendrait moins à des catégories stables ou à des moments définis qu'à la possibilité, pour une œuvre, de recueillir des faux-semblants qui la trahissent en la doublant. (1990 : 211-212 ; souligné par l'auteur.)

On peut le remarquer, les réécritures filmiques ou romanesques en Afrique cadrent parfaitement avec toute entreprise de réécriture. L'argument décisif de l'acte poétique est similaire à celui qui fonde toute entreprise artistique dans le continent : la « liberté », totale. De la liberté de l'acte créateur à celle pour laquelle luttent sans cesse les créateurs africains, le rapprochement semble d'une rare pertinence. Et un autre pari chez les réalisateurs, non des moindres, est de réussir à faire de leurs films des spectacles, non pas à l'image d'une religion telle que le voudrait l'idéologie coloniale, mais un instrument d'éveil. Dans une telle optique, « divertir devient s'armer ». Pour y parvenir, ils n'hésitent pas à intégrer des gags dans la matrice narrative du film, comme c'est le cas de *Sango Malo*, *L'Aventure ambiguë* ou *L'Enfant noir*. Le texte réécrit devient alors entièrement neuf, « différent », car « répété ». Le rapport à son antécédent devient dialogique. L'un et l'autre deviennent transparents, se déguisant incessamment. Mais ce jeu est éternellement visible et infini, car l'un tente de se faire autre en se dérobant, en le niant ; ce qui l'amène à se nier lui-même. Faut-il y voir une poétique ou une technologie ?

L'étude qui se conclut tente de répondre à cette interrogation. Ce qu'on aura finalement appris est justement cette inquiétude d'origine dont parle Ropars-Wuillemier. La réécriture, comme l'écriture, est en soit un jeu de masques. Et l'identité ne semble d'ailleurs se fonder que sur le déguisement permanent, surtout lorsque se réclame un héritage. Faut-il donc encore chercher dans le texte filmique des masques? J'admets avec Gilles Deleuze ceci :

> [L]a répétition est vraiment ce qui se déguise en se constituant, ce qui ne se constitue qu'en se déguisant. Elle n'est pas sous les masques, mais se forme d'un masque à l'autre, comme d'un point remarquable à l'autre, avec et dans les variantes. Les masques ne recouvrent rien, sauf d'autres masques. (Gilles Deleuze, 1968 : 28.)

Tel me semble constituer, au total, le fondement de toute poétique de reprise, ainsi que j'ai essayé de la définir dans le cadre des rapports réciproques entre la littérature et le cinéma en Afrique noire francophone. Les propositions formulées ici pourraient être confrontées à d'autres cas de réécritures filmiques en Afrique noire et au Maghreb. En somme, mettre les arguments à l'épreuve d'autres textes, mais aussi – il faut le souhaiter pour les options idéologiques de Paulin Soumanou Vieyra et de Sembène Ousmane – à l'épreuve du temps. Des pistes de recherche? Non. De véritables avenues.

Note

1 Idrissa Ouedraogo, Djibril Diop Mambety, Mohamed Camara, Mansour Sora Wade, Joseph Gaye Ramaka, etc.

BIBLIOGRAPHIE SÉLECTIVE

1. CORPUS DES ŒUVRES ÉTUDIÉES

A. ROMANS

Ba Kobhio, Bassek, *Sango Malo,* Paris, L'Harmattan, 1991.
Kane, Cheikh Hamidou, *L'Aventure ambiguë,* Paris, Julliard, 1961.
Laye, Camara, *L'Enfant noir,* Paris, Plon, 1976.
Mamani, Abdoulaye, *Sarraounia,* Paris, L'Harmattan, 1980.
Ousmane, Sembène, *Xala,* Paris, Présence Africaine, 1970.
Guelwaar, Paris, Présence Africaine, 1996.

B. FILMS

Aventure ambiguë (*L'*), Réalisation Jacques Champreux, 1984.
Réalisation Benjamin Jules-Rosette, 1992.
Enfant noir (*L'*), Réalisation Laurent Chevalier, 1995.
Guelwaar, Réalisation Ousmane Sembène, 1992.
Sango Malo, Le Maître du canton, Réalisation Bassek Ba Kobhio, 1991.
Sarraounia, Réalisation Med Hondo, 1987.
Xala, Réalisation Ousmane Sembène, 1974.

C. AUTRES ROMANS ET FILMS CITÉS

1. ROMANS

Achebe, Chinua, *Le monde s'effondre* (1958), Paris, Présence Africaine, 1966.
Beyala, Calixthe, *Seul le diable le savait,* Paris, Le Pré aux Clercs, 1990.
Césaire, Aimé, *Cahier d'un retour au pays natal,* Paris, Présence Africaine, 1939.
Césaire, Aimé, *Une saison au Congo,* Paris, Seuil, 1971.

Diop, Birago, « Sarzan », *Les Contes d'Amadou Koumba,* Paris, Présence Africaine, 1961.
Dürrenmatt, Friedrich, *La Visite de la vieille dame,* Paris, Flammarion, 1956.
Monénembo, Thierno, *Les Écailles du ciel,* Paris, Seuil, 1986.
Ngom, Mbissane, *Le Prix du pardon,* Dakar, NEA, 1983.
Ousmane, Sembène, *L'Harmattan,* Paris, Présence Africaine, 1963.
Ousmane, Sembène, *Niiwam,* Paris, Présence Africaine, 1987.
Oyono, Ferdinand, *Le Vieux Nègre et la Médaille,* Paris, Julliard, 1956.
Sow Fall, Aminata, *La Grève des Battu,* Dakar, NEA, 1979.

2. *FILMS*

Afrance (L'), Réalisation Alain Gomis, 2001.
Battù, Réalisation Cheick Oumar Sissoko, 2000
Couilles de l'éléphant (Les), Réalisation Henri Joseph Koumba Bididi, 2000.
Emitaï, Réalisation Sembène Ousmane, 1971.
Finye/Le Vent, Réalisation Souleymane Cisse, 1982.
Genèse (La), Cheick Oumar Sissoko, 1999.
Hyènes, Réalisation Djibril Diop Mambety, 1992.
Karmen Geï, Réalisation Jo Gaye Ramaka, 2002.
Niiwam, Réalisation Clarence Thomas Delgado, 1991.
Noire de... (La), Réalisation Sembène Ousmane, 1966.
Prix du pardon (Le), Réalisation Mansour Sora Wade, 2001.
Quartier Mozart, Réalisation Jean Pierre Bekolo, 1992.

2. ÉTUDES SUR LE ROMAN ET LES CULTURES D'AFRIQUE

A. ARTICLES

Aire, Victor O, « Mort et devenir : lecture thanato-sociologique de *L'Aventure ambiguë* », *The French Review,* vol. LV, n° 6, (mai 1982), 752-760.
Akapadomonye, Patrick, « La parodie et la réécriture chez Sembène Ousmane : problèmes textologiques », *Neohelicon,* vol. XVI, n° 2, 210-219.
Cham, Baboucar Mbye, « Ousmane Sembene and the Aesthetics of African Oral Traditions », *Africana Journal,* vol. 13, n° 1/4 (1982), 24-38.
Emecheta, Buchi, « Feminism with Small f », dans Kirsten Holst Peterson (ed.), *Criticism and Ideology,* Stockholm, Nordiska Afrikainstituted (1988), 173-815.
Engellibert, Anne-Marie et Françoise Martin, « Sembène Ousmane : une œuvre, deux moyens d'expression », *Aujourd'hui l'Afrique,* n° 3 (1975), 36-41.

Kane, Mohamadou, « Sur les "formes traditionnelles" du roman africain », *Revue de littérature comparée*, vol. III, nº 4 (1974), 536-568.

Knicker, Morita, « Le Coran comme modèle littéraire dans *L'Aventure ambiguë* de Cheikh Hamidou Kane », *Nouvelles du Sud*, nº 6 (1986-1987), 183-190.

Miller, Hugh, « *L'Aventure ambiguë* vue de dedans : perspectives islamiques », *French Studies in Southern Africa*, nº 18 (1990), 59-70.

Monnin, Edith, « La Quête mystique de Samba Diallo », *Revue de littérature et esthétique négro-africaine*, nº 4 (1982), 43-53.

Mowitt, John, « *Guelwaar* : Politicizing the Aesthetics of Hunger », *The Journal of Middle East Literatures*, vol. 8, nº 1 (1998), 129-136.

Nnoruka, Matui, « La fonction idéologico-religieuse dans *L'Aventure ambiguë* de Cheikh Hamidou Kane », *Présence Francophone*, nº 24 (1982), 77-87.

Ogundipe Leslie, Molara, « Not Spinning the Axis of Maleness », dans Robin Morgan (ed.), *Sisterhood Is Global, The International Women's Movement Anthology*, New York, Anchor Books (1984), 498-504.

Ogundipe Leslie, Molara, « The Female Writer and Her Commitment », dans Jones et coll. (ed.), *Women in African Literature Today*, Londres, James Currey (1987), 5-13.

Panzacchi, Cornelia, « The Livelihoods of Traditional Griots in Modern Senegal », *Africa : Journal of the International African Institute/Revue de l'Institut africain international* 64 (2), 1994, 190-210.

Panzacchi, Cornelia, « Dañuy Gewel-Nous sommes des griots : Les Griots sénégalais vus par eux-mêmes », dans János Riesz et Ulla Schild, (eds.); *Genres autobiographiques en Afrique/Autobiographical Genres in Africa*, Berlin, Reimer, 1996, 101-112.

Rangira Gallimore, Béatrice, « Le corps. De l'aliénation à la réappropriation », *Nouvelles écritures féminines, Notre Librairie*, nº 117 (1994), 54-60.

Shiver, S.W. « Hamidou Kane's Hero », *African Literature Today*, nº 12 (1982), 49-70.

Tandina, Ousmane, « *Sarraounia*, an Epic? », *Research in Africa Literatures*, vol. 24, nº 2 (1993), 23-33.

B. OUVRAGES

Assiba d'Alméida, Irène, *Francophone African Women Writers. Destroying the Emptiness of Silence*, Gainsville, University of Florida Press, 1994.

Beyala, Calixthe, *Lettre d'un Africaine à ses sœurs occidentales*, Paris, Spengler, 1995.

Cazenave, Odile, *Femmes rebelles, Naissance d'un nouveau roman africain au féminin*, Paris, L'Harmattan, 1996.

Cornaton, Michel, *Pouvoir et sexualité dans le roman africain,* Paris, L'Harmattan, 1990.

Davis, Carole Boyce et Anne A. Graves (éd.). *Ngambika. Studies of Women in African Literature,* Trenton, (N.J.), African World Press, 1986.

El Sadawi, Nawal, *La Face cachée d'Ève,* Paris, Des Femmes, 1982.

Fainzang, Sylvie et Odile Journet, *La Femme de mon mari. Anthropologie du mariage polygamique en Afrique et en France,* Paris, L'Harmattan, 1988.

Kimoni, Ijay, *Une image du noir et de sa culture,* Neuchâtel, H. Meisseiller, 1981.

Kuoh-Moukouri, Thérèse, *Les Couples dominos,* Paris, L'Harmattan, 1983.

Mohanty, Chandra Talpade et coll., *Third World Women and the Politics of Feminism,* Bloomington and Indianapolis, Indiana University Press, 1991.

Nfah-Abbenyi, Juliana Makuchi, *Gender in African Women's Writing, Identity, Sexuality and Difference,* Bloomington and Indianapolis, Indiana University Press, 1997.

Ngandu Nkashama, Pius, *Théâtres et scènes de spectacle. Études sur la dramaturgie et les arts gestuels,* Paris, L'Harmattan, 1993.

Ngandu Nkashama, Pius, *Ruptures et écritures de violence, Études sur le roman et les littératures africaines contemporaines,* Paris, L'Harmattan, 1997.

Ogundipe Leslie, Molara, *Re-creating Ourselves : African Women and Critical Transformations,* Trenton, (N.J.), Africa World Press, 1994.

Riss, Marie Denise, *Femmes africaines en milieu rural,* Paris, L'Harmattan, 1989.

Tcheuyap, Alexie, *Esthétique et folie dans l'œuvre romanesque de Pius Ngandu Nkashama,* Paris, L'Harmattan, 1998.

Thiam, Awa, *La Parole aux négresses,* Paris, Denoël Gonthier, 1978.

3. ÉTUDES SUR LES CINÉMAS AFRICAINS

A. ARTICLES

Ayari, Farida, « Images de femmes », *CinémAction,* n° 26 (1983), 136-142.

Bakupa-Kanyinda, Balufu, « De l'exception historique », FEPACI, *L'Afrique et le centenaire du cinéma,* Paris, Présence Africaine, 1995, 24-33.

Ba Kobhio, Bassek, « Être de l'élite africaine aujourd'hui est une lourde responsabilité », *Cinébules,* vol. 14, n° 2 (1995), 22-26.

Boughedir Ferid, « Comment le cinéma peut œuvrer à l'indépendance et l'autorité culturelle africaine », *Présence Africaine,* n° 90 (1974), 123-139.

Cheria, Tahar, « Le groupe et le héros », *Caméra Nigra. Le discours du film africain,* Bruxelles-Paris, OCIC-L'Harmattan, 1984, 109-112.

Chirol, Marie-Magdeleine, « Fable, histoire, ruine : destruction et création dans *Yeelen* de Souleymane Cissé », *Francophonie plurielle*, Montréal, HMH, 1995, 407-418.

Diawara, Manthia, « Oral Literature and African Film : Narratology in *Wend Kuuni* », in Jim Pines et Paul Willemen (ed), *Questions of Third Cinema*, Londres, British Film Institute, 1984, 198-221.

Diawara, Manthia, « Popular Culture and Oral Traditions in African Films », dans Imruh Bakari and Mbye B. Cham (ed) *African Experiences of Cinema*, Londres, British Film Institute, 1996, 209-219.

Fischer, Lucy, « *Xala* : A Study in Black Humour », *Millennium Film Journal*, n°s 7/8/9 (1980/1981), 165-172.

Gauvin, Lise et Michel Larouche, « *L'Aventure ambiguë* : de la parole romanesque au récit filmique », *Études françaises*, vol. 31, n° 1 (1995), 85-93.

Gugler, Josef et Cherif Omar Diop, « Ousmane Sembene's *Xala* : The Novel, the Film, and Their Audiences », *Research in African Literatures*, vol. 29, n° 2 (1998), 146-158.

Gugler, Josef, « African Writing Projected Onto the Screen : *Sambizanga, Xala and Koungi's Harvest* », *African Studies Review*, vol. 42, n° 1 (April 1999), 79-104.

Haffner, Pierre, « Stratégies du cinéma mobile. Une note pour une histoire parallèle du cinéma et de l'Afrique noire », dans FEPACI, *L'Afrique et le centenaire du cinéma*, Paris, Présence Africaine, 1995, 82-91.

Harrow, Kenneth W., « Shooting Forward », *Research in African Literatures*, n° 3 (automne 1995), 1-5.

Hennebelle, Guy, « Sembène Ousmane parle de ses films », *CinémAction*, n° 34 (1985), 25-31.

Ki-Zerbo, Joseph, « Éthique. Cinéma et développement en Afrique », *Afrique Littéraire et Artistique*, n° 49 (1975), 159-164.

Mowitt, John, « Sembene Ousmane's *Xala* : Postcoloniality and Foreign Languages », *Camera Obscura*, n° 31 (1999), 73-94.

Mukendi, Ntite, « Comment le cinéma peut œuvrer à l'indépendance et l'autorité culturelle africaine », *Présence Africaine*, n° 90 (1974), 99-122.

Ousmane, Sembène, « Allocution de Victoria », dans Sada Niang, *Littérature et Cinéma en Afrique francophone*, Paris, L'Harmattan, 1996, 238-245.

Ouedraogo, Idrissa, « Le cinéma et nous », dans FEPACI, *L'Afrique et le centenaire du cinéma*, Paris, Présence Africaine, 1995, 336-341.

Pallister, Janis L., « La langue française dans le cinéma de l'Afrique de l'Ouest », dans Ginette Adamson et Jean-Marc Gouanvic (dir.), *Francophonie plurielle*, Montréal, HMH, 1995, 384-395.

Paravy, Florence, « De l'Europe à l'Afrique, du théâtre au cinéma. L'adaptation cinématographique de *La Visite de la vieille dame* de F. Dürrenmatt par D. Diop Mambéty », *Frontières et passages. Les échanges littéraires et culturels*, Rouen, Publications de l'Université de Rouen, 1999, 543-548.

Paré, José et Anny Dominique Curtius, « *Le mandat* de Sembène Ousmane ou la dialectique d'une double herméneutique », *Littérature et cinéma en Afrique francophone. Ousmane Sembène et Assia Djebar*, Paris, L'Harmattan, 1996, 139-148.

Pfaff, Françoise, « The Uniqueness of Ousmane Sembène's Films », dans Gadijigo Samba et coll. (ed.) *Sembène Ousmane : Dialogues With Critics and Writers*, Amherst, University of Massachusetts Press, 1993, 14-21.

Petty, Sheila, « La représentation des femmes dans le cinéma africain », dans Larouche, Michel (dir.), *Films d'Afrique*, Montréal, Guernica, 1991, 127-141.

Petty, Sheilla, « Black African Feminist Film-Making? », dans Imruh Bakari et Mbye Cham (éd.), *African Experiences of Cinema*, Londres, British Film Institute, 1996, 185-193.

Schmidt, Nancy J, « African Literature on Film », *Research in African Literatures*, vol. 13, nº 4 (1982), 518-531.

Schmidt, Nancy J, « African Literature on Film. A Preliminary Bibliography/ Filmography », *Research in African Literatures*, vol. 17, nº 2 (1986), 261-266.

Serceau, Michel, « *Xala* : une fable sur la bourgeoisie africaine », *L'Afrique Littéraire*, nº 76 (1985), 46-50.

Serceau, Michel, « Le cinéma d'Afrique noire face au modèle occidental : la rançon du refus », *Francophonie plurielle*, Montréal, HMH, 1995, 397-405.

Tcheuyap, Alexie, « De l'écrit à l'écran. La réécriture de *Sango Malo* », *La Revue française*, nº 7 (1999), 117-129.

Tcheuyap, Alexie, « La réécriture comme plus-value sémantique, Montage, technique et discours dans le cinéma africain », *CiNéMAS*, vol. XI, nº 1 (2000), 77-95.

Tcheuyap, Alexie, « Hégémonie, féminin et paradoxes de la représentation », *Présence Francophone*, nº 57 (2001), 34-52.

Tcheuyap, Alexie, « Le texte littéraire à l'écran. Approches et limites théoriques », *Protée*, vol. 29, nº 3 (2001/2002), 87-96.

Tcheuyap, Alexie et Sada Niang, « Littérature d'Afrique noire francophone et cinéma. Bibliographie indicative », *Présence Francophone*, nº 57 (2001), 107-114.

Tcheuyap, Alexie et Sada Niang, « Pouvoir, Regard, Identité. Littérature et Cinéma en Afrique francophone », *Présence Francophone*, nº 57 (2001), 5-7.

Teno, Jean Marie, « La liberté de dire non », dans FEPACI, *L'Afrique et le centenaire du cinéma,* Paris, Présence Africaine, 1995, 375-377.

Timite Bassori et Jean-Claude Rahaga, « Le problème d'un langage cinématographique original », *Présence Africaine,* n° 90 (1974), 142-159.

Tomaselli, Keyan G., Arnold Shepperson et Maureen Eke, « Towards a Theory of Orality in African Cinema », *Research in African Literatures,* n° 3 (automne 1995), 18-35.

Vieyra, Soumanou Paulin, « Le cinéma et la Révolution Africaine », *Présence Africaine,* nos 34-35 (1961), 92-103.

Zacks, Stephen A, « The Theoretical Construction of African Cinema », *Research in African Literatures,* n° 3 (automne 1995), 6-17.

B. OUVRAGES

Adamson, Ginettte et Jean-Marc Gouanvic, *Francophonie plurielle,* Montréal, HMH, 1995

Armes, Roy, *Third World Filmmaking and the West,* Berkeley/Los Angeles/ Londres, University of California Press, 1987.

Bakari, Imruh et Mbye Cham (ed.), *African Experiences of Cinema,* Londres, British Film Institute, 1996.

Barlet, Olivier, *Les Cinémas d'Afrique noire. Le regard en question,* Paris, L'Harmattan, 1996.

Boulanger, Pierre, *Le Cinéma colonial. De « L'Atlantide » à « Lawrence d'Arabie »,* Préface de Guy Hennebelle, Paris, Seghers, 1975.

CESCA, *Caméra Nigra. Le discours du film africain,* Bruxelles-Paris, OCIC-L'Harmattan.

CinémAction, n° 26, « Cinémas noirs d'Afrique », 1983.

Diawara, Manthia, *African Cinema. Politics and Culture,* Bloomington and Indianapolis, Indiana University Press, 1992.

FEPACI, *L'Afrique et le centenaire du cinéma,* Paris, Présence Africaine, 1995.

Gabriel, Teshome H., *Third Cinema in the Third World. The Aesthetics of Liberation,* Ann Arbor (Mich.), UMI Research Press, 1982.

Gardies, André, *Cinéma d'Afrique noire francophone. L'espace miroir,* Paris, L'Harmattan, 1989.

Haffner, Pierre, *Essai sur les fondements théoriques du cinéma africain,* Dakar, NEA, 1978.

Harrow, Kenneth (ed.), *African Cinema. Post-colonial and Feminist Readings,* Trento/Asmara, Africa World Press, 1999.

Ilboudou, Patrick G., *Le Fespaco 1969-1989. Les cinéastes africains et leurs œuvres,* Ouagadougou, Éditions de La Mante, 1988.

Larouche, Michel (dir.), *Films d'Afrique,* Montréal, Guernica, 1991.

McIntosh, Yvonne Elizabeth, « African Literature Through the Camera's Eye », thèse de doctorat, Florida State University, 1991.

Malkmus, Lizbeth et Roy Armes, *Arab and African Filmmaking*, Londres, Zed Books, 2000.

Matanda, Tshishi Bavula, *Littérature et Cinéma. Contribution à l'étude de l'adaptation dans la culture négro-africaine*, Louvain-La-Neuve, CIACO, 1988.

Murphy, David, *Sembene. Imagining Alternatives in Film and Fiction*, Oxford/Trenton, James Currey/Africa World Press, 2000.

Ousmane, Sembène, *Dialogue With Critics and Writers*, Amherst, University of Massachusetts Press, 1993.

Niang, Sada (dir.), *Littérature et Cinéma en Afrique francophone. Ousmane Sembène et Assia Djebar*, Paris, L'Harmattan, 1996.

Niang, Sada et Alexie Tcheuyap (dir.), « Pouvoir, regard, identité. Littérature et cinéma en Afrique francophone », *Présence Francophone*, nº 57 (2001).

Niang, Sada, *Djibril Diop Mambéty. Un cinéaste à contre courant*, Paris, L'Harmattan, 2002.

Petty, Sheila (ed.), *A Call to Action. The Films of Ousmane Sembène*, Westport, (Conn.), Praeger, 1996.

Pfaff, Françoise, *The Cinema of Ousmane Sembène. A Pioneer of African Film*, Wesport, (Conn.), Greenwood Press, 1984.

Pfaff, Françoise, *Twenty Five Black African Filmmakers*, New York/Wesport/ Londres, Greenwood Press, 1988.

Pines, Jim et Paul Willemen, *Questions of Third Cinema*, Londres, British Film Institute, 1989.

Présence Africaine, nº 90, « Le rôle du cinéaste africain dans l'éveil d'une conscience de civilisation noire » (1974/numéro spécial).

Ukadike, Nwachukwu Frank, *Black African Cinema*, Berkeley, University of California Press, 1994.

Vieyra, Paulin Soumanou, *Le Cinéma africain de ses origines à 1973*, Paris, Présence Africaine, 1975.

4. THÉORIE DE LA LITTÉRATURE

A. ARTICLES

Barthes, Roland, « Le message photographique », *Communications*, nº 1 (1961), 127-138.

Barthes, Roland, « Théorie du texte », *Encyclopaedia Universalis* (1985), 996-1000.
Chateauvert, Jean, « Narrer et ne pas narrer », *Poétique*, n° 93 (1993), 91-111.
Cixous, Hélène, « Contes de la différence sexuelle », *Lectures de la différence sexuelle*, Paris, Des Femmes, 1994, 31-68.
Dembowski, Peter, « Intertextualité et critique des textes », *Littérature*, n° 41 (1981), 17-29.
Derrida, Jacques, « Fourmis », dans Hélène Cixous (dir.), *Lectures de la différence sexuelle*, Paris, Des Femmes, 1994, 69-102.
Domino, Maurice, « La réécriture du texte littéraire. Mythe et réécriture », *Grelis*, n° 3, (1987), 13-37.
Genette, Gérard, « L'autre du même », *Corps Écrit*, n° 15 (1985), 11-16.
Grivel, Charles, « Les universaux de texte », *Littérature*, n° 30 (1978), 25-50.
Kayser, Wolfgang, « Qui raconte le roman? », *Poétique du récit*, Paris, 1977, 59-84.
Kundera, Milan, « Introduction à une variation », *Jacques et son maître. Hommage à Denis Diderot en trois actes*, Paris, Gallimard, 1981, 7-20.
Laurette, Pierre, « À l'ombre du pastiche : la réécriture-automatisme et contingence », *Texte*, n° 2 (1983), 113-134.
Lipschitz, Tatiana, « Ce que le texte cache », *Littérature*, n° 30 (1978), 18-24.
Mouren, Yannick, « Le film comme hypertexte », *Poétique*, n° 93 (1993), 113-122.
Riffaterre Michael, « La trace de l'intertexte », *La Pensée*, n° 215 (1980), 4-18.
Riffaterre Michael, « L'intertexte inconnu », *Littérature*, n° 41 (1981), 4-7.
Riffaterre Michael, « Production du roman : l'intertexte du *Lys dans la vallée* », *Texte*, n° 2 (1983), 23-35.
Ruprecht, Hans George, « Intertextualité », *Texte*, n° 2 (1983), 13-22.
Zumthor, Paul, « Intertextualité et critique des textes », *Littérature*, n° 41 (1981), 8-16.

B. OUVRAGES

Bakhtine, Mickhaïl, *Esthétique et théorie du roman*, Paris, Gallimard, 1978.
Barthes, Roland, *S/Z*, Paris, Seuil, 1970.
Barthes, Roland, *Le Degré zéro de l'écriture*, Paris, Seuil, 1972.
Barthes, Roland, *Le Plaisir du texte*, Paris, Seuil, 1973.
Benveniste, Émile, *Problèmes de linguistique générale*, Paris, Gallimard, 1974 [1966].
Bergson, Henri, *Le Rire. Essai sur la signification du comique*, Paris, Alcan, 1910.
Brecht, Bertolt, *Écrits sur le théâtre I*, Paris, L'Arche, 1973.
Brecht, Bertolt, *Écrits sur le théâtre II*, Paris, L'Arche, 1979.

Bremond, Claude, *Logique du récit*, Paris, Seuil, 1973.
Collectif, *Communication*, nº 8. *L'Analyse structurale des récits*. Paris, Seuil, 1966.
Collectif, *Poétique du récit*, Paris, Seuil, 1982.
Compagnon, Antoine, *La Seconde Main ou le Travail de la citation*, Paris, Seuil, 1979.
Ducrot, Oswald et Tzvetan Todorov, *Dictionnaire encyclopédique des sciences du langage*, Paris, Seuil, 1972.
Eco, Umberto, *L'Œuvre ouverte*, Paris, Seuil, 1965.
Eco, Umberto, *Lector in fabula. Le rôle du lecteur*, Paris, Grasset et Fasquelle, 1985.
Felman, Shoshana, *La Folie et la Chose littéraire*, Paris, Seuil, 1978.
Genette, Gérard, *Figures II*, Paris, Seuil, 1969.
Genette, Gérard, *Figures III*, Paris, Seuil, 1972.
Genette, Gérard, *Palimpsestes. La littérature au second degré*, Paris, Seuil, 1982.
Grelis, *La réécriture du texte littéraire*, Paris, Les Belles Lettres, 1987.
Hjelmslev, Louis, *Prolégomènes à une théorie du langage*, Paris, Minuit, 1968.
Irigaray, Luce, *Parler n'est jamais neutre*, Paris, Minuit, 1985.
Irigaray, Luce, *Je, tu, nous. Pour une culture de la différence*, Paris, Librairie Générale Française, 1990.
Jakobson, Roman, *Essais de linguistique générale*, Paris, Minuit, 1963.
Jauss, Hans Robert, *Pour une esthétique de la réception*, Paris, Gallimard, 1978.
Kristeva, Julia, *Séméiotikè. Recherches pour une sémanalyse*, Paris, Seuil, 1969.
Kristeva, Julia, *Littérature*, nº 30. *Motifs, transferts, réécritures*, Paris, Larousse, 1978.
Kristeva, Julia, *Littérature*, nº 41. *Intertextualités médiévales*, Paris, Larousse, 1981.
Meschonnic, Henri, *La Rime et la Vie*, Paris, Verdier, 1989.
Mitchell, W.I. (ed.), *On Narrative*, Chicago, University of Chicago Press, 1980.
Negron, Maria (dir.), *Lectures de la différence sexuelle*, Paris, Des Femmes, 1994.
Orecchioni, Catherine K., *La Connotation*, Lyon, Presses Universitaires de Lyon, 1977.
Orecchioni, Catherine K., *L'Énonciation. De la subjectivité dans le langage*, Paris, Armand Colin, 1980.
Propp, Vladimir, *Morphologie du conte*, Paris, Seuil, 1970.
Riffaterre, Michael, *La Production du texte*, Paris, Seuil, 1979.
Riffaterre, Michael, *Sémiotique de la poésie*, Paris, Seuil, 1983.
Suleiman, Susan, *Le Roman à thèse*, Paris, PUF, 1983a.
Suleiman, Susan, *Texte* 2. *L'Intertextualité. Intertexte, autotexte, intratexte*, 1983b.

5. THÉORIE DU CINEMA

A. ARTICLES ET CHAPITRES DE LIVRES

Baby, François, « Du littéraire au cinématographique : une problématique de l'adaptation », *Études littéraires* (avril 1980), 10-29.

Blain, Gilles, « Truffaut, les problèmes d'adaptation et les genres de traitement des livres », *Le Cinéma aujourd'hui. Nouvelles théories, nouvelles approches*, Montréal, Guernica, 1988, 111-134.

Bonitzer, Pascal, « *Cinéma/théâtre/idéologie/écriture*. À propos de "La Cérémonie" », *Cahiers du Cinéma*, nº 231 (1971), 5-12.

Calle-Gruber, Mireille et Jean-Jacques Hamm (dir.), *Écrit/Écran. CiNéMAS*, vol. 4, nº 1 (automne 1993), 7-9.

Casetti, Francesco, « Le texte du film », *Lectures du film*, Paris, Albatros, 1980, 41-65.

Chateauvert, Jean, « Narrer et ne pas narrer », *Poétique*, nº 93 (1993), 91-111.

Chatman, Seymour, « What Novels Can Do That Films Can't (and Vice Versa) », *On Narrative*, Chicago, University of Chicago Press, 1980, 117-136.

Comolli, Jean-Louis, « Technique et idéologie (1), Caméra, perspective, profondeur de champ », *Cahiers du Cinéma*, nº 229 (1971), 4-21.

Comolli, Jean-Louis, « Technologie et idéologie (2), Caméra, perspective, profondeur de champ », *Cahiers du Cinéma*, nº 230 (1971), 51-57.

Comolli, Jean-Louis, « Technique et idéologie (3), Caméra, perspective, profondeur de champ », *Cahiers du Cinéma*, nº 231 (1971), 42-49.

Comolli, Jean-Louis, « Technique et idéologie (4), Caméra, perspective, profondeur de champ », *Cahiers du Cinéma*, nºs 234-235 (1971), 39-45.

Esquenazi, Jean Pierre, « De l'adaptation à l'ingestion », *CinémAction*, nº 76 (1996), 37-44.

Gardies, André, « Le narrateur sonne toujours deux fois », dans André Gaudreault et Thierry Groensteen, *La Transécriture. Pour une théorie de l'adaptation*, Québec/Angoulême, Nota bene/Centre national de la bande dessinée, 1998, 65-80.

Gaudreault, André et Philippe Marion, « Transécriture et médiatique narrative », dans André Gaudreault et Thierry Groensteen, *La Transécriture. Pour une théorie de l'adaptation*, Québec/Angoulême, Nota bene/Centre national de la bande dessinée, 1998, 31-40.

Gervais, Bertrand, « Torsions, distorsions ou comment adapter une méprise de lecture », dans André Gaudreault et Thierry Groensteen, *La Transécriture.*

Pour une théorie de l'adaptation, Québec/Angoulême, Nota bene/Centre national de la bande dessinée, 1998, 107-130.

Guattari, Félix, « Le divan du pauvre », *Communications*, n° 23 (1975), 96-103.

Jost, François, « Le film : récit ou récits? », *Cahiers du XXe siècle*, Paris, Klincksieck, (1978), 77-94.

Jost, François, « Vers de nouvelles approches méthodologiques », *Cinémas de la modernité, Colloque de Cerisy*, Paris, Méridiens Klincksieck, 1981, 23-40.

Jost, François, « Où en est la narratologie cinématographique? », *CinémAction*, n° 20 (1982), 37-46.

Lagny, Michèle, « Cinéma documentaire français et colonies (1945-1955). Une propagande unilatérale et bienveillante », dans Sauter, Catherine (dir), *Le Documentaire. Contestation et propagande*, Montréal, XYZ, 1996, 47-62.

Merleau-Ponty, Maurice, « Le cinéma et la nouvelle psychologie », *Les Temps Modernes*, n° 26 (1947), 930-943.

Mouren, Yannick, « Le film comme hypertexte. Typologie des transpositions du livre au film », *Poétique*, n° 93 (1993), 113-122.

Orr, Christopher, « The Discourse on Adaptation », *Wide Angle*, vol. 6, n° 2 (1984), 72-76.

Pelletier, Esther, « La théorie des fonctions du langage au cinéma : un essai d'application », *Études littéraires* (avril 1980), 46-70.

Percheron, Daniel, « Rire au cinéma », *Communications*, n° 23 (1975), 190-201.

Ropars-Wuilleumier, Marie-Claire, « L'oubli du texte », *Écrit/Écran. CiNéMAS*, vol. 4, n° 1 (automne 1993), 10-22.

Samson, Jacques, « L'autre texte », dans André Gaudreault et Thierry Groensteen, *La Transécriture. Pour une théorie de l'adaptation*, Québec/ Angoulême, Nota bene/Centre national de la bande dessinée, 1998, 233-248.

Vernet, Marc, « Personnages », *Lectures du film*, Paris, Albatros, 1977, 177-180.

B. OUVRAGES

Amengal, Barthélemy, *Clefs pour le cinéma*, Paris, Seghers, 1971.

Aumont, Jacques et Jean Louis Leutrat, *Théorie du film*, Paris, Albatros, 1980.

Bazin, André, *Qu'est-ce que le cinéma?* II : *Le cinéma et les autres arts*, Paris, Le Cerf, 1959.

Bellour, Raymond, *L'Analyse du film*, Paris, Albatros, 1979.

Bluestone, George, *Novels Into Films*, Berkeley and Los Angeles, University of California Press, 1966.

Cattrysse, Patrice, *Pour une théorie de l'adaptation filmique. Le film noir américain*, Bernes/New York, Peter Lang, 1992.

Chateau, Dominique et coll., *Cinémas de la modernité. Films, théories, Colloque de Cerisy*, Paris, Klincksieck, 1981.

Châteauvert, Jean, *Des mots à l'image. La voix over au cinéma*, Paris/Québec, Méridiens Klincksieck/Nuit Blanche, 1996.

Chion, Michel, *La Voix au cinéma*, Paris, Éditions de l'étoile, 1982.

Clerc, Jeanne Marie, *Écrivains et cinéma, Des mots aux images, des images aux mots*, Metz, Presses Universitaires de Metz, 1985.

Clerc, Jeanne Marie, *Littérature et cinéma*. Paris, Nathan, 1993.

Colin, Michel, *Langue, film, discours. Prolégomènes à une théorie générative du film*, Paris, Klincksieck, 1985.

Communications, n° 23, *Psychanalyse et cinéma*, Paris, Seuil, 1975.

Coreman, Linda, *La Transformation filmique. Du Contesto à Cadaveri Eccellenti*. Bernes/New York, Peter Lang, 1990.

Eisenstein, Sergeï M., *Le Film, sa forme, son sens*, Paris, Christian Bourgois, 1976.

Estève, Michel, *Cinéma et condition humaine*, Paris, Albatros, 1978.

Fulchignoni, Enrico, *La Civilisation de l'image*, Paris, Payot, 1972.

Garcia, Alain, *L'Adaptation du roman au film*, Paris, I.F., Diffusion Dujaric, 1990.

Gardies, André, *Le Récit filmique*, Paris, Hachette, 1993.

Gardies, André, *Décrire à l'écran*, Paris/Québec, Méridiens Klincksieck/Nota bene, 1999.

Gaudreault, André, *Du littéraire au filmique. Le système du récit*, Paris, Klincksieck, 1988.

Gaudreault, André et François Jost, *Le Récit cinématographique*, Paris, Nathan, 1990.

Gaudreault, André et Thierry Groensteen, *La Transécriture. Pour une théorie de l'adaptation*, Québec/Angoulême, Nota bene/Centre national de la bande dessinée, 1998.

Hugues, Gérard et Daniel Royot, *La Littérature anglo-américaine à l'écran*, Paris, Didier Érudition, 1993.

Jost, François, *L'Œil-Caméra. Entre film et roman*, Lille, Presses Universitaires de Lille, 1987.

Larouche, Michel, *Le Cinéma aujourd'hui. Nouvelles théories, nouvelles approches*, Montréal, Guernica, 1988.

McFarlane, Brian, *Novel to Film. An Introduction to the Theory of Adaptation*, Oxford, Clarendon Press, 1996.

Maillot, Pierre, *L'Écriture cinématographique*, Paris, Méridiens Klincksieck, 1989.

Martin, Marcel, *Le Langage cinématographique*, Paris, Éditions du Cerf, 4e édition, 1985.

Mercier, Andrée et Esther Pelletier (dir.), *L'Adaptation dans tous ses états*, Québec, Nota Bene, Les Cahiers du CRELIQ, 1999.

Metz, Christian, *Essais sur la signification au cinéma*, Paris, Klincksieck, 1968.

Metz, Christian, *Langage et cinéma*, Paris, Larousse, 1971.
Metz, Christian, *Essais sémiotiques*, Paris, Méridiens Klincksieck, 1977a.
Metz, Christian, *Le Signifiant imaginaire. Psychanalyse et cinéma*, Paris, 10/18, 1977b.
Metz, Christian, *L'Énonciation impersonnelle ou le Site du film*, Paris, Méridiens Klincksieck, 1991.
Morrissette, Bruce, *Novel and Film. Essays in Two Genres*, Chicago et Londres, University of Chicago Press, 1985.
Naremore, James (ed.), *Film Adaptation*, New Brunswick, Rutgers University Press, 2000.
Odin, Roger, *Cinéma et production de sens*, Paris, Armand Colin, 1990.
Pellow, Kenneth, C.; *Films as Critiques of Novels. Transformational Criticism*, Lewingston, Edwin Mellen Press, 1994.
Phillips, Gene D., *Hemingway and Film*, New York, Ungar, 1980.
Ropars-Wuillemier, Marie Claire, *L'Écran de la mémoire. Essai de lecture cinématographique*, Paris, Seuil, 1970.
Ropars-Wuillemier, Marie Claire, *Le Texte divisé*, Paris, PUF, 1981.
Ropars-Wuillemier, Marie Claire, *Écraniques. Le film du texte*, Lille, Presses Universitaires de Lille, 1990.
Roy, Lucie, *Petite phénoménologie de l'écriture filmique*, Paris/Québec, Méridiens Klincksieck/Nota Bene, 1999.
Saouter, Catherine (dir.), *Le Documentaire. Contestation et propagande*, Montréal, XYZ, 1996.
Simon, Jean Paul, *Le Filmique et le comique. Essai sur le film comique*, Paris, Albatros, 1979.
Société d'études du XXe siècle, *Cahiers du XXe siècle. Cinéma et littérature*, Paris, Klincksieck, 1978.
Sorlin, Pierre, *Sociologie du cinéma*, Paris, Aubier Montaigne, 1977.
Souriau, Étienne, *L'Univers filmique*, Paris, Flammarion, 1953.
Wagner, Geoffrey, *The Novel and the Cinema*, Rutherford, (N.J.), Fairleigh Dickinson University Press, 1975.
Zimmer, Christian, *Cinéma et politique*, Paris, Seghers, 1974.

6. THÉORIE CRITIQUE ET AUTRES OUVRAGES

Baechler, Jean, *Qu'est-ce que l'idéologie?*, Paris, Gallimard, 1976.
Beaudrillard, Jean, *Pour une critique de l'économie politique du signe*, Paris, Gallimard, 1972.
Blanchot, Maurice, *Le Pas au-delà*, Paris, Gallimard, 1971.

Deleuze, Gilles, *Différence et répétition*, Paris, PUF, 1968.
Derrida, Jacques, *De la grammatologie*, Paris, Minuit, 1967.
Derrida, Jacques, *L'Écriture et la Différence*, Paris, Seuil, 1972a.
Derrida, Jacques, *Marges de la philosophie*, Paris, Minuit, 1972b.
Descombes, Vincent, *Le Même et l'Autre*, Paris, Minuit, 1979.
Fanon, Frantz, *Peaux noires, masques blancs*, Paris, Seuil, 1959a.
Fanon, Frantz, *Sociologie d'une révolution*, Paris, Maspero, 1959b.
Fanon, Frantz, *Les Damnés de la terre*, Paris, Maspero, 1968.
Foucault, Michel, *Les Mots et les Choses*, Paris, Gallimard, 1966.
Foucault, Michel, *L'Ordre du discours*, Paris, Gallimard, 1971.
Foucault, Michel, *Histoire de la folie à l'âge classique*, Paris, Gallimard, 1972.
Foucault, Michel, *Surveiller et punir*, Paris, Gallimard, 1975.
Freud, Sigmund, *Introduction à la psychanalyse*, Paris, Payot, 1960.
Freud, Sigmund, *Névrose, psychose et perversion*, Paris, PUF, 1988.
Gauthier, Alain, *La Trajectoire de la modernité. Représentations et images*, Paris, PUF, 1992.
Habermas, Jürgen, *La Technique et la Science comme « idéologie »*, Paris, Gallimard, 1973.
Jouvenel, Bertrand de, *Du pouvoir*, Paris, Hachette, 1972.
Lyotard, Jean François, *Le Différend*, Paris, Minuit, 1983.
McLuhan, Marshal, *Pour comprendre les médias*, Paris, Seuil, 1968.
Mannoni, Octave, *Clefs pour l'imaginaire ou l'autre scène*, Paris, Seuil, 1972.
Marcuse, Herbert, *Éros et civilisation*, Paris, Minuit, 1963.
Marcuse, Herbert, *L'Homme unidimensionnel*, Paris, Minuit, 1968.
Marcuse, Herbert, *Contre-révolution et révolte*, Paris, Seuil, 1972.
Mende, Tibor, *De l'aide à la recolonisation*, Paris, Seuil, 1968.